아두이노와 스크래치로
메이커 되기
❷

아두이노와 스크래치로 메이커 되기 ❷

1판 1쇄 인쇄 2017년 5월 26일
1판 1쇄 발행 2017년 5월 31일

지은이 | 김석희, 강지성, 이민희, 이지영
펴낸이 | 김승기
펴낸곳 | (주)생능출판사
등   록 | 제406-2005-000002호(2005년 1월 21일)
주   소 | 10881 경기도 파주시 광인사길 143
전   화 | (031) 955-0761
팩   스 | (031) 955-0768
홈페이지 | http://www.booksr.co.kr

책임편집 | 최일연
편   집 | 신성민, 김민보, 이문영, 정하승
디자인 | 유준범
마케팅 | 백승욱, 최복락, 김민수, 심수경, 백수정, 최태웅, 김범용, 김민정
인   쇄 | 성광인쇄(주)

ISBN 978-89-7050-920-4 (04000)
　　　 978-89-7050-921-1 (04000) (전 2권)
값 18,000원

- 이 책의 국립중앙도서관 출판예정도서목록(CIP)은 서지정보유통지원시스템 홈페이지(http://seoji.nl.go.kr)와 국가자료공동목록시스템
  (http://www.nl.go.kr/kolisnet)에서 이용하실 수 있습니다.(CIP제어번호: CIP2017011390)
- 이 책의 저작권은 (주)생능출판사와 지은이에게 있습니다. 무단 복제 및 전제를 금합니다.
- 잘못된 책은 구입한 서점에서 교환해 드립니다.

아두이노와 스크래치로 메이커 되기

김석희 · 강지성 · 이민희 · 이지영 지음

②
- 투모터 경주 로봇
- 환상적인 레이저 쇼
- 페트병 로봇
- 소프트웨어로 만드는 나만의 간이 정수기
- 아두이노로 만드는 라인트레이서 로봇
- 스크래치와 스마트폰으로 아두이노 프로그래밍하기

생능출판

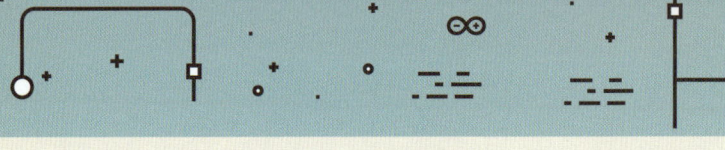

메이커 시대를 꿈꾸며…

　전 세계에 '메이커(maker, 제작자)' 열풍이 불고 있습니다. 전문가가 아니더라도 창의적인 아이디어만 있으면 얼마든지 원하는 물건을 만들 수 있는 시대가 온 것입니다. 미국의 오바마 전 대통령은 제4차 산업혁명을 언급하며 메이커의 시대가 왔음을 선언하였습니다.

　메이커 시대는 개인 한 명 한 명이 생산자가 되는 그런 시대를 의미합니다. 미국의 경우 성인 10명 중 1명이 메이커라고 합니다. 우리가 잘 아는 빌 게이츠(마이크로소프트 창업자), 스티브 잡스(애플 창업자), 마크 저커버그(페이스북 창업자)도 어릴 때부터 전자회로나 컴퓨터 소프트웨어를 만들면서 세상을 바꾸는 꿈을 꾼 어린이였고 메이커였습니다. 미국의 어린이 메이커인 실비아 토드는 7살 때 아두이노를 이용해 컴퓨터로 그린 그림을 실제 도화지에 그려 주는 장치를 만들어 7,000달러에 팔았습니다. 이제 메이커가 세상을 바꾸는 시대가 된 것입니다.

　현재 우리 사회가 안고 있는 문제 중의 하나는 젊은 청년들의 일자리가 부족하다는 것입니다. 청년들에게 좋은 일자리를 만들어 주는 방법 중의 하나는 어린이들이 메이커로 자라나게 하는 것입니다. 빌 게이츠, 스티브 잡스, 마크 저커버그는 물론이고, 실비아 토드의 예에서 보듯이 메이커로 자라나는 청년들이 늘어난다면 그들은 수많은 일자리를 만들어 내는 그 누군가가 될 수 있습니다.

《아두이노와 스크래치로 메이커 되기》는 초등학교 4학년 이상의 학생들의 눈높이에 맞추어 메이커가 되는 데 필요한 내용을 따라하면서 문제를 해결하는 방법으로 구성하고 있어, 메이커가 되기를 희망하는 어린이들의 입문서라 할 수 있습니다. 이 책은 오픈 하드웨어인 아두이노를 스크래치를 이용해 프로그래밍하여 12개의 프로젝트를 완성하는 내용으로 되어 있습니다. 이 프로젝트를 학습하면서 메이커의 기초를 닦고 메이커의 꿈을 키울 수 있도록 하고 있습니다. 이러한 프로젝트 완성하기는 어린이들의 창의력 개발에도 큰 도움이 됩니다.

어린이가 어떤 꿈을 가지느냐는 개인의 미래뿐만 아니라 국가의 미래와도 관계가 있습니다. 어린이가 꿈을 꾸기 위해서는 다양한 경험이 매우 중요합니다. 이에 초등학교, 중학교 현직 선생님들이 어린이의 소중한 꿈을 키워 주기 위해 메이커 경험을 바탕으로 이 책을 집필하였습니다. 국가의 미래를 책임질 우리 어린이들이 메이커로 자라는 데 이 책이 조금이나마 도움이 되었으면 합니다. 메이커로서의 창의적 발상은 창의력 개발에 큰 도움이 됩니다.

2017년 5월
김석희, 강지성, 이민희, 이지영 씀

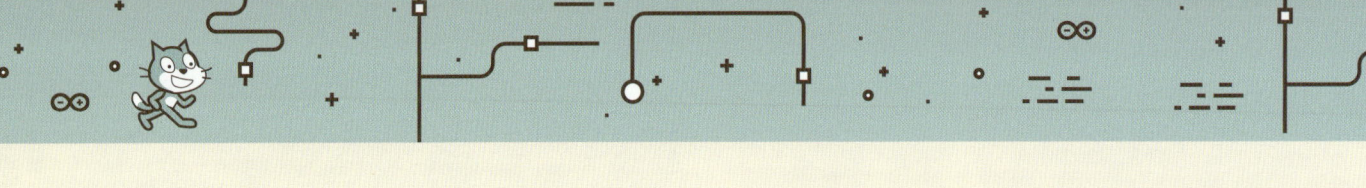

이 세상에 하나밖에 없는 나만의 작품을 만들어요.

아두이노와 스크래치로 만드는 세상

아두이노와 스크래치 프로그램으로 만드는 세상은 어떨까요?

　LED가 마구마구 춤을 춘대요. 아두이노와 스크래치 프로그래밍으로 댄서 LED를 만들어요. 경주 로봇은 어떨까요? 진동으로 전진하는 모터를 이용해 비상 출동 로봇인 덜덜이 로봇을 만들고, DC 모터로 장애물을 피해 목적지까지 씽씽 달리는 투모터 경주 로봇과 라인트레이서 로봇을 만들어요. 악기도 만들 수 있어요. 전자드럼을 만들어 신나게 두들기고, 피아노를 만들어 동요를 연주해요. 종이 위에 그려진 피아노 건반이 소리를 낸다고 하는데, 정말 신기한 일입니다.

　광섬유로 만든 빛나는 화분은 마음을 안정시켜 준대요. 환상적인 레이저 쇼 프로그램을 만들어 학교 행사장에서 멋지게 쇼도 펼쳐 보고, 방향과 세기를 조절하며 돌리는 바람개비도 만들어요. 빛을 싫어하는 곤충처럼 빛을 요리조리 피하는 로봇과 레이저를 쏘며 먹이를 사냥하는 로봇도 만들어요. 나만의 정수기를 만들어 오염 물질을 걸러내며 환경오염 문제를 해결해요. 이 모든 일이 현실에서 이루어진다니 정말 놀랍습니다.

　여러분은 이제 이 세상에 없는 새로운 작품을 아두이노와 스크래치 프로그램으로 창조할 수 있습니다. 이를 통해 창의력, 사고력, 의사소통 능력, 협동 능력 등을 배우는 창의 융합 교육(STEAM)을 실천할 수 있습니다.

창의 융합 교육(STEAM)은 무엇을 말하나요?

STEAM은 과학(Science), 기술(Technology), 공학(Engineering), 예술(Arts), 수학(Mathematics)의 알파벳 첫 글자를 딴 것으로, 각 교과 간의 다양한 분야의 학습 내용을 융합하여 학습하는 것을 말합니다. 어린이들은 이처럼 교과 간 경계를 넘나들며 각 분야에서의 연관성을 발견하고 협력해서 새로운 것을 창조할 수 있습니다. 이를 통해 실생활에서의 문제 해결력을 기르며 새로운 아이디어를 창출하는 창의성을 기르게 됩니다. 또한 예술적 행위를 통해 정서와 표현력을 기르고 타인과의 의사소통 속에 협력을 바탕으로 혁신을 이루어 냅니다.

일상생활 속 융합 제품을 찾아보세요

장난감과 IoT(사물인터넷)의 융합을 통해 창조된 '스마트 토이', 들어 보았나요? 한국과학기술원(KIST)에서 개발한 제품으로 조립형 블록 완구에 사물인터넷 등의 디지털 기술을 접목한 제품입니다. 기존의 조립형 블록 장난감에 통신 기능과 센서, LED 전광판, 카메라 등의 기능을 결합하였습니다. 또한 '똑똑한 양복' 들어 보았나요? NFC칩을 세계 최초로 의류에 삽입하여 스마트폰과 연동시킨 기술입니다. 영화관 등 조용한 곳에서 스마트폰이 울렸을 때 양복 주머니에 넣어 주기만 해도 무음이나 전화 수신 차단 상태로 전환이 됩니다. 정말 똑똑한 옷인가 봅니다.

이 밖에도 주변에서 일상생활 속 융합 제품들을 찾아보세요. 지금 우리가 아두이노와 스크래치 프로그램으로 만들려고 하는 창의 융합 실습이 그 바탕입니다.

창의 융합의 세계로 떠나 볼까요?

자, 이제 떠납니다. 설명에 따라 차근차근 만들다 보면 근사하고 멋진 나만의 제품들이 모습을 드러낼 것입니다. 목표를 정하고, 활동 내용을 숙지하면서 활동을 따라 하다 보면 어느새 나만의 작품을 만들 수 있습니다. 준비물들을 챙기고, 아두이노 여러 제품마다의 '주의하기', '참고', '팁' 등의 내용들을 꼼꼼히 읽어가면서 연결하고, 스크래치로 프로그래밍을 하는 순간 목표하는 나만의 창작물이 만들어집니다. 혹 잘못하였으면 수정하고 보완하면서 친구들과 함께 해도 좋습니다. 만든 제품들을 활동지에 따라 실습해 보고 그 결과를 SNS에 올려 친구들의 평을 받아 보세요.

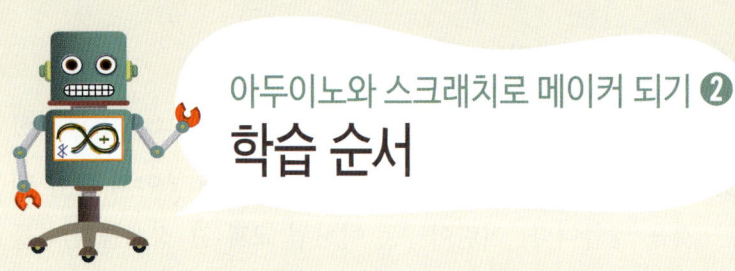

아두이노와 스크래치로 메이커 되기 ❷
학습 순서

메이커 시대를 꿈꾸며… 4
아두이노와 스크래치로 만드는 세상 6

워밍업

아두이노와 스크래치로 메이커가 되기 위한 준비 10
초소형 컴퓨터 아두이노 이야기 12
필요한 소프트웨어 설치하기 13
아두이노에 업로드하기(배터리를 이용하여 컴퓨터 없이 사용하기) 25
아두이노 무선으로 프로그래밍하기 29
아두이노 블루투스 확장 헤더 전원을 껐다가 다시 연결할 때 40

프로젝트 1

투모터 경주 로봇 42
DC 모터 가지고 놀기 44
투모터 경주 로봇 만들고 전진과 후진하기 52
투모터 경주 로봇 우회전, 좌회전, 제자리 돌기 63

프로젝트 2

환상적인 레이저 쇼 72
레이저와 모스부호 74
돌아라 모터 바람개비 84
레이저 쇼 만들기 101

프로젝트 3
페트병 로봇 120
서브모터 알아보기 122
밝은 빛을 피하는 회피 로봇 134
레이저를 쏘며 먹이를 사냥하는 로봇 만들기 154

프로젝트 4
소프트웨어로 만드는 나만의 간이 정수기 170
센서에 대해 알아보기 172
염도 센서를 만들어 염도 측정해 보기 175
염도에 따라 판다의 얼굴 표정 바꾸기 189
오염도 센서에 대해 알아보고 간이 정수기 만들기 202

프로젝트 5
아두이노로 만드는 라인트레이서 로봇 216
기어모터에 대하여 알아보기 218
라인 감지 센서(적외선 센서)와 아날로그 거리 센서 알아보기 225
라인 감지 센서(적외선 센서)와 디지털 거리 센서 알아보기 231
로봇을 조립하고 회피 로봇 프로그램 만들기 241
라인을 따라 가는 로봇 만들기 275

프로젝트 6
스크래치와 스마트폰으로 아두이노 프로그래밍하기 284
스마트폰으로 LED 신호 만들기 286
스마트폰으로 어두워졌을 때 전등 켜 보기 301

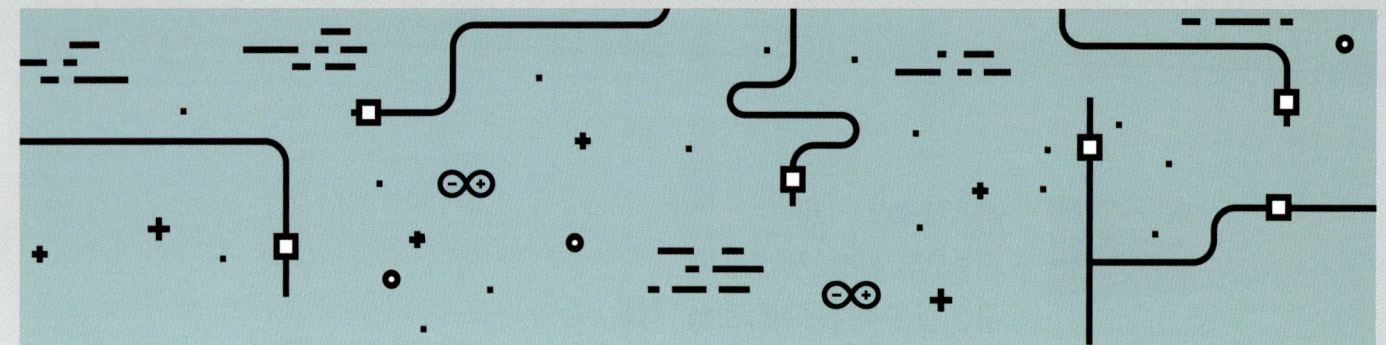

WARMINGUP 아두이노와 스크래치로 메이커 되기

워밍업
아두이노와 스크래치로 메이커가 되기 위한 준비

아두이노를 컴퓨터에 연결하고 아두이노 제어 및 업로드 소프트웨어를 설치하여,
아두이노와 스크래치로 최고의 메이커가 되기 위해 실습할 수 있는 환경을 만든다.

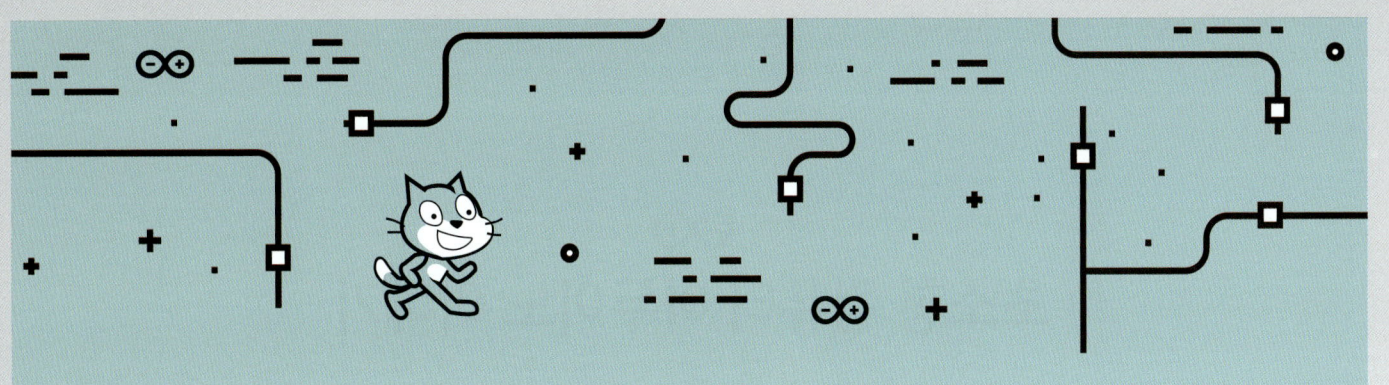

초소형 컴퓨터 아두이노 이야기

아두이노는 아주 작은 컴퓨터로, 누구나 만들어서 사용할 수 있도록 공개된 컴퓨터입니다. 우리가 사용하는 컴퓨터는 여러 개의 소프트웨어를 동시에 실행할 수 있지만, 아두이노는 한 개의 소프트웨어만 실행할 수 있다는 차이점이 있습니다.

아두이노는 가격이 매우 저렴합니다. 인터넷에서 3만 원 정도면 구입할 수 있는데, 대개 손바닥보다 작은 크기로 손톱만한 아두이노도 있습니다. 이렇게 다양한 크기와 다양한 모습의 아두이노는 여러 가지 전자제품이나 가방, 옷 등에서 사용됩니다.

아두이노

다양한 모습의 아두이노

필요한 소프트웨어 설치하기

1. 아두이노용 스크래치 설치하기

아두이노 프로그래밍 도구를 설치하기 위해 주소창에 http://mblock.cc/download를 입력합니다. 컴퓨터의 운영체제에 맞도록 다운로드합니다. 아두이노를 제어하는 스크래치 프로그램인 엠블록은 누구나 무료로 사용할 수 있는 공개 소프트웨어입니다.

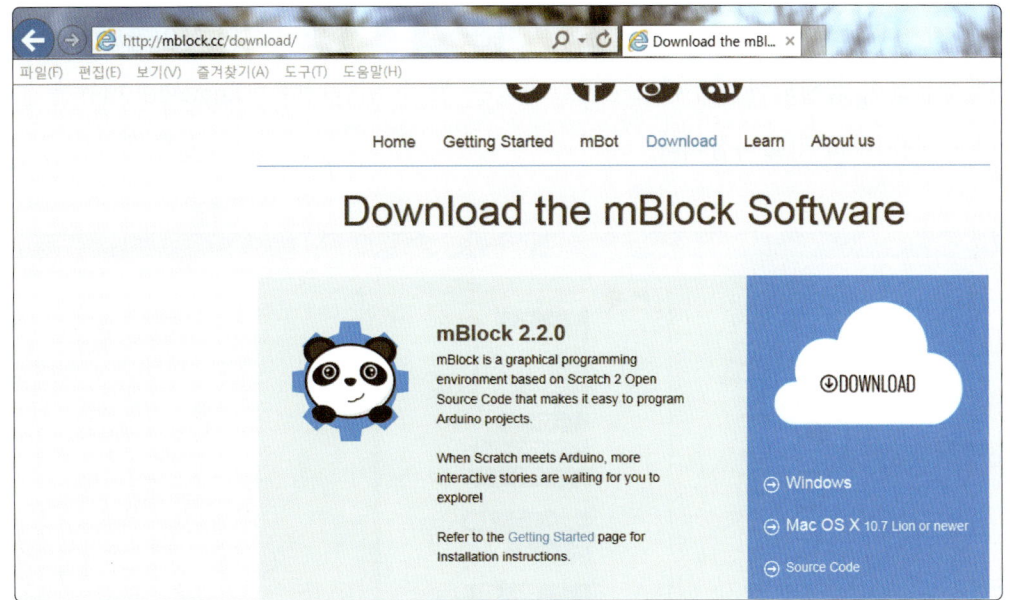

엠블록 다운로드 창

압축을 풀고 프로그램을 설치합니다. 설치 과정의 언어는 영어를 선택합니다.

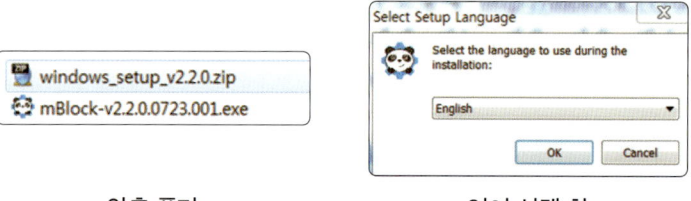

압축 풀기　　　　　　　　　언어 선택 창

 Tips

설치 과정만 영어로 진행됩니다. 실제로 프로그래밍할 때는 한글 버전이 설치됩니다. 현재 설치할 수 있는 최신 버전은 3.2.2입니다. 아두이노 드라이버, Adobe Air 등 모든 소프트웨어를 자동으로 설치합니다.

설치가 완료되면 바탕화면에 엠블록 아이콘( )이 생기는데, 이 아이콘을 클릭하면 엠블록이 실행되어 아두이노 프로그래밍을 할 수 있습니다. [Language] 메뉴를 눌러 언어를 [한국어]로 바꿉니다.

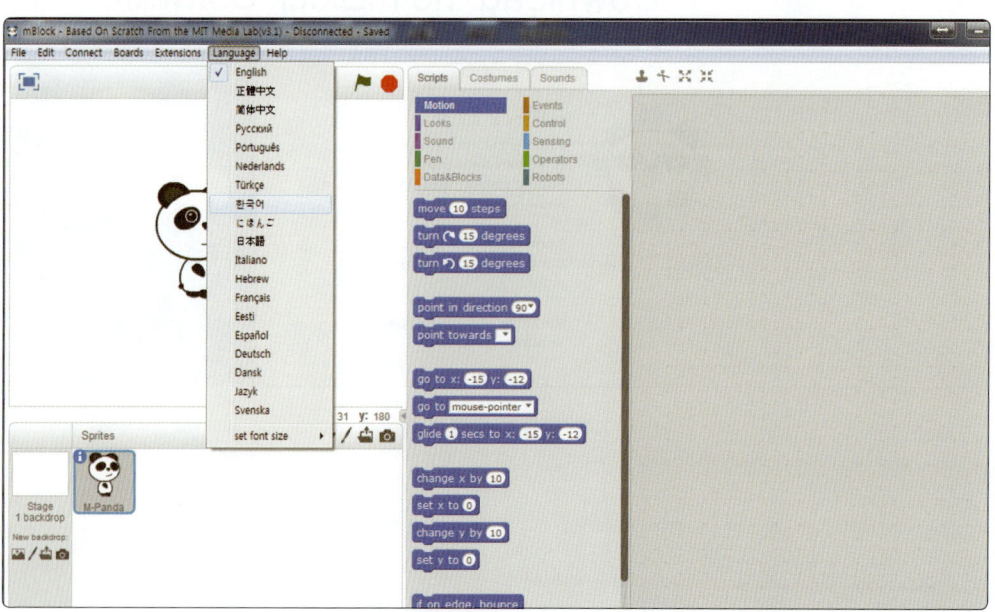

엠블록 초기 화면에서의 언어 선택 창

14　아두이노와 스크래치로 메이커 되기 ❷

2. 아두이노 회로 연결을 쉽게 해 주는 브레드 보드 및 확장 헤더

아래 그림은 전자회로, 전기회로 연결을 위해 사용되는 브레드 보드와 점퍼선입니다. 브레드 보드와 전선은 아두이노로 프로그래밍할 때 필수적입니다. 브레드 보드를 이용한 회로 연결은 초보자들에게 어렵습니다. 그래서 이 책에서는 아래 그림과 같은 기존의 브레드 보드를 대체할 수 있는 쉽게 연결되어 있는 브레드 보드를 이용합니다.

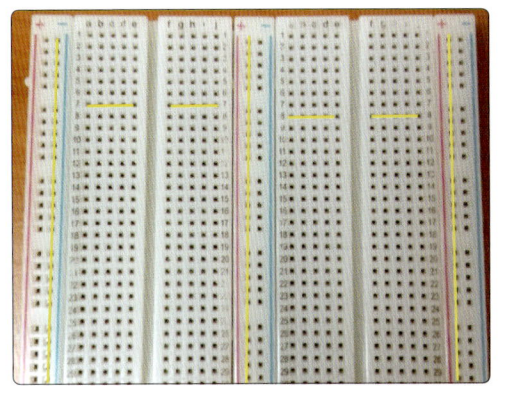

초보자들이 이해하기 어려운 브레드 보드

연결 상태를 쉽게 알 수 있는 자석선으로 연결한 브레드 보드

또 아두이노와 부품을 연결할 때 GPIO와 전선의 연결은 어렵습니다. 다음 그림에서 왼쪽은 아두이노 GPIO이고, 오른쪽은 아두이노에 붙여 사용하는 자석선으로 연결하는 확장 보드입니다. 자석 확장 보드는 어려운 브레드 보드를 쉽게 배울 수 있게 해 주는 도구라고 할 수 있습니다. 자석 보드는 인터넷(http://onsemiro.biz)에서 구입이 가능합니다.

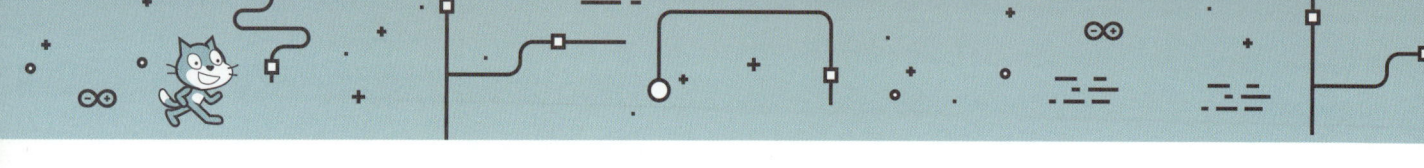

초보자들에게 어려운 아두이노 GPIO

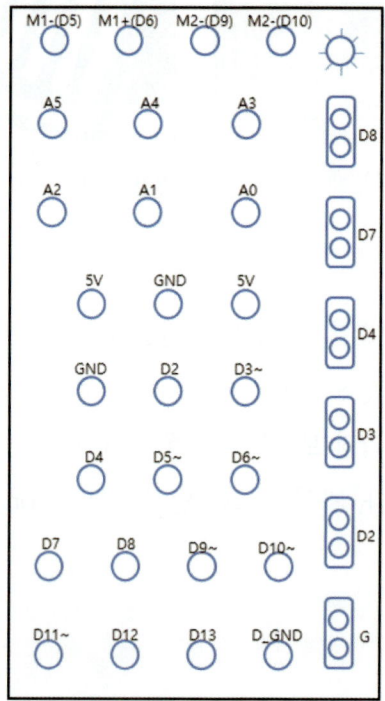

아두이노 GPIO 연결을 도와주는 자석으로 연결하는 확장 헤더

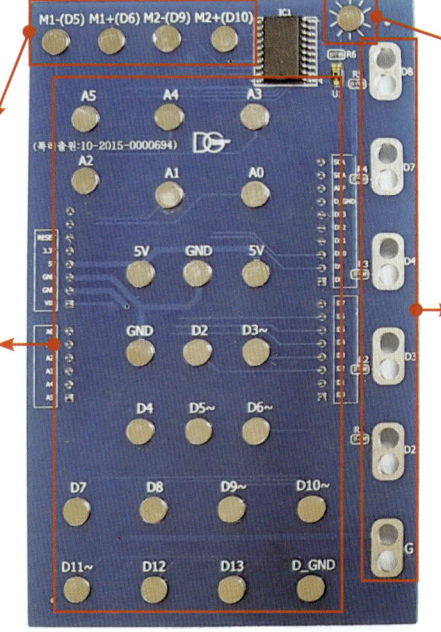

아두이노용 확장 헤더의 기능(USB 연결)

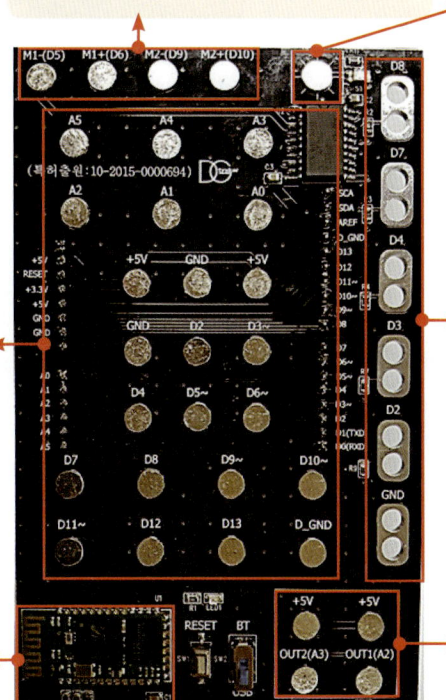

USB와 블루투스 연결을 모두 지원하는 아두이노 확장 헤더

WARMINGUP 아두이노와 스크래치로 메이커가 되기 위한 준비

3. 아두이노용 스크래치 프로그램과 아두이노 연결하기

아두이노를 프로그래밍하기 위해서는 아두이노와 컴퓨터를 연결해야 합니다. 이 책에서는 초보자들에게 어려운 전자회로 및 전기회로 연결을 쉽게 해 주는 아두이노용 자석 확장 보드를 이용합니다. 아래 그림처럼 확장 보드를 아두이노와 연결합니다.

아두이노를 자석 브레드 보드와 자석 전선으로 연결할 수 있게 해 주는 확장 보드입니다.

확장 보드와 아두이노를 핀의 구멍이 잘 들어맞게 살짝 끼웁니다.

살짝 끼운 후에 힘을 주어 금속핀이 보이지 않도록 꼭 끼웁니다.

아두이노를 컴퓨터 USB에 연결합니다.

아두이노와 컴퓨터 연결

아두이노를 컴퓨터에 연결하면 그림처럼 장치 드라이버가 설치되었다는 메시지가 나옵니다. 이때 장치 연결 번호(여기서는 COM3)를 기억해 둡니다.

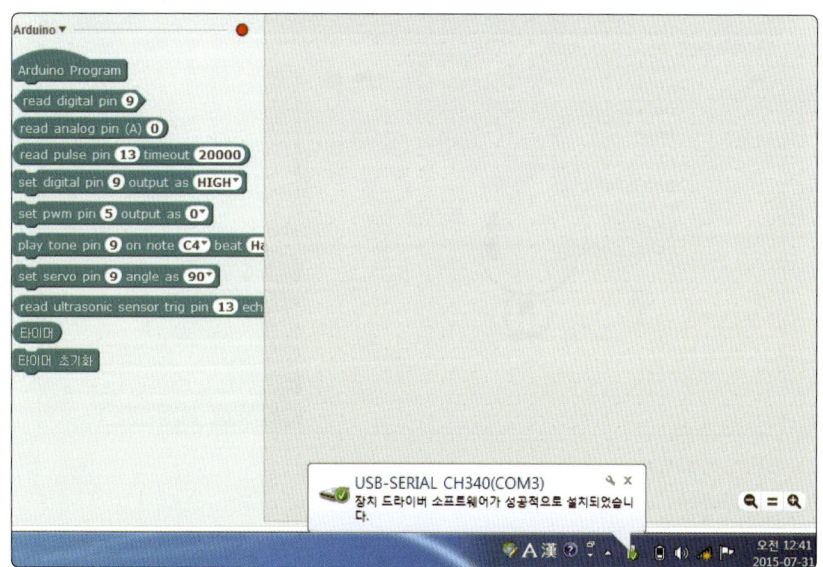

장치 드라이버 설치

[연결]-[Serial Port]-[COM3]를 선택합니다. Serial Port에 보이는 COM3는 컴퓨터마다 값이 다릅니다.

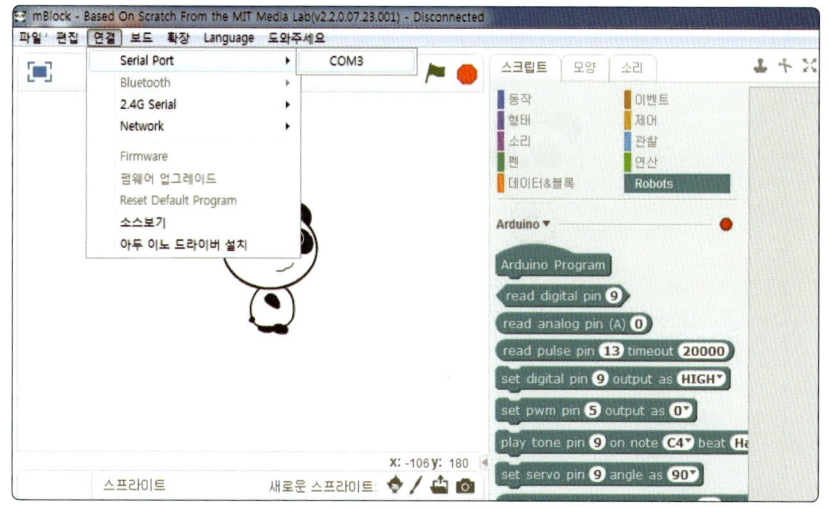

COM3 선택

WARMINGUP 아두이노와 스크래치로 메이커가 되기 위한 준비

[펌웨어 업그레이드]를 클릭합니다. 펌웨어 업그레이드는 스크래치와 아두이노와의 대화를 위한 프로그램을 아두이노에 설치하는 것입니다.

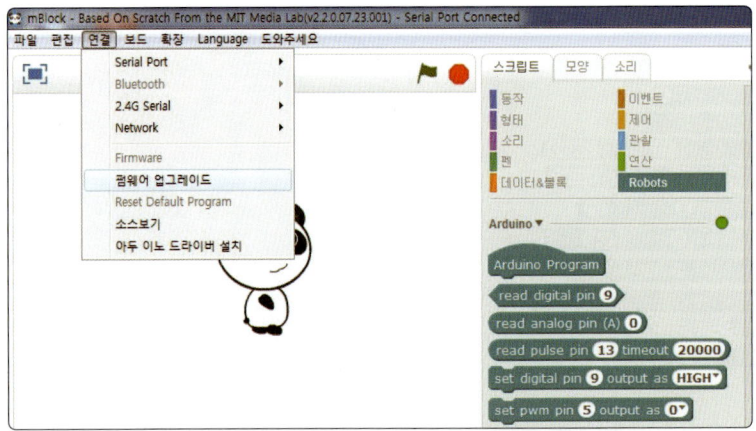

펌웨어 업그레이드 선택

[스크립트]에서 [ROBOTS] 탭을 눌렀을 때 초록색 불이 켜지면 연결이 성공한 것입니다. 하지만 이것은 아두이노와 스크래치가 연결되었다는 의미이지 곧바로 프로그래밍을 할 수 있다는 것은 아닙니다. 몇 가지 더 점검해야 할 사항이 있습니다.

아두이노와 스크래치 연결

다음으로 [확장]에서 [Arduino]를 선택합니다.

Arduino 선택

이제 아두이노 보드를 선택할 차례입니다. 여기서는 [Arduino Uno]를 선택합니다. 아두이노 보드는 여러 종류가 있어서 알맞은 보드를 선택해야 합니다.

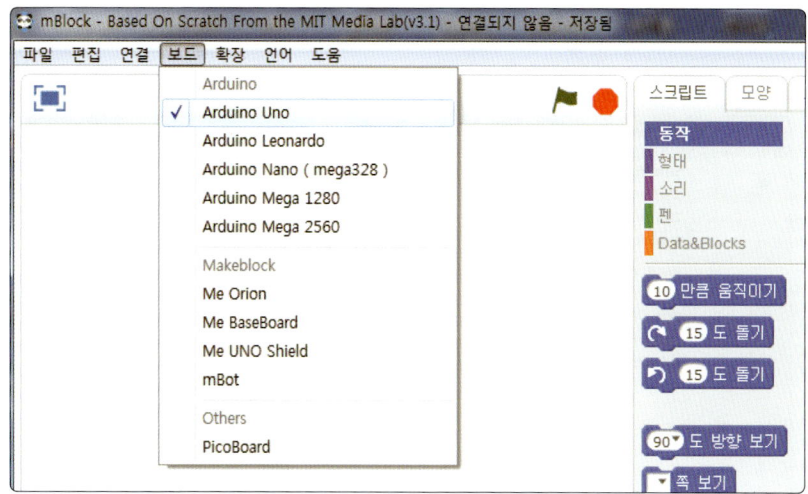

Arduino Uno 선택

Tips
이러한 설치는 단 한 번만 하면 됩니다. 다음에 사용할 때는 USB에 아두이노만 연결하면 됩니다.

4. 점검하기

자, 이제 마지막으로 점검해 볼까요?

❶ 아두이노와 자석 헤더를 연결하고, USB 선을 이용하여 컴퓨터와 연결했나요?

❷ 아두이노용 스크래치(mBlock)를 실행하고 [연결]-[Serial Port]에서 포트를 선택했나요?

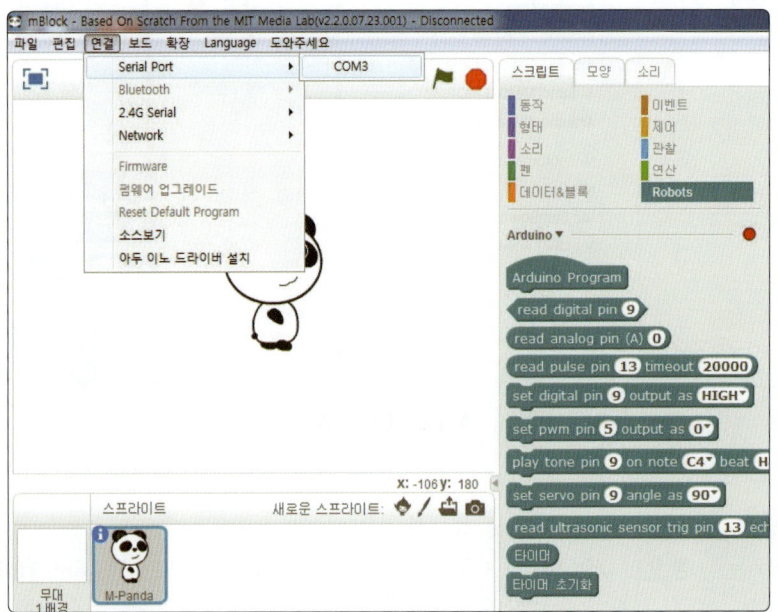

❸ [펌웨어 업그레이드]를 실행했나요?

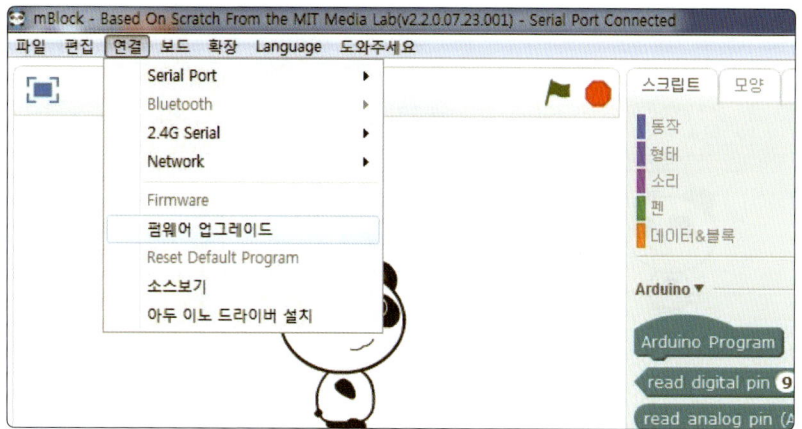

 Tips

펌웨어 업그레이드는 한 번만 하면 됩니다. 아두이노를 다른 곳에서 사용했다면 펌웨어 업그레이드를 해야 합니다. 아두이노용 스크래치(mBlock)에서만 사용했다면 다시 할 필요가 없습니다.

❹ [Robots] 탭을 눌렀을 때 초록색 불이 켜진 것을 확인했나요?

WARMINGUP 아두이노와 스크래치로 메이커가 되기 위한 준비

❺ [확장]에서 [Arduino]가, [보드]에서 [Arduino Uno]가 선택되었나요?

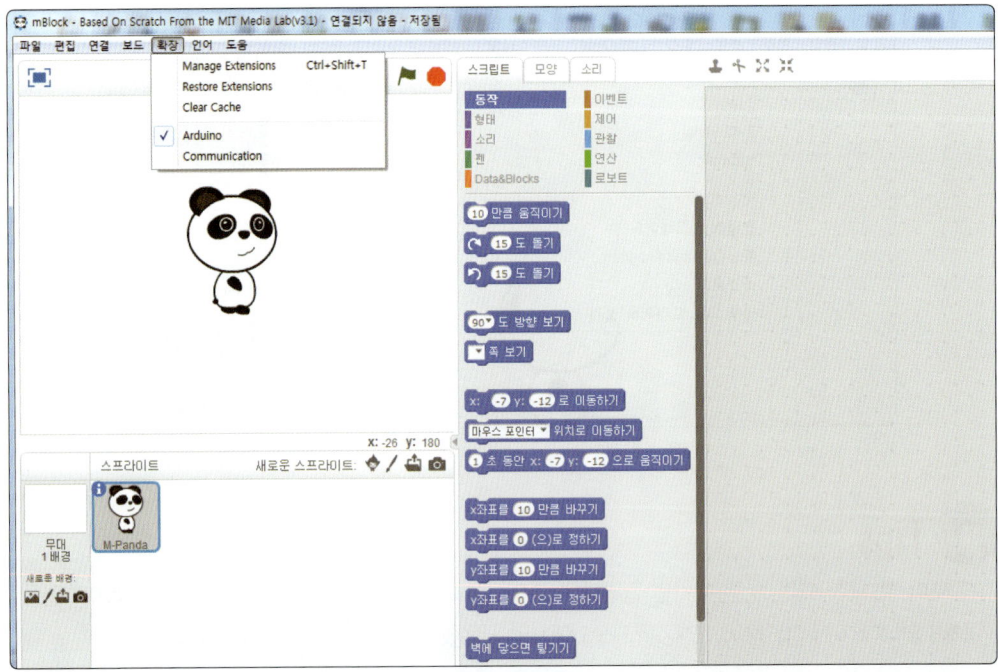

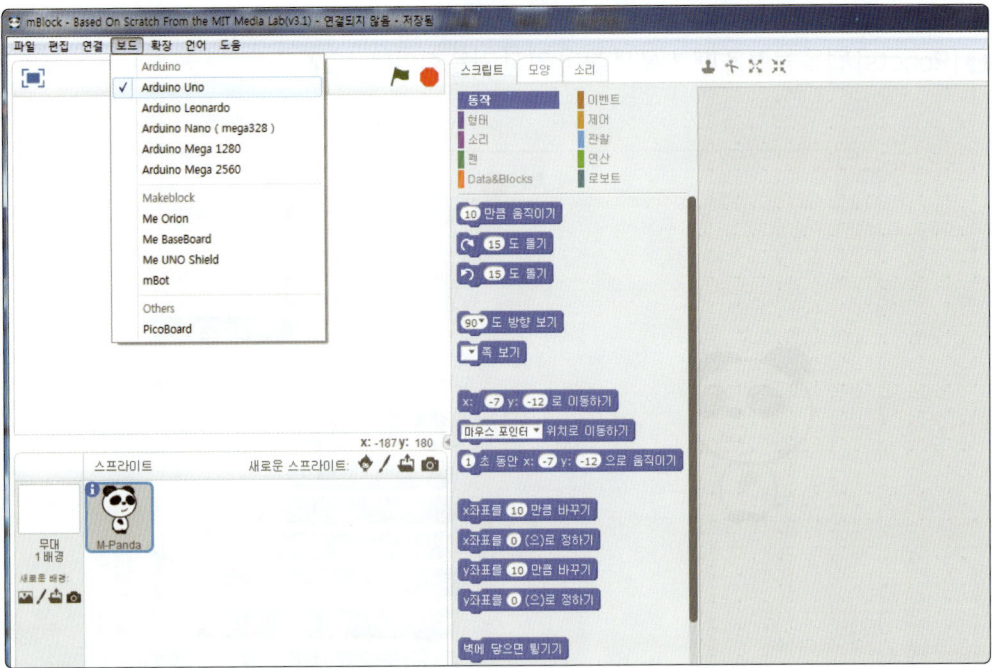

아두이노에 업로드하기
(배터리를 이용하여 컴퓨터 없이 사용하기)

아두이노를 컴퓨터와 연결해 동작할 수도 있지만 업로드하여 아두이노 단독으로 동작할 수도 있습니다. 보조 배터리나 9V 전지를 이용하여 전원을 공급합니다.

무엇을 준비해야 하나요?

A4 건전지를 이용한 12V 배터리 홀더

9V 전지캡

컴퓨터 없이도 나 혼자 잘 움직여요.

WARMINGUP 아두이노와 스크래치로 메이커가 되기 위한 준비

컴퓨터 없이 아두이노 동작시키기

❶ 먼저 아두이노에 업로드하기 위한 스크래치 프로그램을 작성합니다. 프로그램은 반드시  으로 시작해야 합니다.

아두이노 프로그래밍을 위한 스크래치 명령 모두를 사용할 수 있는 것이 아니라 제어, 연산, Data&Blocks, 로봇 등의 명령 블록을 사용할 수 있습니다.

❷ 프로그램을 작성한 후에는 [편집] 메뉴에서 [Arduino mode]를 클릭합니다.

❸ 오른쪽에 아두이노 코드가 보이고 'Upload to Arduino' 단추가 있습니다.

❹ 위의 창에서 'Upload to Arduino'를 클릭합니다. 이때 화면 하단에서는 작성한 스케치 프로그램이 번역되어 업로드되는 현황을 살펴볼 수 있습니다.

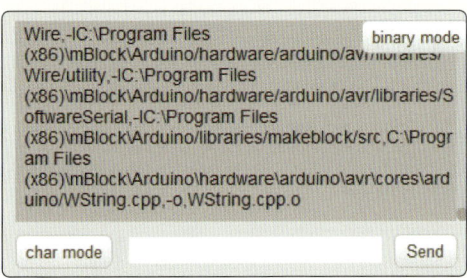

❺ 업로드 작업이 완료되면 'Upload Finish'라는 창이 나타납니다.

WARMINGUP 아두이노와 스크래치로 메이커가 되기 위한 준비

❻ 오류 없이 모든 과정이 이루어졌다면 이제 아두이노에 배터리를 연결하는데, 업로드된 스크래치 프로그램이 컴퓨터 없이 동작하게 됩니다.

주의하기

다시 스크래치로 프로그램을 작성해서 실행을 시키면 안 됩니다. mBlock에서 작성한 스크래치를 인식하려면 [연결]-[Upgrade Firmware]를 선택하고 다시 펌웨어를 한 번만 업로드해 주면 정상적으로 실행됩니다.

아두이노 무선으로 프로그래밍하기

아두이노를 무선으로 연결하기 위해서는 블루투스나 Wifi 실드가 필요하고, 통신 지식과 제어를 위한 여러 가지 지식이 필요합니다.

아두이노용 Wifi 실드

아두이노용 블루투스 실드

먼저 아두이노용 블루투스를 프로그래밍하고 제어할 수 있는 스크래치 소프트웨어를 설치합니다. 아두이노 온 스크래치 사이트(http://www.arduinoscratch.org)에 접속하여 윈도우용 '아두이노 온 스크래치' 소프트웨어를 다운로드합니다. 소프트웨어는 윈도우 7, 윈도우 10에서 작동합니다.

Tips
제어판의 시스템 정보에서 내 컴퓨터의 운영체제의 버전을 확인할 수 있습니다.

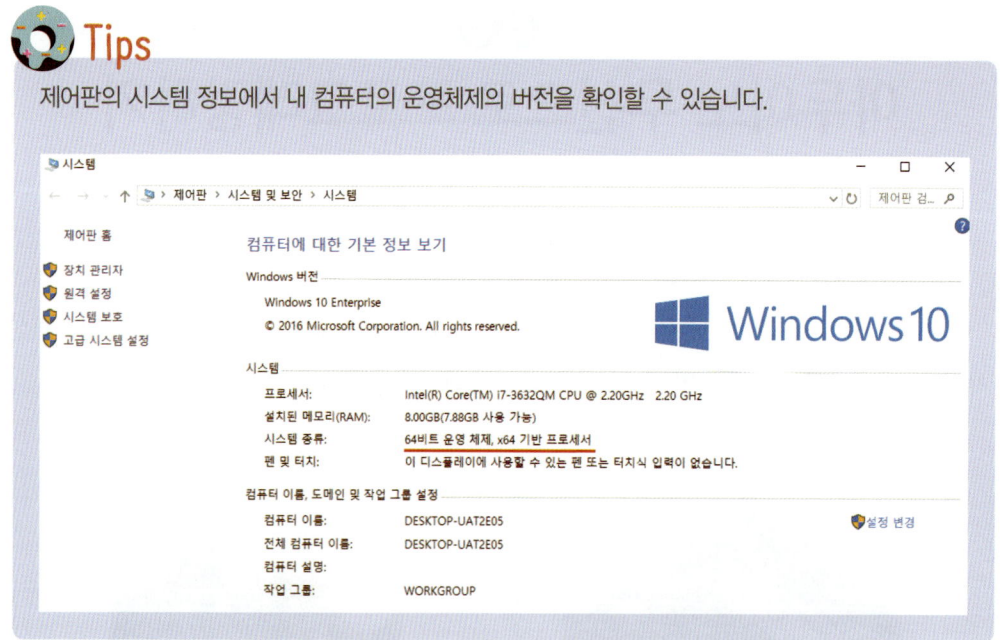

　컴퓨터 성능에 따라 5~10분 정도의 설치 시간이 걸립니다. 설치 소프트웨어는 다음의 설명 순서대로 설치됩니다. 이미 컴퓨터에 한 번 설치했다 다시 설치하는 경우에는 'Adobe AIR', 'Viusl C++' 라이브러리는 설치할 필요가 없습니다.

❶ 아두이노용 스크래치를 설치합니다.

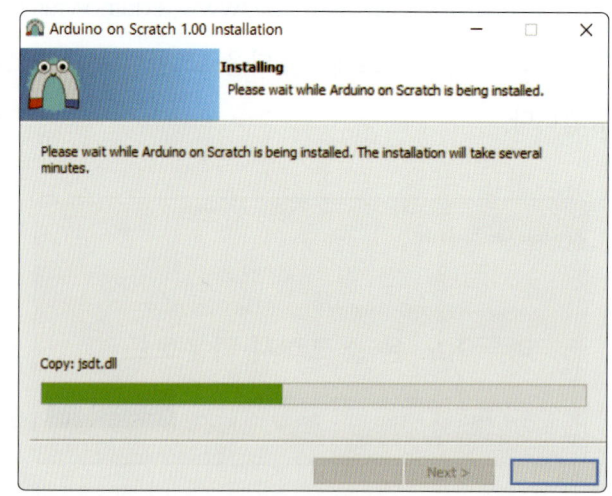

❷ 스크래치 실행 환경을 위한 Adobe AIR를 설치합니다. 이미 설치한 경우에는 다시 설치할 필요가 없습니다.

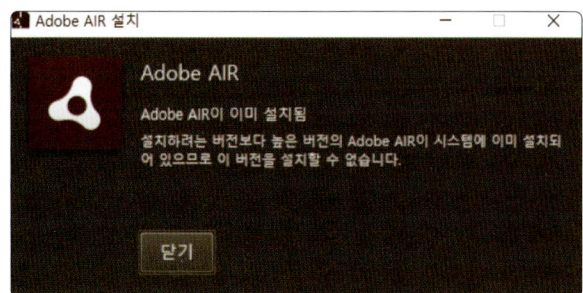

❸ 운영체제 버전에 맞는 Viusal C++ 라이브러리를 설치합니다. 이미 설치한 경우에는 다시 설치할 필요가 없으므로 '닫기'를 누릅니다.

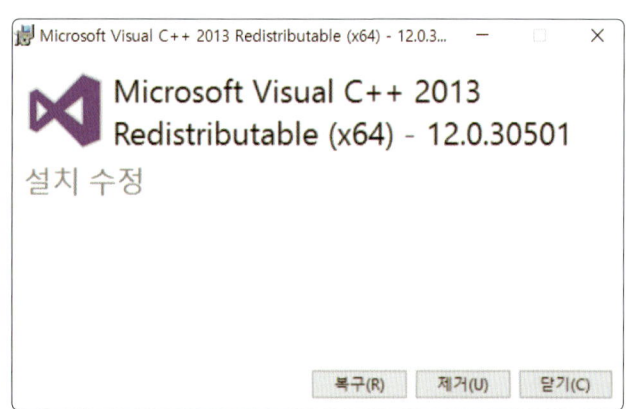

❹ 아두이노용 드라이버 및 호환 보드 드라이버를 설치합니다.

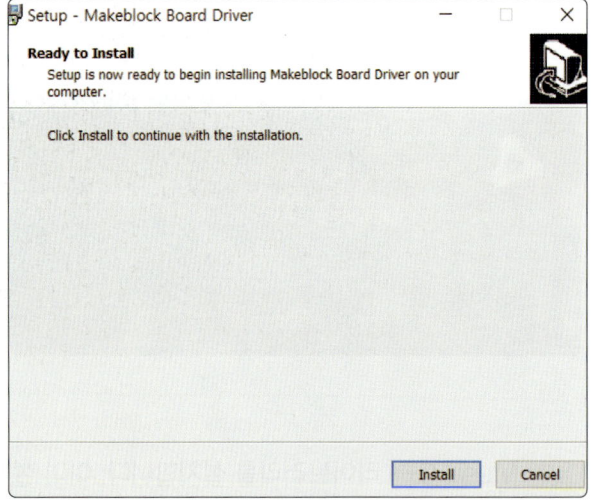

❺ 이제 설치가 다 되었습니다.

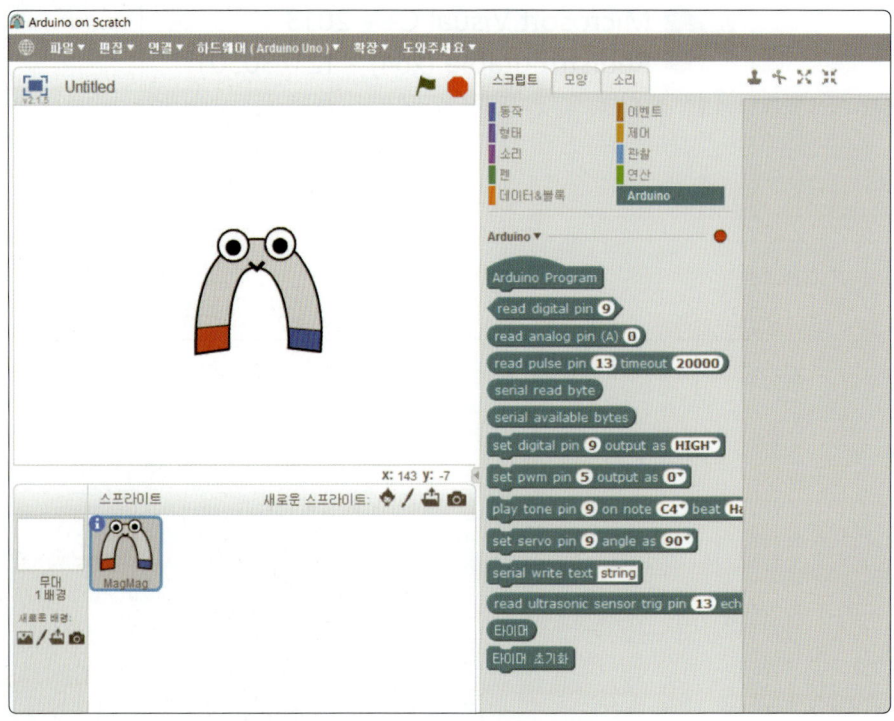

앞에서 설명한 아두이노를 블루투스를 이용해 스크래치 프로그래밍을 하기 위해서는 다음의 단계를 거칩니다.

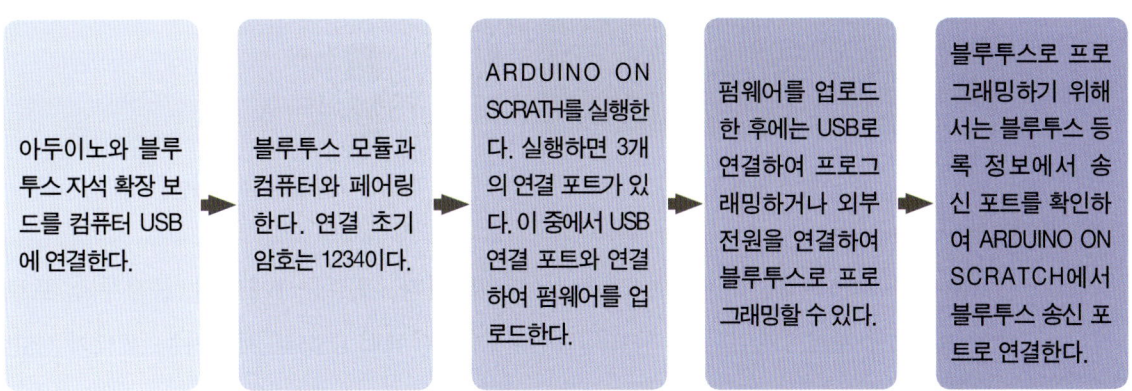

여기서는 윈도우 10을 기준으로 설명합니다. 아두이노와 블루투스 자석 보드를 연결한 후에 'Bluetooth 장치 관리'에서 자동으로 검색된 블루투스 장치를 확인합니다. 여기서는 'Digi_0001'이 아두이노 블루투스 자석 보드입니다.

검색된 아두이노 블루투스 자석 보드

장치를 클릭하면 장치에 대한 암호를 입력하는 화면이 나옵니다. 이때 '1234'를 입력합니다.

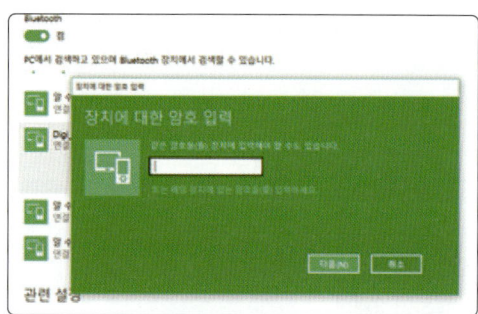

| 암호 입력 화면 | 연결 완료된 화면 |

블루투스를 연결하면 새로운 포트가 생겨납니다. 포트는 3개인데, 블루투스 포트 2개와 USB 포트 1개입니다. 'USB-SERIAL CH340'처럼 USB로 시작하는 포트가 USB 포트입니다.

 Tips

블루투스 장치가 주위에 여러 개 있거나 교실처럼 여러 개의 같은 장치를 동시에 사용할 때는 내가 연결한 장치가 어떤 것인지 알기 어렵습니다. 이때는 아두이노 블루투스 자석 보드의 블루투스 모듈에 붙어 있는 이름 스티커를 확인합니다.

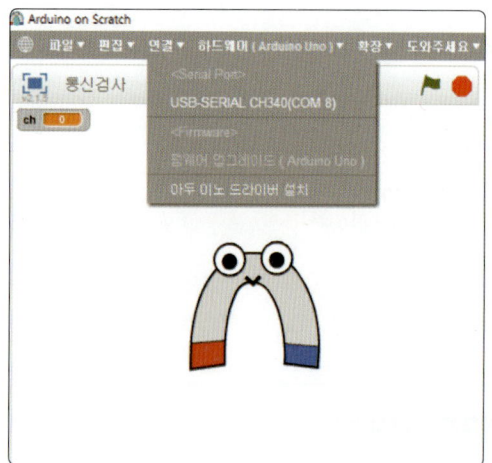
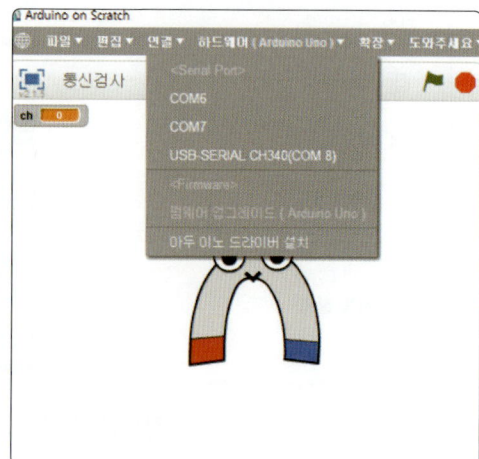

블루투스 연결 전 USB만 연결된 상태   USB와 블루투스 모두 연결된 상태

아두이노를 스크래치로 프로그래밍하기 위해서는 펌웨어 업로드가 반드시 필요합니다. USB 포트를 클릭하여 연결하고, 연결이 성공한 후에 'ARDUINO' 탭을 클릭하면 초록색 불이 들어옵니다.

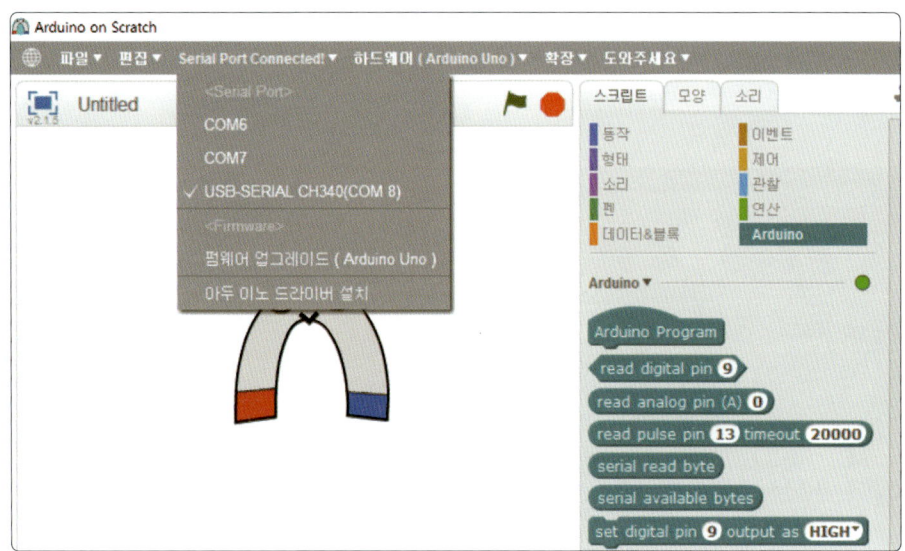

USB 포트를 클릭하여 연결하고 초록색 불 확인

다음으로 펌웨어 업그레이드를 클릭하여 펌웨어를 업로드합니다.

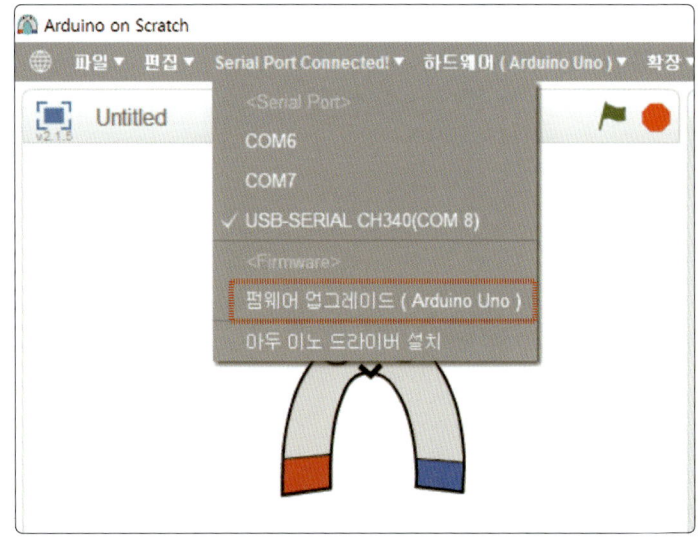

펌웨어 업그레이드

펌웨어를 업로드할 때는 반드시 자석 확장 보드의 연결 단추가 'USB'인지 확인합니다. 만약 단추가 올바르게 되어 있지 않으면 펌웨어가 업로드되지 않습니다.

Tips

아두이노 프로그래밍할 때 연결 방법에 주의합니다. 아래 그림을 참고하여 연결 단추의 방향을 주의하여 아두이노에 프로그래밍하여야 합니다.

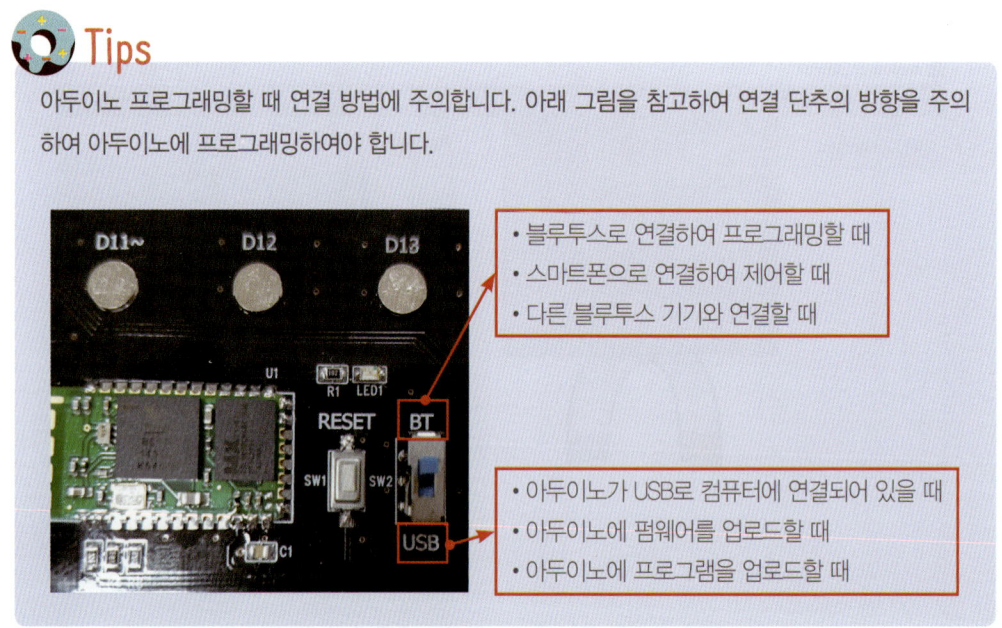

- 블루투스로 연결하여 프로그래밍할 때
- 스마트폰으로 연결하여 제어할 때
- 다른 블루투스 기기와 연결할 때

- 아두이노가 USB로 컴퓨터에 연결되어 있을 때
- 아두이노에 펌웨어를 업로드할 때
- 아두이노에 프로그램을 업로드할 때

다음으로 윈도우에 블루투스 연결 장치를 클릭하여 블루투스 연결 장치를 엽니다.

그리고 아두이노 블루투스 자석 확장 보드를 클릭하고 송신 포트를 확인합니다.

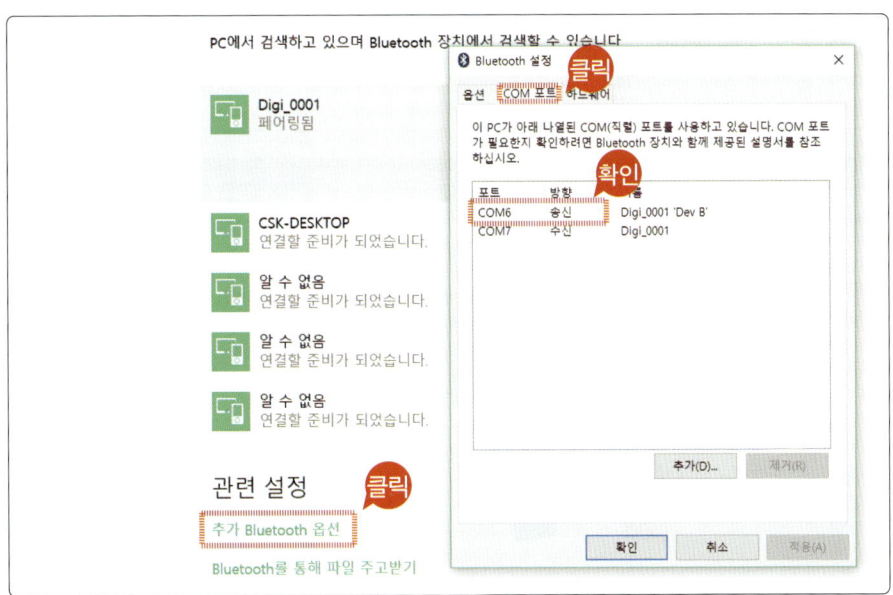

이제 블루투스로 아두이노를 프로그래밍해 봅니다. 아두이노를 컴퓨터에서 분리하고 외부 배터리를 연결합니다. 이때 아두이노 블루투스 확장 헤더 연결 스위치를 반드시 'BT'로 옮깁니다.

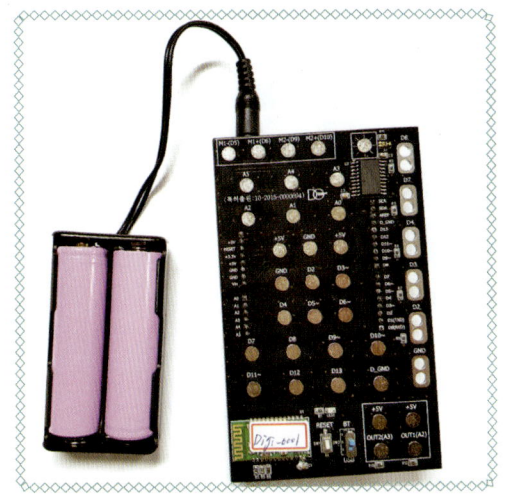

외부 배터리 연결

블루투스 프로그래밍을 위해 'BT'로 스위치 이동

다음으로 ARDUINO ON SCRATCH 프로그램에서 연결 포트를 블루투스 연결 정보에서 확인했던 '송신 포트'인 'COM6'으로 연결합니다. 연결이 성공하면 [Arduino] 탭에 초록색 불이 켜집니다.

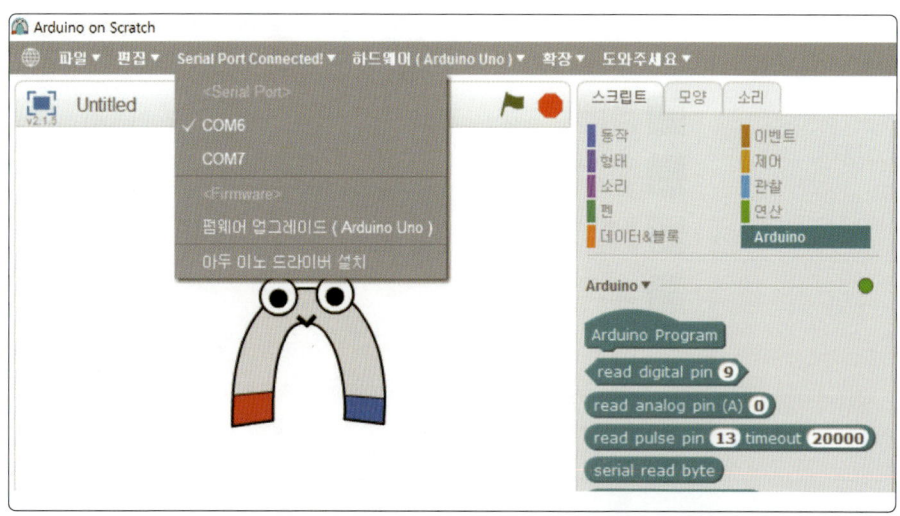

아두이노 블루투스 자석 보드에 연결이 성공하면 계속해서 빨리 깜박이던 보드의 초록색 LED가 계속 켜져 있게 됩니다.

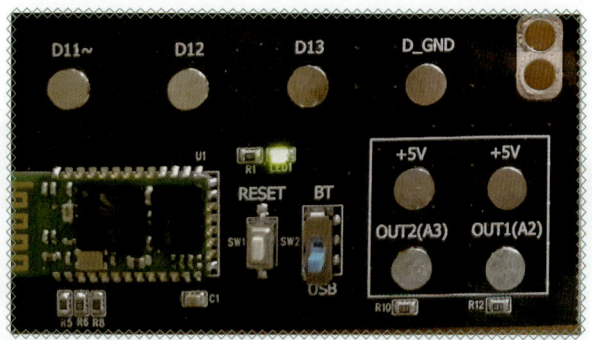

스크래치와 블루투스로 연결이 성공하면 계속 켜지게 되는 LED

자, 이제 무선으로 프로그래밍해 봅시다. 다음 그림처럼 LED를 연결하고 테스트해 봅니다. 스크래치 프로그래밍으로 LED를 켜고 꺼 봅니다.

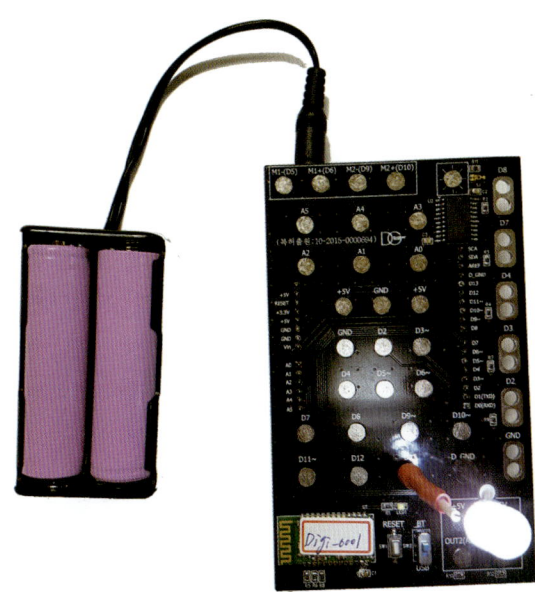

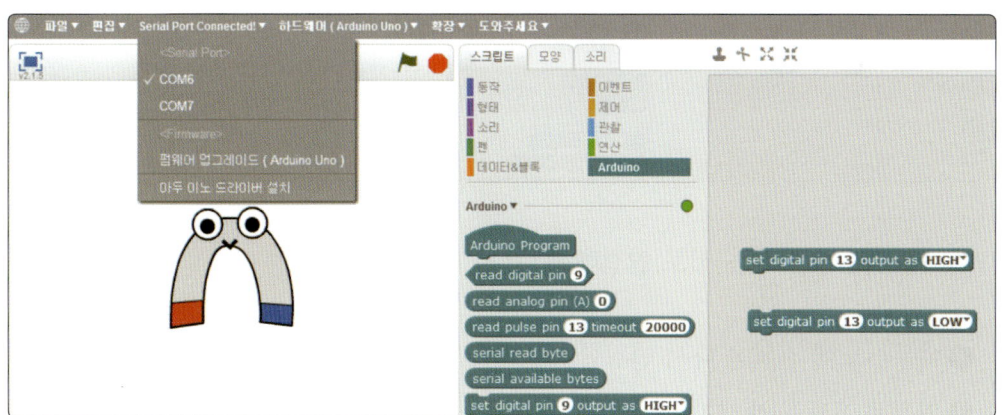

WARMINGUP 아두이노와 스크래치로 메이커가 되기 위한 준비

아두이노 블루투스 확장 헤더 전원을 껐다가 다시 연결할 때

아두이노 블루투스 확장 헤더의 전원이 꺼져도 아래 그림처럼 컴퓨터와 ARDUINO ON SCRATCH 프로그램은 인식하지 못합니다. 전원을 켜고 다시 'COM6' 포트에 연결하면 연결에 성공했다고 메시지가 나오지만, 아두이노 블루투스 자석 보드의 LED 불이 계속 깜박입니다. 즉, 연결이 되지 않은 것이지요.

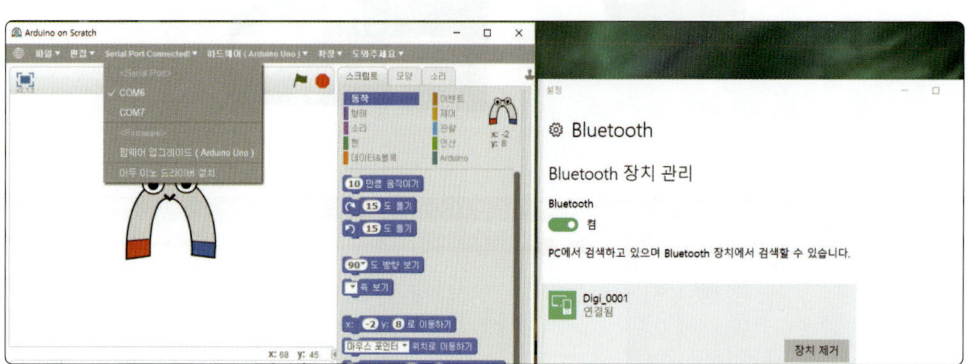

이때는 다음과 같은 순서로 연결해 봅니다.

❶ 아두이노에 전원을 다시 연결합니다.
❷ 연결된 포트를 해제합니다.

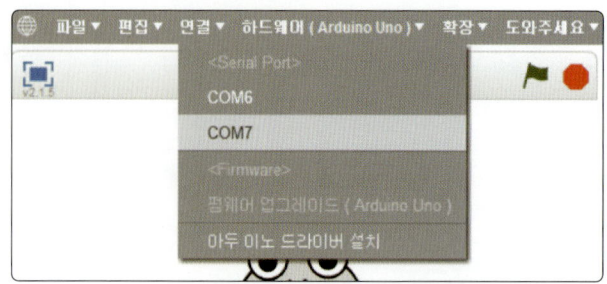

40 아두이노와 스크래치로 메이커 되기 ❷

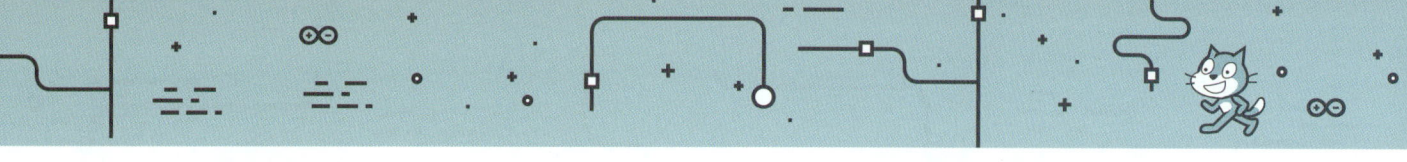

❸ 연결을 해제하면 컴퓨터의 블루투스 장치 정보가 '페어링됨'으로 바뀝니다.

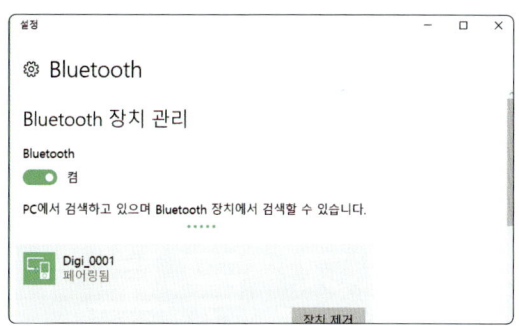

❹ 다시 블루투스 송신 포트에 연결합니다. 아두이노 블루투스 자석 확장 보드의 LED 불이 깜박이지 않고 계속 켜져 있게 되면 연결에 성공한 것입니다.

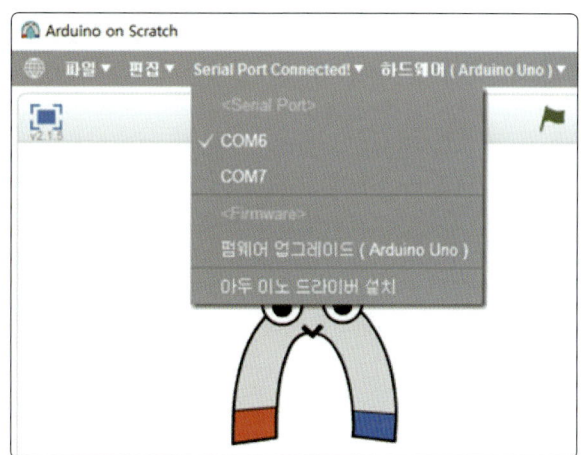

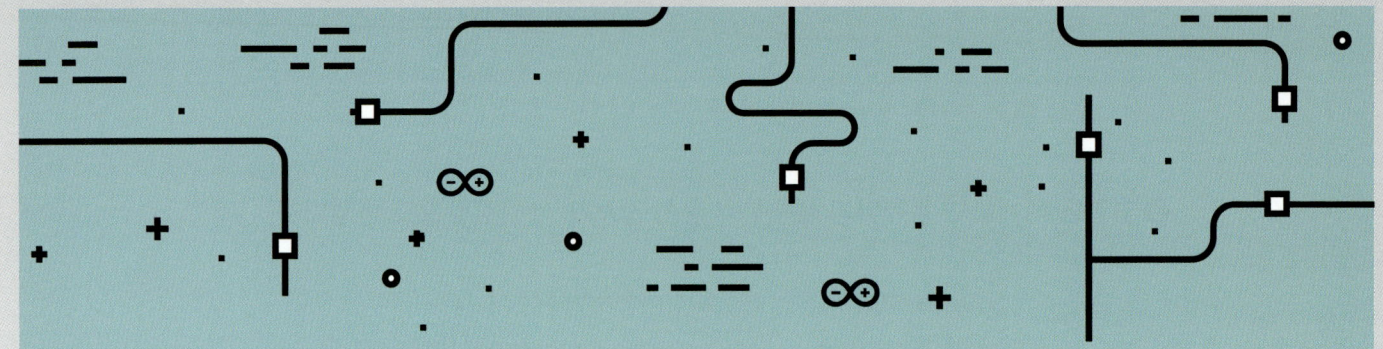

PROJECT 1

아두이노와 스크래치로 메이커 되기

투모터 경주 로봇

⊕ 활동 목표

DC 모터의 동작 방법을 이해하고 투모터 경주 로봇을 만들 수 있으며, 스크래치 프로그래밍을 이용하여 투모터 경주 로봇을 제어할 수 있다.

⊖ 활동 내용

- 주변의 도구를 이용하여 투모터 경주 로봇을 직접 제작하여 메이커로의 활동 체험하기
- DC 모터의 작동 방법을 이해하고, 스크래치 프로그래밍을 이용하여 모터 작동시키기
- 바퀴 역할을 하는 2개의 모터를 이용하여 전진, 후진, 좌회전, 우회전, 제자리 회전을 할 수 있도록 제어하기
- 투모터 경주 로봇이 움직일 수 있는 주행 경로를 만들고, 이 경로를 따라 투모터 경주 로봇을 목적지까지 빠르게 이동시키기

 **활동 학습을 시작하기 전, 알고 있는 내용을 체크해 보세요**

- 스크래치와 아두이노를 연결할 수 있다. ○
- 아두이노를 제어하는 스크래치의 기본 명령을 알고 있다. ○
- 아두이노 GPIO의 개념을 이해하고 있다. ○
- 센서의 기본 원리를 알고 있다. ○
- 전기는 (+)극과 (−)극이 있으며, 전기 소자에 전기를 흐르게 하면 소자의 특성에 따라 동작하는 것을 이해하고 있다. ○
- 키보드를 누르는 이벤트가 발생하면 눌린 키에 따라 서로 다르게 동작할 수 있는 스크래치 프로그래밍을 작성할 수 있다. ○

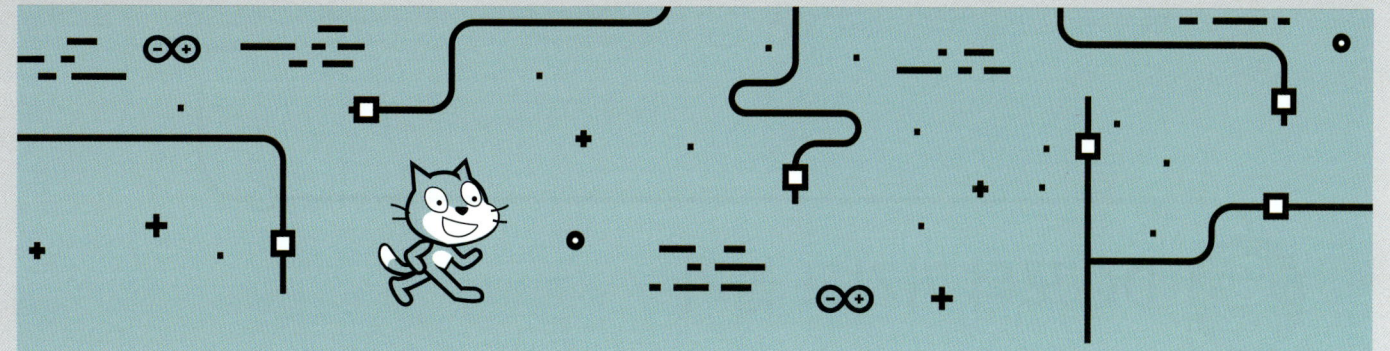

    RC 자동차를 운전해 보았나요? 어른이 되어 진짜 자동차를 운전하는 모습을 상상해 보세요.
    투모터 경주 로봇의 몸체를 만들고 몸체에 바퀴를 달아 씽씽 달리게 할 수 있습니다. 아두이노와 아두이노 확장 보드, 스크래치 프로그래밍을 이용하여 투모터 경주 로봇을 세밀하게 제어하여 목적지까지 빨리 도착하게 할 수 있습니다.
    자, 투모터 경주 로봇을 타고 자동차 경주장을 빠르게 달려 보세요. 그리고 구부러진 도로를 따라 우회전, 좌회전을 하며 신나게 달려 보세요.

DC 모터 가지고 놀기

DC 모터의 특성을 이해하고, 스크래치 프로그래밍을 이용하여 DC 모터를 회전시킨 후 회전속도를 제어해 봅시다.

모터에 대해 알아보아요.

모터는 전기에너지를 운동(회전)에너지로 변환하는 장치입니다. 모터에 공급하는 전원에 따라 AC 모터와 DC 모터가 있습니다. DC 모터는 건전지와 같이 전류의 방향이 (+)에서 (−)로 일정하게 흐를 때 사용하는 모터로, 일정한 전압으로 연결하면 회전이 발생하고 정밀도가 높아 속도 제어가 가능합니다.

여러 가지 종류의 DC 모터

자, 지금부터 투모터 경주 로봇을 움직이는 DC 모터를 아두이노 확장 보드와 자석 브레드 보드에 연결하는 방법을 알아보겠습니다.

무엇을 준비해야 하나요?

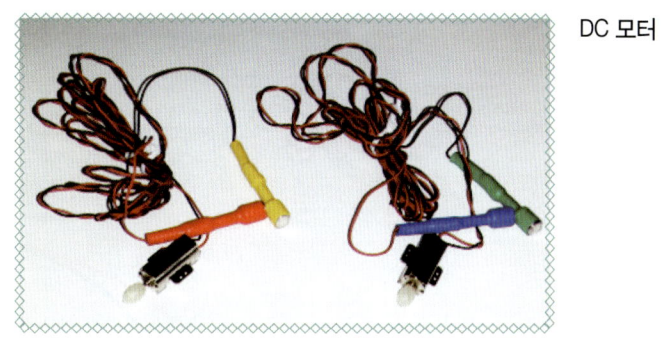

DC 모터

어떻게 연결하나요?

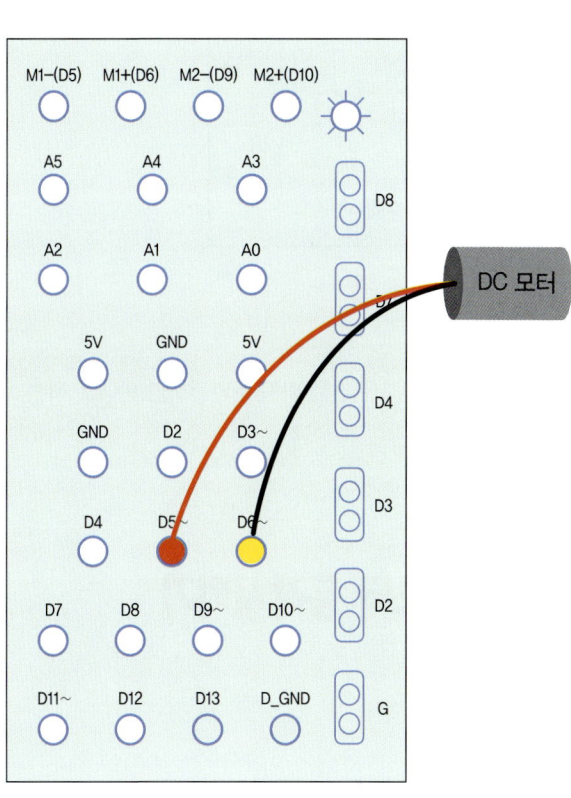

완성이 되면?

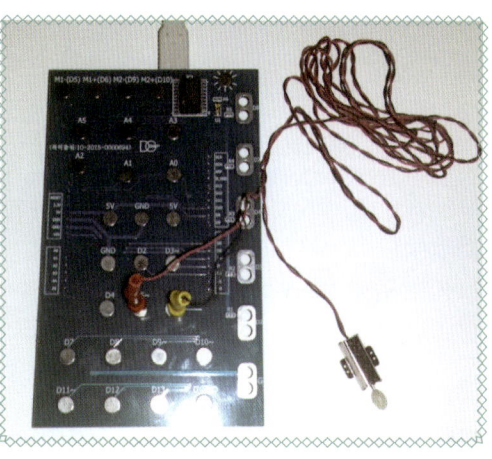

PROJECT 1 투모터 경주 로봇 45

확장 보드와 자석 브레드 보드에 연결해 보기

DC 모터의 빨간색 자석선을 확장 보드의 5번 포트에, 검은색 자석선을 확장 보드의 6번 포트에 연결합니다.

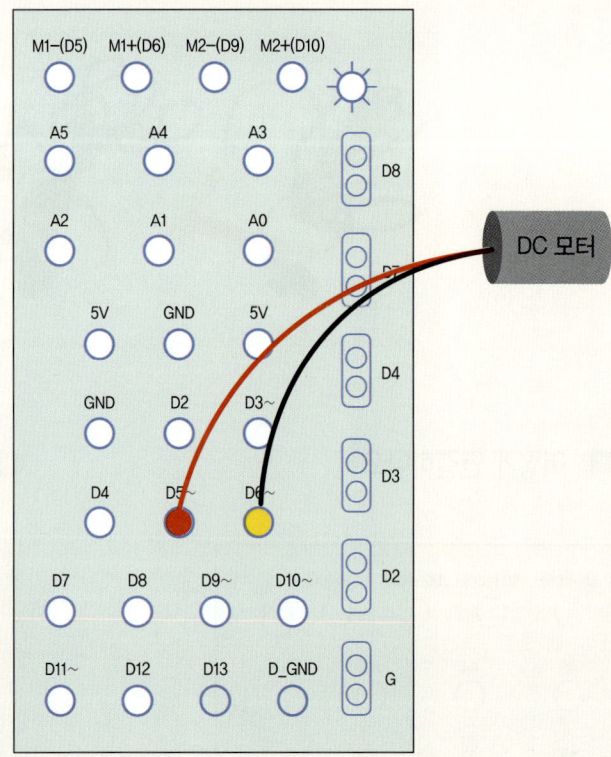

 참고

DC 모터의 두 자석선은 극이 있어서 빨간색 자석선과 검은색 자석선을 바꾸어 연결하면 반대로 회전합니다.

스크래치 프로그래밍으로 DC 모터 동작시키기

❶ [스크립트]-[이벤트]에서 클릭했을 때 블록을 가져와 배치합니다.

❷ [스크립트]-[제어]에서 무한 반복하기 블록을 가져와 클릭했을 때 블록 밑에 배치합니다.

❸ [스크립트]-[로보트]에서 set pwm pin 5 output as 0 블록을 가져와 무한 반복하기 블록 사이에 배치하고 핀 값을 '9', 출력 값을 '0'으로 바꾸어 줍니다.

❹ [스크립트]-[로보트]에서 set pwm pin 5 output as 0 블록을 가져와 무한 반복하기 블록 사이의 set pwm pin 9 output as 0 블록 밑에 배치하고 핀 값을 '10', 출력 값을 '255'로 바꾸어 줍니다.

스크래치 프로그래밍으로 DC 모터의 회전속도 제어하기

❶ 최대 속도로 회전하기

다음 블록 코드는 DC 모터의 회전속도를 최대로 합니다(DC 모터의 회전 방향을 쉽게 확인하기 위해 바퀴 역할을 하는 실리콘 부분에 테이프를 붙입니다).

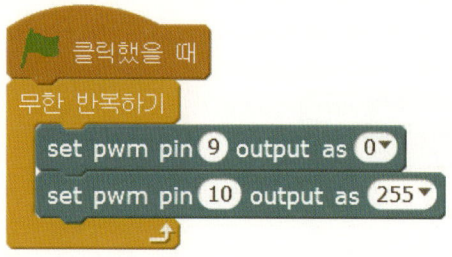
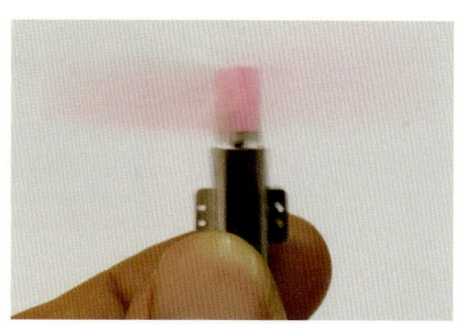

PROJECT 1 투모터 경주 로봇 47

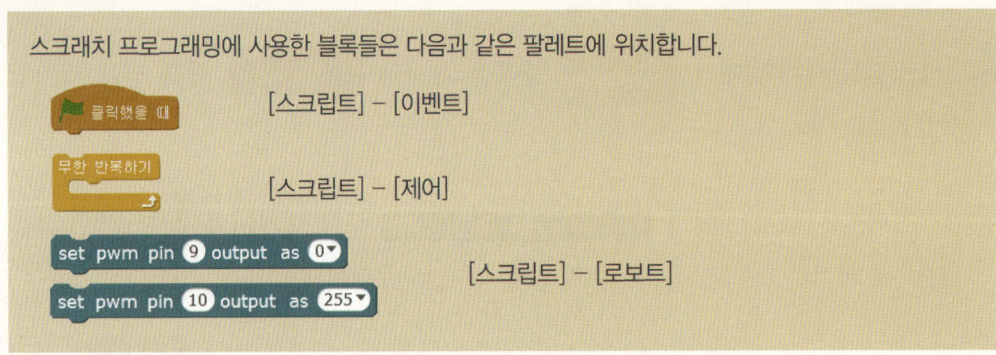

❷ 약하게 회전하기

다음 블록 코드는 DC 모터 회전속도를 약하게 합니다.

❸ 다음 블록 코드는 DC 모터의 회전 방향을 ❶, ❷와 반대 방향으로 하며 DC 모터의 회전속도를 최대로 합니다.

DC 모터 가지고 놀기

( )학교 ( )학년 ( )반 이름 ( )

1 다음 회로도를 보고 회로를 구성한 후 DC 모터의 동작을 관찰해 보세요.

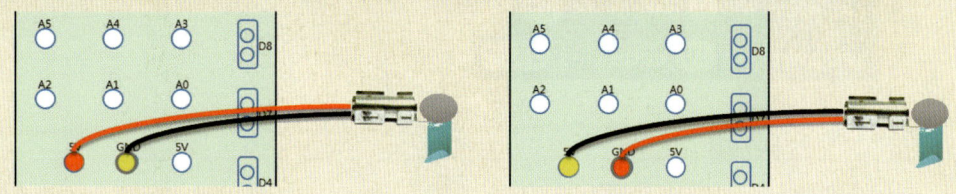

	DC 모터의 연결선	포트 번호	동작
①	빨간색 선	5V	
	검은색 선	GND	
②	빨간색 선	GND	
	검은색 선	5V	

2 오른쪽의 DC 모터를 스크래치 블록 코드로 동작시키기 위해 확장 보드의 9번, 10번 포트를 이용하여 회로도를 그려 보세요.

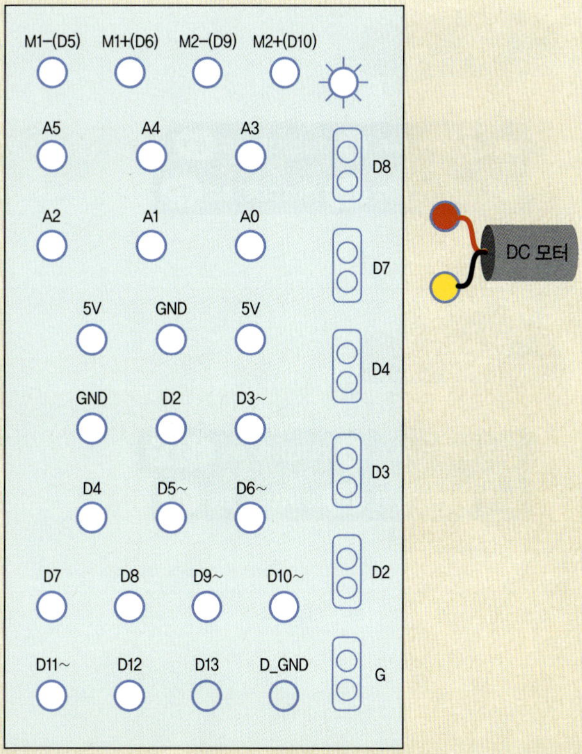

PROJECT 1 투모터 경주 로봇   49

❸ DC 모터를 9번과 10번 포트에 연결한 후에 다음 스크래치 블록을 실행시키고 결과를 적어 보세요.

스크래치 블록	실행 결과

4 다음 'set pwm ~' 명령 블록에서 'as 0' 값에 다음과 같은 pwm 값을 입력할 때 진동 모터의 동작 상태를 관찰해 보세요.

pwm 값	모터 동작 상태
0	
50	
100	
150	
250	

5 다음 스크래치 블록을 실행시켰을 때 나타나는 결과가 다른 이유를 적어 보세요.

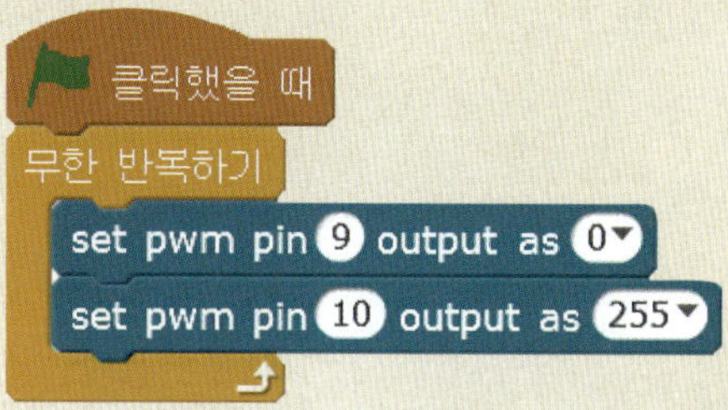

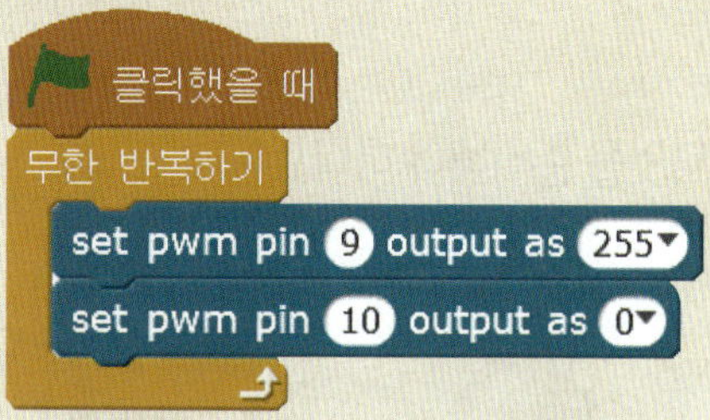

투모터 경주 로봇 만들고 전진과 후진하기

학습문제

경주 로봇 몸체와 DC 모터를 이용하여 투모터 경주 로봇을 만들고, 키보드를 이용하여 전후좌우로 이동하며 목적지까지 빨리 달려가도록 스크래치로 프로그래밍해 봅시다.

투모터 경주 로봇의 몸체를 만들고 아두이노에 연결하는 방법을 알아보겠습니다.

무엇을 준비해야 하나요?

❶ 모터 2개
❷ 로봇 몸체
❸ 클립 2개
❹ 양면테이프

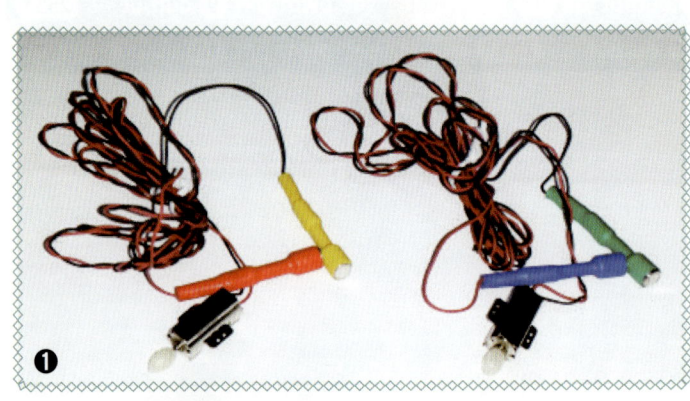

어떻게 연결하나요?

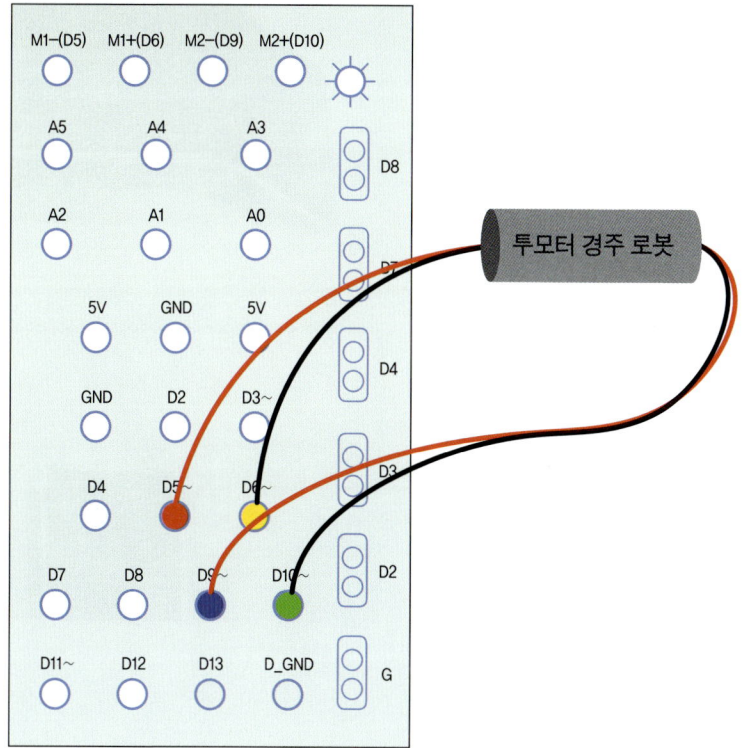

완성이 되면?

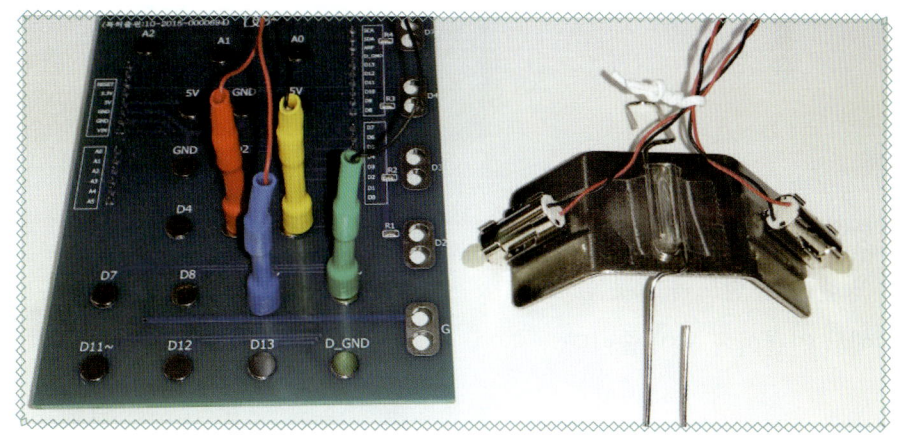

투모터 경주 로봇의 몸체 만들기

❶ 로봇 몸체에 모터가 부착될 곳을 정하여 양면테이프를 양쪽에 붙입니다.

❷ 로봇 몸체 양쪽의 양면테이프가 붙어 있는 곳에 모터 2개를 각각 붙여 줍니다. 모터를 몸체에 붙이는 위치는 그림과 같이 모터의 헤더 아래를 몸체 끝과 맞추거나 모터의 헤더 아래가 몸체보다 약간 위로 나오게 맞춰서 붙이면 됩니다.

❸ 로봇의 전진 방향과 후진 방향을 알아볼 수 있게 로봇 몸체 위에 펜으로 표시합니다.

❹ 로봇이 움직일 때 모터 연결선의 방해를 덜 받도록 로봇 몸체 위에서 연결선을 묶어 줍니다.

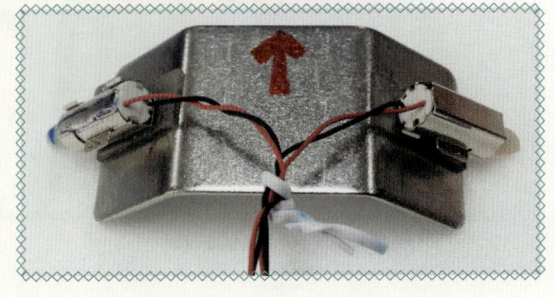

❺ 로봇 몸체에 클립 지지대를 부착하기 위해 클립 2개를 준비합니다.

❻ 클립에서 안쪽 U자 모양을 밀어서 아래 모양과 같이 만듭니다.

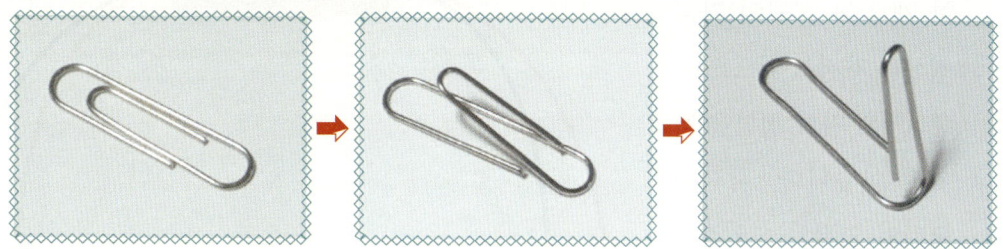

❼ 위 ❻과 같은 방법으로 나머지 클립 1개도 같은 모양으로 만든 후 클립 2개를 투명 테이프로 붙여 연결합니다.

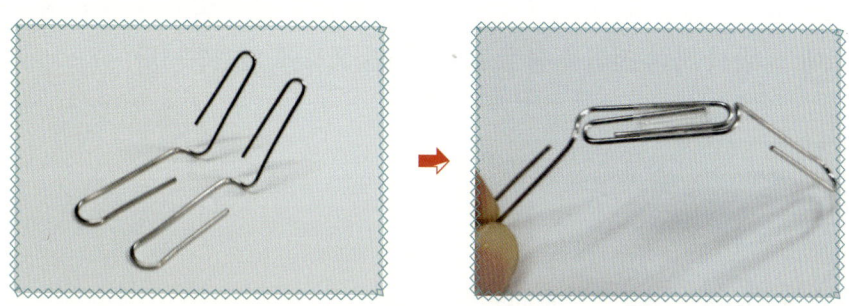

❽ 클립 지지대를 경주 로봇 몸체에 부착하고, 투모터 경주 로봇의 바퀴 부분과 클립 지지대가 바닥에 닿는 부분이 맞도록 클립 지지대를 조정합니다. 바퀴 2개와 클립 2곳이 모두 바닥에 닿아야 하며 이때 로봇 몸체는 바닥에 닿지 않아야 합니다.

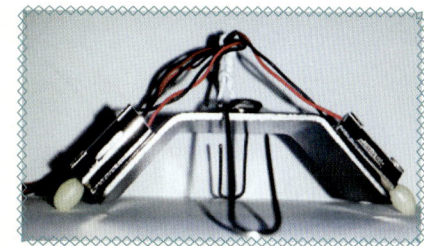
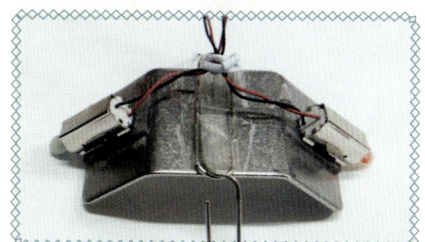

# 확장 보드에 연결해 보기

❶ 투모터 경주 로봇은 모터 한 개당 '+', '−'의 자석 전선을 가지고 있으므로, 총 4개의 자석 전선을 가지고 있습니다. 각각의 모터와 연결되는 연결선을 잘 확인합니다.

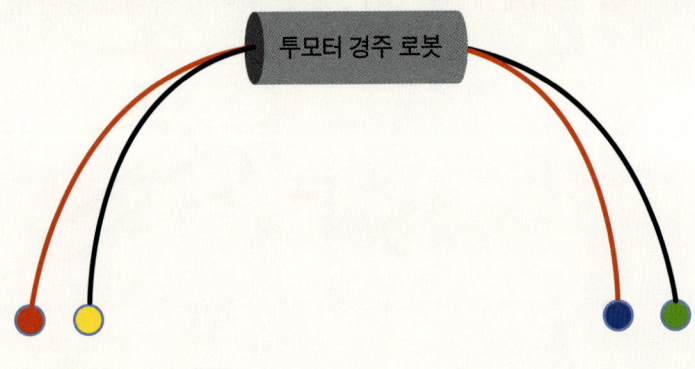

❷ 투모터 경주 로봇의 한쪽 자석 전선 2개 중 빨간색 자석 전선을 확장 보드의 5번 포트에, 노란색 자석 전선을 확장 보드의 6번 포트에 연결합니다.

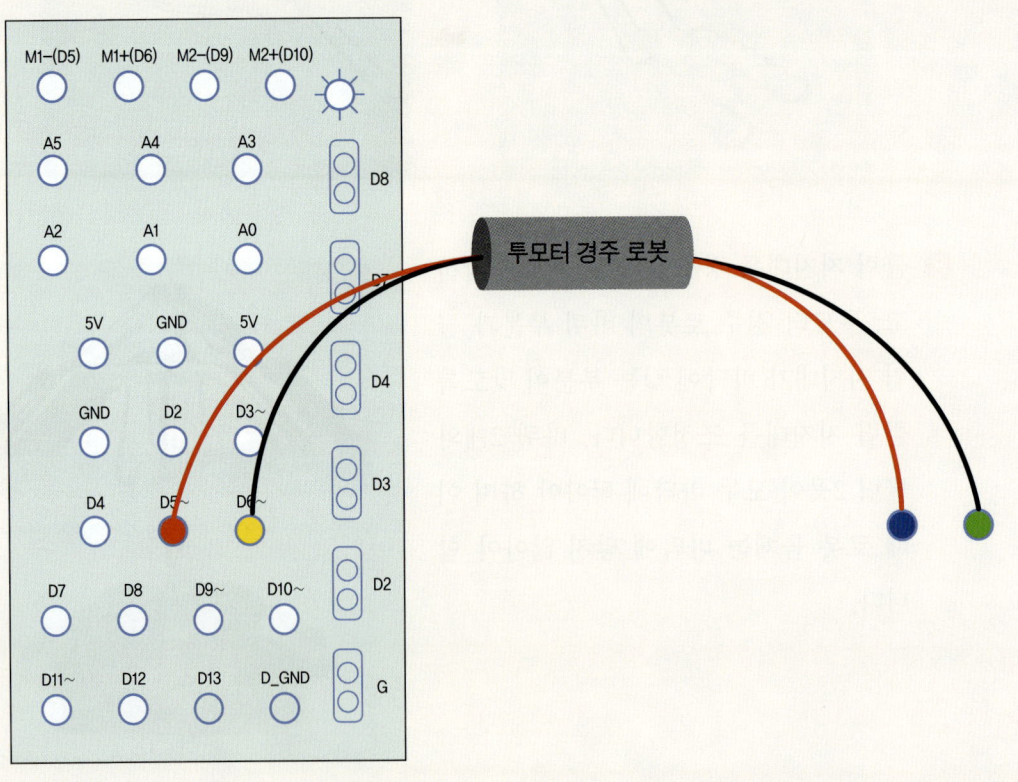

❸ 투모터 경주 로봇의 나머지 자석 전선 2개 중 파란색 자선 전선을 확장 보드의 9번 포트에, 초록색 자석 전선을 확장 보드의 10번 포트에 연결합니다.

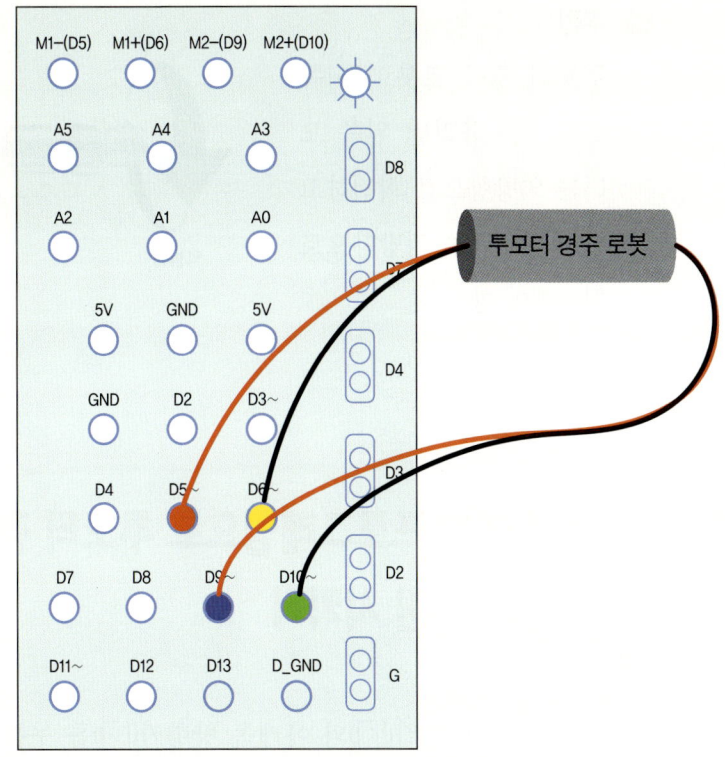

참고

- 투모터에 연결된 4개의 자석 전선 색깔은 빨간색, 노란색, 파란색, 초록색으로, (빨간색, 노란색) 자석 전선이 하나의 모터와 연결되어 있고 (파란색, 초록색) 자석 전선이 하나의 모터와 연결되어 있습니다.
- 빨간색, 파란색에 '+'를, 노란색, 초록색에 '−'를 연결할 때 모터가 같은 방향으로 회전합니다.
- 모터와 연결선을 잘 파악할 수 있도록 모터와 연결되는 자석선 양쪽에 같은 색을 칠하여 표시합니다.

투모터 경주 로봇에 달려 있는 2개의 모터 회전 방향에 따라 경주 로봇이 움직이는 방향 알아보기

❶ 전진

투모터 경주 로봇이 앞쪽으로 이동하려면 왼쪽 모터는 정방향으로 회전하고 반대쪽 모터는 역방향으로 회전해야 합니다.

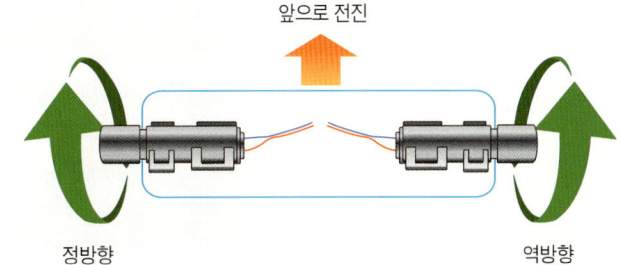

PROJECT 1 투모터 경주 로봇　57

❷ **후진**

투모터 경주 로봇이 뒤쪽으로 이동하려면 왼쪽 모터는 역방향으로 회전하고 반대쪽 모터는 정방향으로 회전해야 합니다.

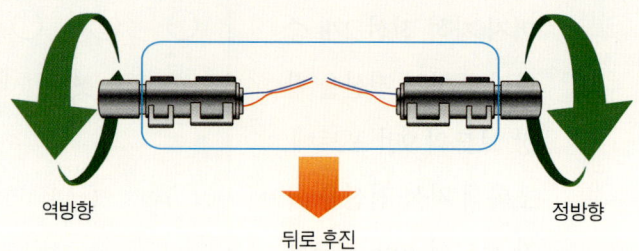

역방향   뒤로 후진   정방향

👉 스크래치 프로그래밍으로 투모터 경주 로봇 전진과 후진 시키기

키보드의 위쪽 방향키(↑)와 아래쪽 방향키(↓)를 누를 때마다 일정한 시간 동안만 전진이나 후진을 합니다.

```
위쪽 화살표▼ 키를 눌렀을 때
set pwm pin 5 output as 0▼
set pwm pin 6 output as 255▼
set pwm pin 9 output as 255▼
set pwm pin 10 output as 0▼
0.1 초 기다리기
set pwm pin 5 output as 0▼
set pwm pin 9 output as 0▼


아래쪽 화살표▼ 키를 눌렀을 때
set pwm pin 5 output as 255▼
set pwm pin 6 output as 0▼
set pwm pin 9 output as 0▼
set pwm pin 10 output as 255▼
0.1 초 기다리기
set pwm pin 5 output as 0▼
set pwm pin 10 output as 0▼
```

❶ [이벤트]에서 스페이스 키를 눌렀을 때 블록을 가져와 배치한 후 '위쪽 화살표'로 바꾸어 줍니다.

❷ [로봇]에서 set pwm pin 5 output as 0 블록을 4번 가져와 위쪽 화살표 키를 눌렀을 때 블록 밑에 배치하고 핀 값과 출력 값을 아래와 같이 바꾸어 줍니다.

항목	핀 값	출력 값
모터 1	5	0
	6	255
모터 2	9	255
	10	0

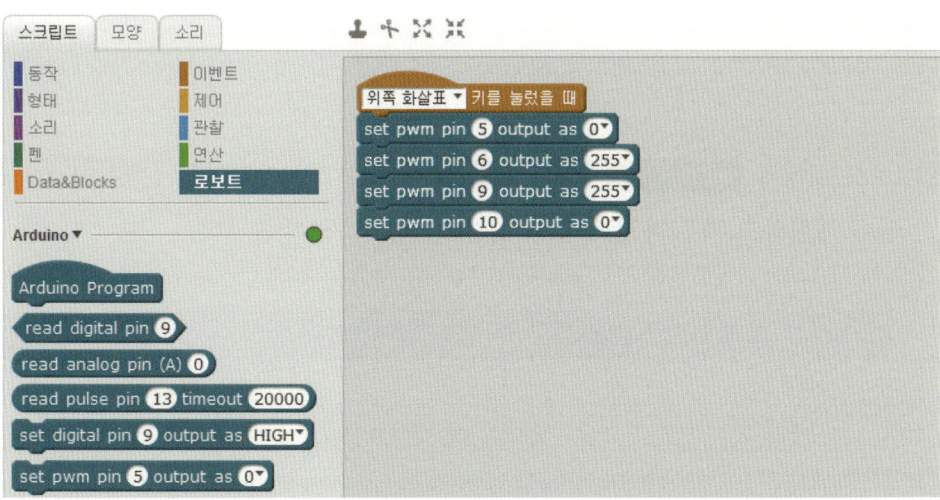

> **Tips**
>
> 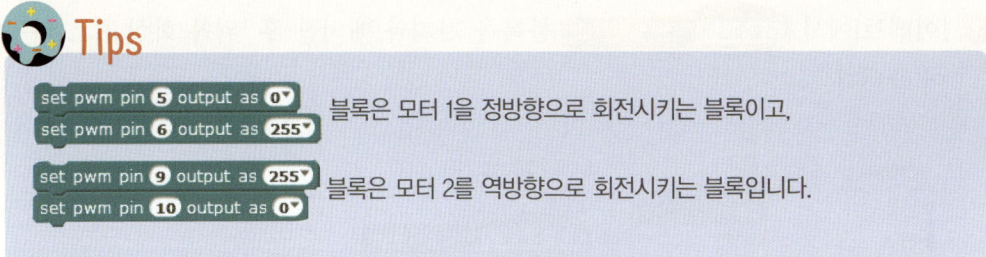 블록은 모터 1을 정방향으로 회전시키는 블록이고,
>
> 블록은 모터 2를 역방향으로 회전시키는 블록입니다.

❸ [제어]에서 `1 초 기다리기` 블록을 가져와서 `set pwm pin 10 output as 0` 블록 밑에 배치하고 값을 0.1로 변경합니다.

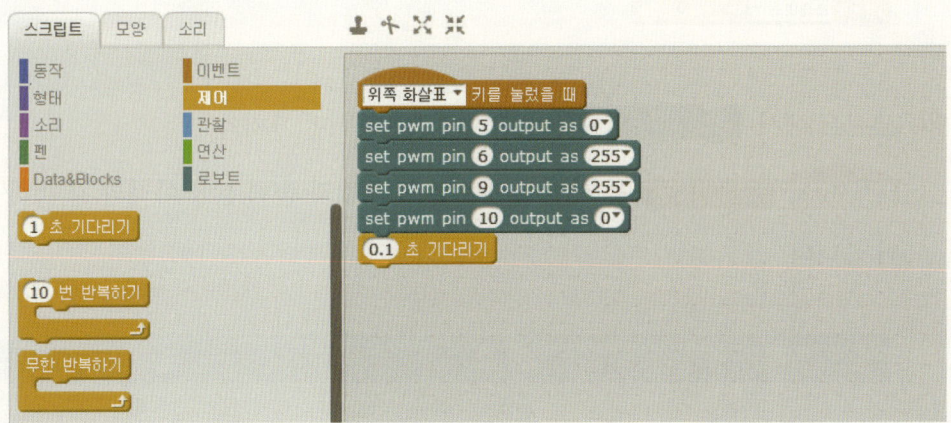

> **Tips**
>
> 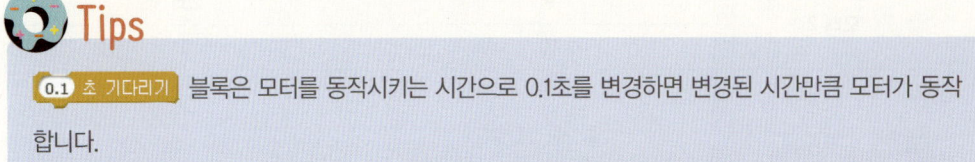 블록은 모터를 동작시키는 시간으로 0.1초를 변경하면 변경된 시간만큼 모터가 동작합니다.

❹ [로보트]에서 `set pwm pin 5 output as 0` 블록을 2번 가져와서 `1 초 기다리기` 블록 밑에 배치하고 핀 값과 출력 값을 아래와 같이 바꾸어 줍니다.

항목	핀 값	출력 값
모터 1	6	0
모터 2	9	0

❺ ❶~❹의 과정으로 블록을 가져와서 아래와 같이 값을 바꾸어 줍니다.

항목	핀 값	출력 값
이벤트	아래쪽 화살표	
모터 1	5	255
	6	0
모터 2	9	0
	10	255

항목	핀 값	출력 값
모터 1	5	0
모터 2	10	0

투모터 경주 로봇 전진과 후진시키기

(   )학교 (   )학년 (   )반 이름 (   )

투모터 경주 로봇을 전진과 후진시키는 알고리즘을 블록 코드로 작성해 보세요.

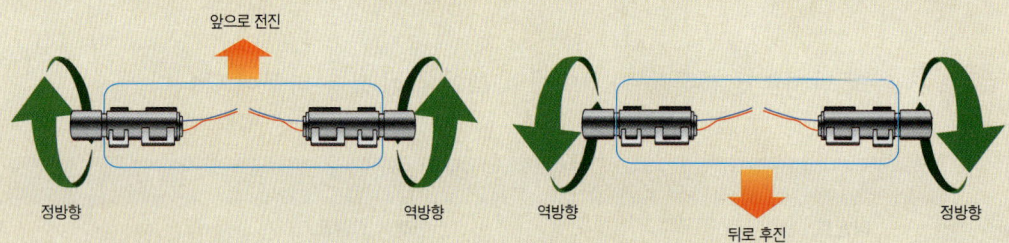

	앞으로 전진			뒤로 후진	
정방향		역방향	역방향		정방향

모터의 빨간색 선: 5번 포트	set pwm pin ( ) output as ( )
모터의 검은색 선: 6번 포트	0.1초 기다리기

순서	위쪽 화살표 ▼ 키를 눌렀을 때	아래쪽 화살표 ▼ 키를 눌렀을 때
1		
2		
3		
4		
5		
6		
7		

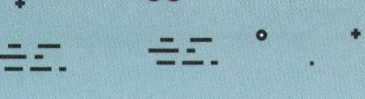

투모터 경주 로봇 우회전, 좌회전, 제자리 돌기

> **학습문제**
> 나만의 경주로를 그리고, 키보드를 이용하여 투모터 경주 로봇을 좌회전, 우회전시키며 목적지까지 빨리 달려가도록 스크래치로 프로그래밍해 봅시다.

앞에서 투모터 경주 로봇의 몸체를 만들어 보았는데, 이제 아두이노에 연결하는 방법을 알아보겠습니다.

▶ 무엇을 준비해야 하나요?   ▶ 어떻게 연결하나요?

투모터 경주 로봇

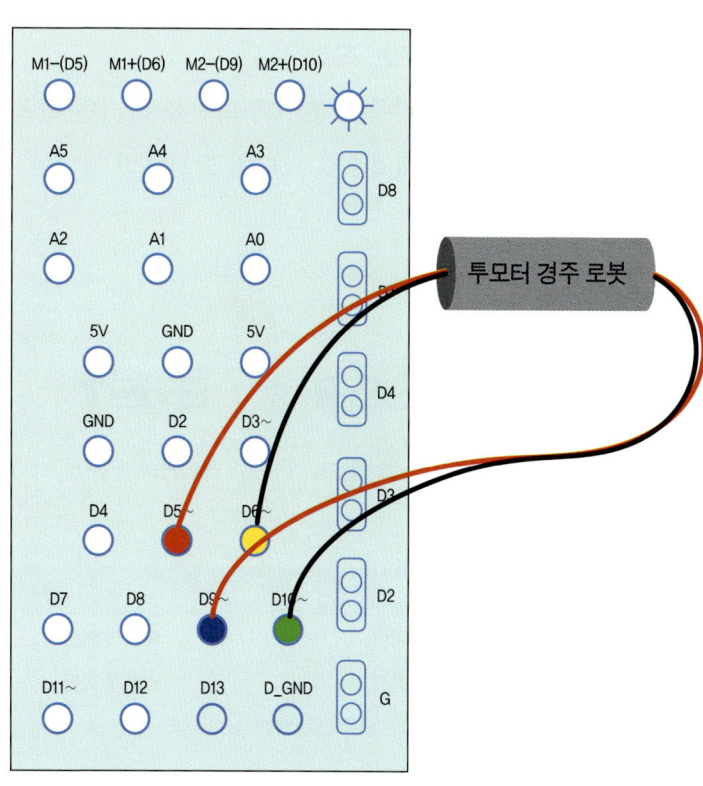

PROJECT 1 투모터 경주 로봇

완성이 되면?

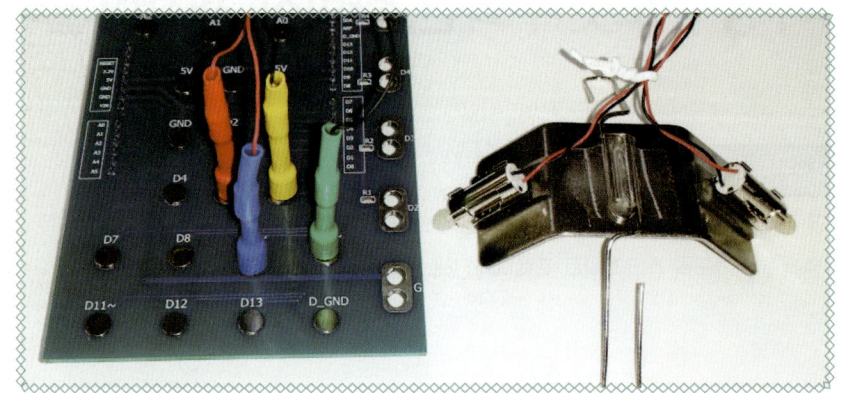

투모터 경주 로봇의 우회전과 좌회전하기

❶ 우회전 또는 좌회전

투모터 경주 로봇이 우회전을 하려면 왼쪽의 바퀴가 빠르게 회전하고 오른쪽 바퀴는 상대적으로 느리게 회전하면 됩니다.

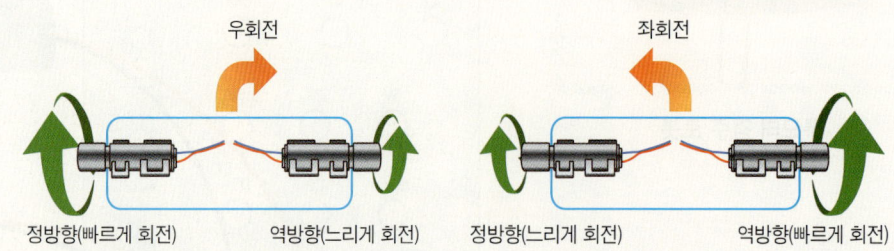

구분	왼쪽 바퀴	오른쪽 바퀴
우회전	빠르게 회전	느리게 회전
좌회전	느리게 회전	빠르게 회전

❷ **제자리 회전**

투모터 경주 로봇이 제자리에서 회전하려면 왼쪽의 바퀴와 오른쪽의 바퀴를 같은 속도로 정방향이나 역방향으로 회전하면 됩니다.

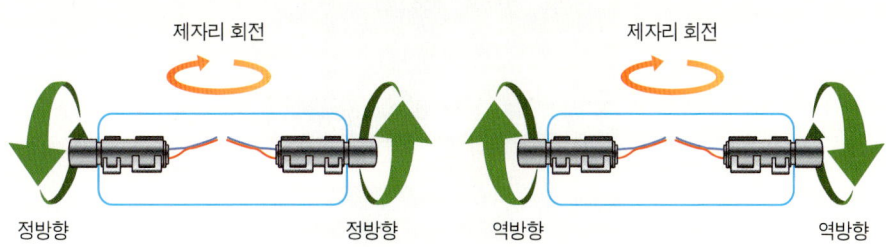

 **스크래치 프로그래밍을 이용하여 투모터 경주 로봇을 우회전이나 좌회전시키기**

키보드의 방향키(↑ ↓ ← →)를 누르면 누른 방향으로 투모터 경주 로봇이 0.1초 동안 한 번만 동작합니다. 여러 번 누르면 누른 횟수만큼 동작합니다.

```
위쪽 화살표 ▼ 키를 눌렀을 때
set pwm pin 5 output as 0 ▼
set pwm pin 6 output as 255 ▼
set pwm pin 9 output as 255 ▼
set pwm pin 10 output as 0 ▼
0.1 초 기다리기
set pwm pin 6 output as 0 ▼
set pwm pin 9 output as 0 ▼
```

```
왼쪽 화살표 ▼ 키를 눌렀을 때
set pwm pin 5 output as 0 ▼
set pwm pin 6 output as 255 ▼
set pwm pin 9 output as 0 ▼
set pwm pin 10 output as 0 ▼
0.1 초 기다리기
set pwm pin 6 output as 0 ▼
```

```
아래쪽 화살표 ▼ 키를 눌렀을 때
set pwm pin 5 output as 255 ▼
set pwm pin 6 output as 0 ▼
set pwm pin 9 output as 0 ▼
set pwm pin 10 output as 255 ▼
0.1 초 기다리기
set pwm pin 5 output as 0 ▼
set pwm pin 10 output as 0 ▼
```

```
오른쪽 화살표 ▼ 키를 눌렀을 때
set pwm pin 5 output as 0 ▼
set pwm pin 6 output as 0 ▼
set pwm pin 9 output as 255 ▼
set pwm pin 10 output as 0 ▼
0.1 초 기다리기
set pwm pin 9 output as 0 ▼
```

❶ 이전 '투모터 경주 로봇 전진, 후진시키기'의 스크래치 프로그래밍 결과에서 시작합니다.

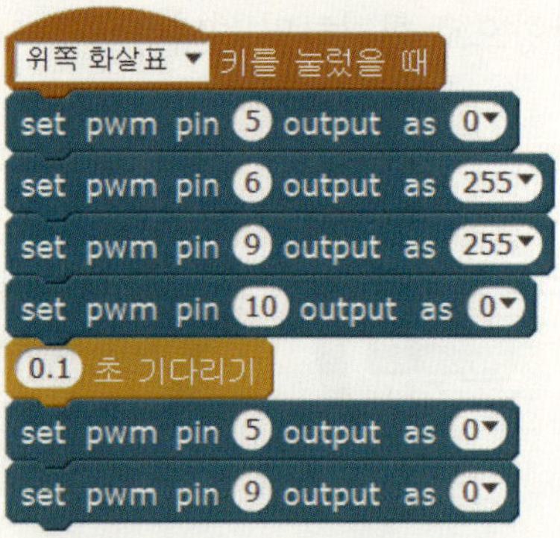

❷ [스크립트]에서 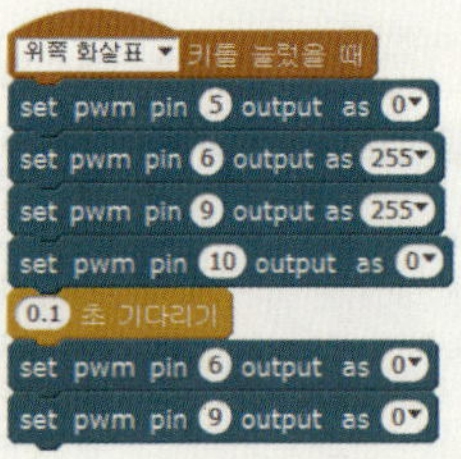 블록을 복사하여 아래쪽에 이어서 배치하고

아래와 같이 [이벤트] 조건 값과 핀 값, 출력 값을 바꾸어 줍니다.

항목	조건 값
이벤트 조건	왼쪽 화살표

항목	핀 값	출력 값
모터 1	5	0
	6	255
모터 2	9	0
	10	0

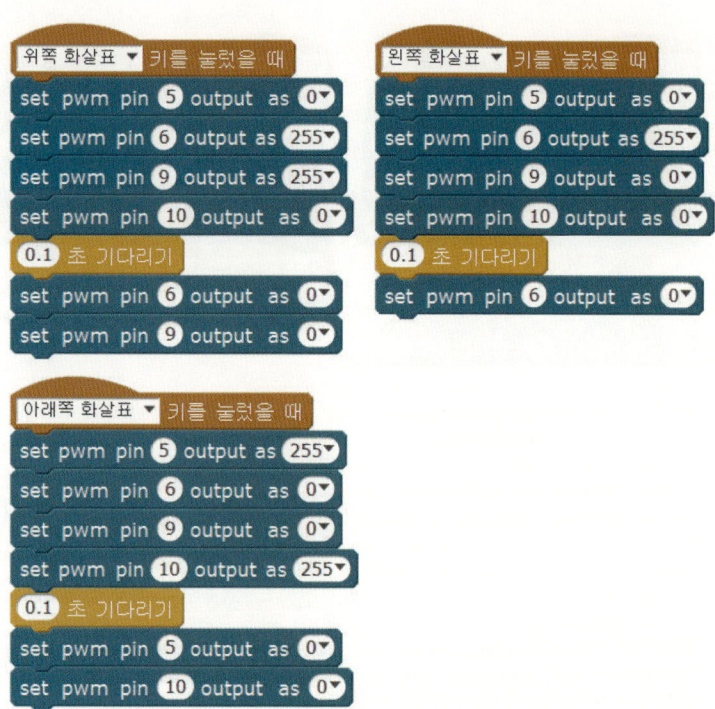

❸ [스크립트]에서 블록을 복사하여 아래쪽에 이어서 배치하고

아래와 같이 [이벤트] 조건 값과 핀 값, 출력 값을 바꾸어 줍니다.

항목	조건 값
이벤트 조건	오른쪽 화살표

항목	핀 값	출력 값
모터 1	5	0
	6	0
모터 2	9	255
	10	0

Tips

좌회전과 우회전은 투모터 경주 로봇의 전진과 후진의 방향에 따라 바뀔 수 있습니다. 왼쪽 화살표 키를 눌렀을 때 오른쪽으로 이동한다면 왼쪽 화살표 키를 눌렀을 때 블록의 [이벤트] 조건을 '오른쪽 화살표'로,  블록의 [이벤트] 조건을 '왼쪽 화살표'로 바꾸어 줍니다.

투모터 경주 로봇 우회전과 좌회전시키기

( )학교 ( )학년 ( )반 이름 ( )

투모터 경주 로봇을 우회전, 좌회전시키는 알고리즘을 블록 코드로 작성해 보세요.

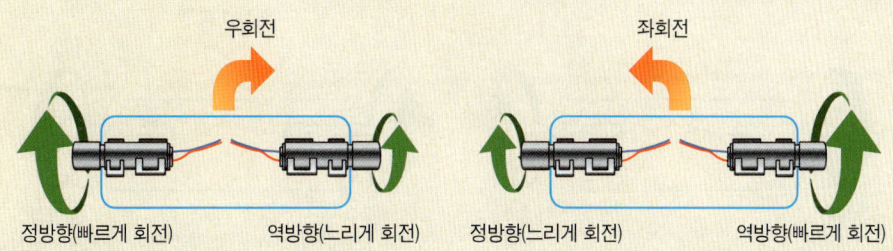

| 모터의 빨간색 선: 5번 포트 | set pwm pin ( ) output as ( ) |
| 모터의 검은색 선: 6번 포트 | 0.1초 기다리기 |

순서	오른쪽 화살표 ▼ 키를 눌렀을 때	왼쪽 화살표 ▼ 키를 눌렀을 때
1		
2		
3		
4		
5		
6		
7		
8		

투모터 경주 로봇 제자리 회전시키기

( )학교 ( )학년 ( )반 이름 ( )

투모터 경주 로봇을 제자리에 회전시키는 알고리즘을 블록 코드로 작성해 보세요.

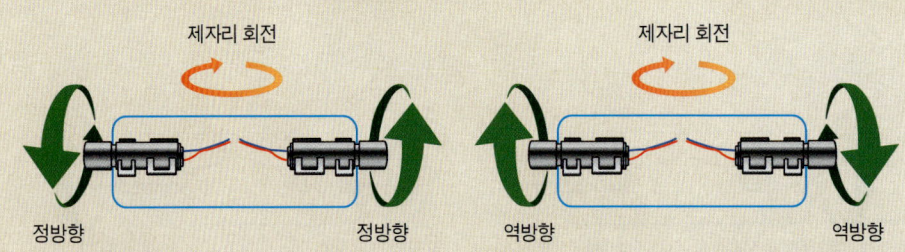

| 모터의 빨간색 선: 5번 포트 | set pwm pin ( ) output as ( ) |
| 모터의 검은색 선: 6번 포트 | 0.1초 기다리기 |

순서	○▼ 키를 눌렀을 때	○▼ 키를 눌렀을 때
1		
2		
3		
4		
5		
6		
7		
8		

투모터 경주 로봇의 경주로 만들기

( )학교 ( )학년 ( )반 이름 ( )

투모터 경주 로봇이 움직일 경주로를 만들어 보세요.

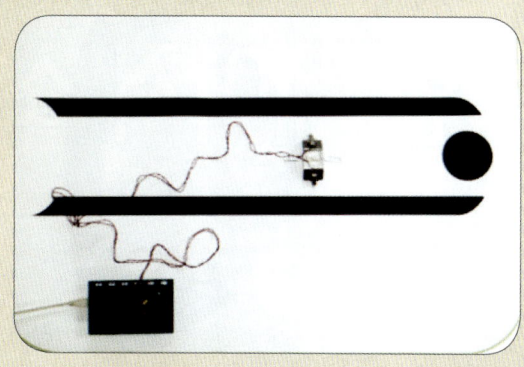

투모터 경주 로봇이 움직일 경주로를 그려 봅니다. 경주로를 그릴 용지의 크기는 A1(594×841mm) 크기 이상의 용지가 적당합니다.

8자 경주로　　　　　　　(　　　　)　　　　(　　　　)

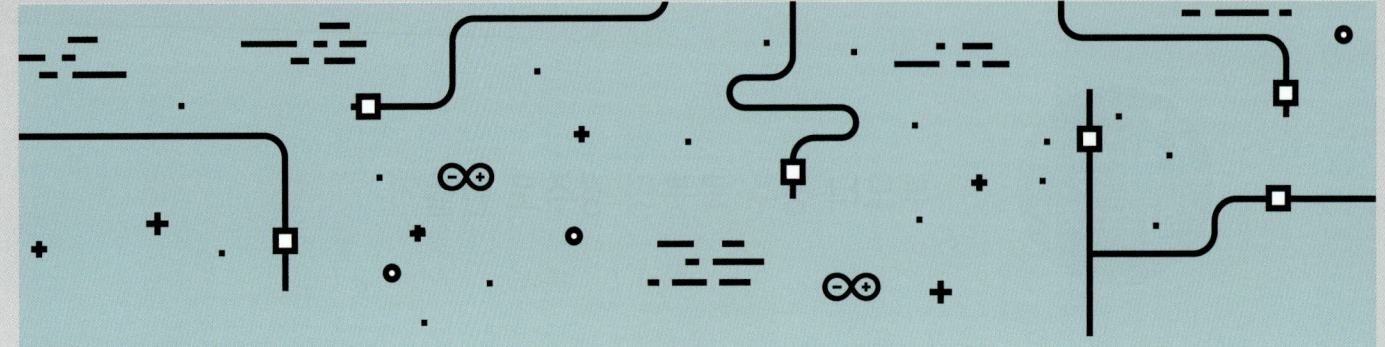

PROJECT 2

아두이노와 스크래치로 메이커 되기

환상적인 레이저 쇼

⊕ 활동 목표
직진하는 레이저 빛을 반사하고 변화시키는 레이저 쇼 프로그램을 만들 수 있다.

⊖ 활동 내용
- 모스부호를 활용하여 레이저로 의사를 전달하는 장치를 만들고 프로그래밍해 보기
- 방향과 세기를 조절하여 바람개비가 돌아가도록 프로그래밍해 보기
- 모터에 거울종이를 붙여 직진하는 레이저 빛을 반사할 수 있는 장치를 만들고 프로그래밍해 보기

 활동 학습을 시작하기 전, 알고 있는 내용을 체크해 보세요

- 빛이 직진하는 원리를 이해하고 있다. ○
- 방향과 속도를 다르게 지정하는 프로그램을 알고 있다. ○
- 반사된 빛의 형태를 예상할 수 있다. ○

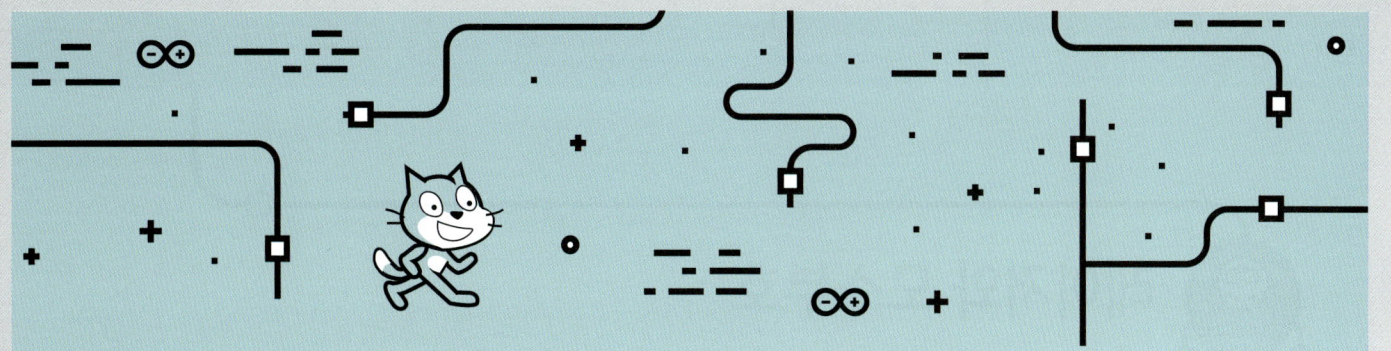

　세계인들의 축제인 올림픽과 월드컵의 개막식 및 폐막식에서 우리는 수많은 빛들로 만들어진 아름다운 레이저 쇼를 볼 수 있습니다. 라스베이거스, 홍콩, 싱가포르 등 해외의 유명 관광지에서는 이런 레이저 쇼를 관광객을 위한 볼거리로 제공하거나 상품화하기도 합니다. 2016년 우리나라에서 열린 경남 고성 공룡세계엑스포 행사장에서도 레이저 쇼를 보여 주며 관람객들의 시선을 끌기도 했습니다.

　레이저 쇼는 단순한 빛줄기로 보이지만, 다양한 색상과 모양이 만나 다채로운 아름다움을 창조합니다. 간단한 원리로 만드는 레이저 쇼는 시각적인 효과가 매우 뛰어나, 현대미술 중 미디어 아트에서는 레이저를 활용한 새로운 예술 장르를 선보이기도 했습니다.

　이번 단원에서는 레이저를 통해 간단하지만 화려한 효과를 낼 수 있는 레이저 쇼 장치를 만들어 봅니다.

레이저와 모스부호

모스부호를 활용하여 레이저로 의사를 전달하는 장치를 만들고 프로그래밍해 봅시다.

놀이공원 행사나 축제 중 어두운 밤 하늘을 화려하게 새기는 레이저 쇼는 빛이 직진하는 원리를 활용하여 다양하게 표현하는 예술입니다. 다양한 색상의 빛줄기가 모여 환상적인 모습을 보여 주는데, 이런 빛의 원리를 활용한 간이 레이저 쇼를 만들어 봅니다.

우선 레이저를 켜고 끄는 방법을 모스부호와 결합하여 간단한 메시지를 전달해 봅시다. 1832년 미국인 새뮤얼 모스(Samuel Morse)에 의해 발명된 모스부호는 선과 점을 결합하여 문자와 숫자를 나타내도록 하는 부호입니다. 점은 짧은 신호를, 선은 긴 신

호를 나타내는데, 과거 선박이나 해양에서 간편하게 정보를 주고받기 위해 사용되었습니다.

먼저 아두이노에 레이저를 연결하는 방법을 알아봅니다.

무엇을 준비해야 하나요?

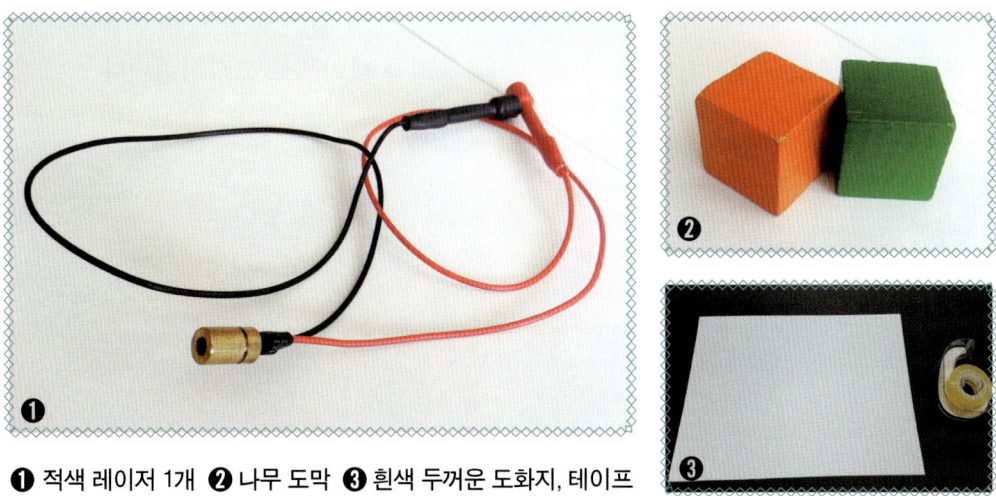

❶ 적색 레이저 1개 ❷ 나무 도막 ❸ 흰색 두꺼운 도화지, 테이프

어떻게 연결하나요?

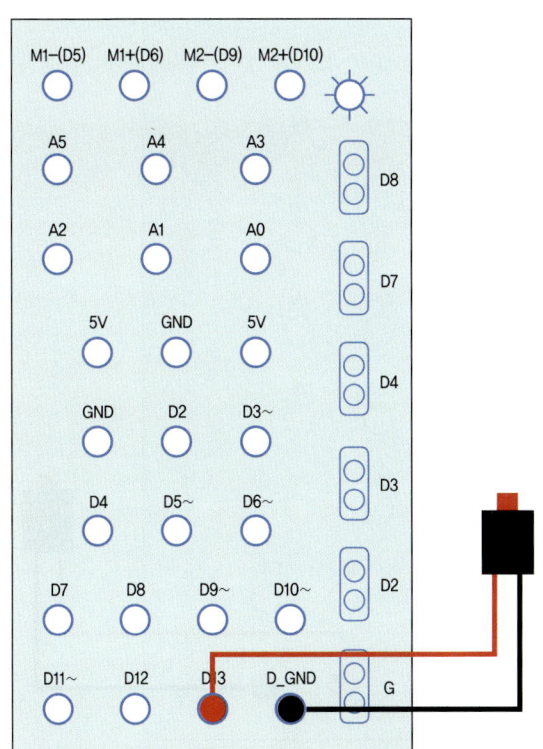

완성이 되면?

PROJECT 2 환상적인 레이저 쇼   75

👉 모스부호 장치 만들기

❶ 나무 도막 두 개를 겹쳐 떨어지지 않도록 테이프로 고정시킵니다.

❷ 두 개의 겹쳐진 나무 도막 위에 레이저를 테이프로 고정시킵니다.

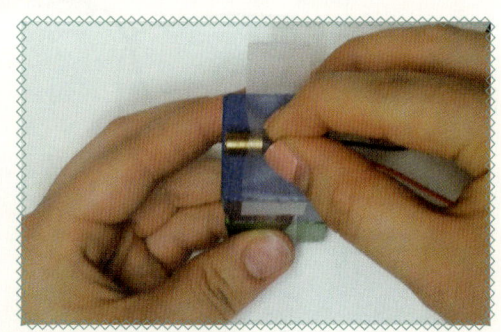

👉 확장 보드 연결하기

레이저의 자석 전선을 헤더의 D_GND 포트에 '−'를, D13 포트에 '+'를 연결합니다.

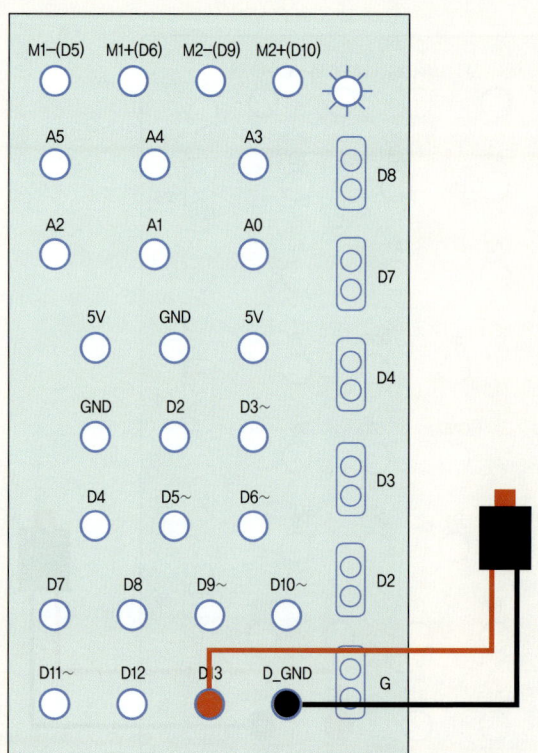

 ## 스크래치로 레이저를 일정 시간(초) 동안 켜고 꺼지도록 프로그래밍해 보기

❶ 레이저에 빛이 나오도록 프로그래밍하기 위해 [스크립트]-[이벤트]의
   클릭했을때 블록을 가지고 옵니다.

❷ [스크립트]-[로보트]에서 set digital pin 9 output as HIGH 블록을 가지고 온 후 레이저 자석 전선이 헤더와 연결된 부분을 확인합니다. 13번 포트와 연결되어 있으므로 pin(숫자)을 13으로 수정한 뒤 ❶의 블록과 결합하면, 클릭했을 때 레이저가 켜지는 것을 확인할 수 있습니다.

❸ 레이저가 켜지고 1초 후에 레이저가 꺼지도록 설정하기 위해 [스크립트]-[제어]에서 `1초 기다리기` 블록을 선택해 ❷에서 가져온 블록과 결합시킵니다.

그 아래 [스크립트]-[로보트]에서 `set digital pin 9 output as HIGH` 블록을 선택한 후 pin(숫자)을 13으로 설정하고 'HIGH'를 'LOW'로 값을 변경합니다. 이 명령 코드는 🚩을 클릭한 후 레이저가 켜졌다가 1초 후에 꺼지게 하는 것입니다.

❹ 다시 1초 후에 레이저를 켜기 위해서 ❸에서 선택한 블록을 차례대로 가지고 와 아래에 결합시킵니다.

> **Tips**
> 레이저를 켜고 끄는 명령어는 output as 다음 값에 HIGH(켜기)와 LOW(끄기)를 입력함에 따라 다르게 설정할 수 있습니다.

❺ 다음으로 레이저 켜는 시간을 3초로 조정해 보려고 합니다. [스크립트]-[제어]에서  블록을 선택해 ❷에서 가져온 블록과 결합시킵니다. 이때 '1'초를 '3'초로 바꿉니다. 그 아래 [스크립트]-[로보트]에서 `set digital pin 9 output as HIGH` 블록을 선택한 후 pin(숫자)을 13으로 설정하고 'HIGH'를 'LOW'로 값을 변경합니다. 이 명령 코드는 🏁을 클릭하면 레이저가 켜진 후 1초 간격으로 꺼졌다가 다시 켜진 다음 3초 후에 다시 꺼지게 하는 것입니다.

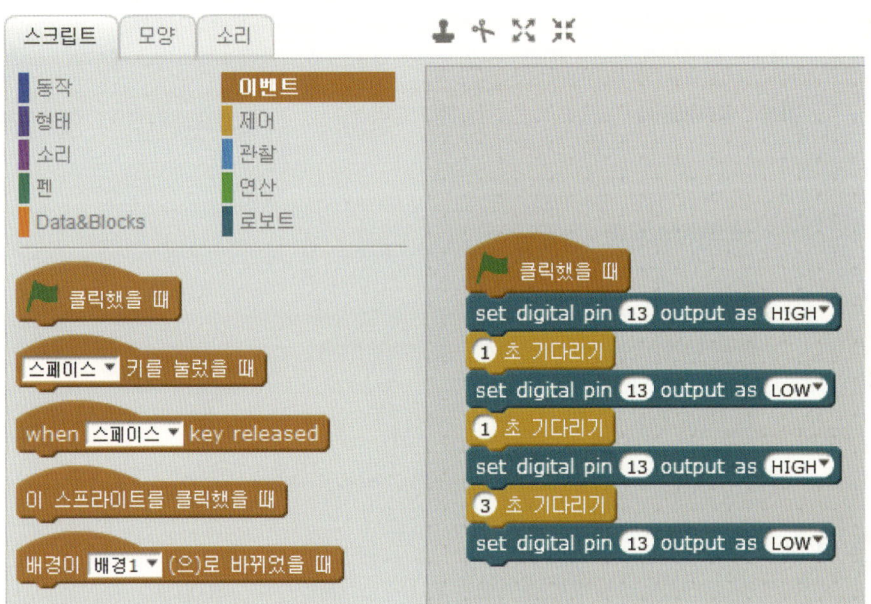

모스부호 활용하여 의사 전달하기

(   )학교 (   )학년 (   )반 이름 (   )

1 레이저가 켜지도록 작동시켜 본 후 소감을 적어 보세요.

2 깃발을 클릭했을 때 레이저가 1초 동안 켜졌다 꺼지도록 알고리즘을 완성해 보세요.

순서	스프라이트 이름:
1	
2	
3	
4	

 참고

레이저의 '+' 자석 전선은 헤더의 13번 포트에 연결되어 있습니다.

3 다음의 모스부호를 참고하여 레이저가 켜지도록 알고리즘을 완성해 보세요.

모스부호 'ㄱ' 표현하기					
모스부호		●	▬	●	●
레이저		1초	3초	1초	1초

모스부호 '―' 표현하기			
모스부호	━━	━━	●
레이저	3초	3초	1초

| 🏁 클릭했을 때 | ( )초 기다리기 | set digital pin (13) output as ( ) |

조건	모스부호 'ㄱ' 표현하기	모스부호 'ㅡ' 표현하기
순서	스프라이트 이름:	스프라이트 이름:
1		
2		
3		
4		
5		
6		
7		
8		

🔖 약속

- 모스부호의 긴 신호(━━)는 레이저가 3초 동안 켜졌다가 꺼지는 것입니다.
- 모스부호의 짧은 신호(●)는 레이저가 1초 동안 켜졌다가 꺼지는 것입니다.
- 모스부호 신호 사이는 1초 간격으로 꺼지는 것으로 약속합니다.

④ 아래의 모스부호를 바탕으로 친구와 서로 의사소통을 해 보세요.

모스부호 '네' 표현하기			
모스부호	●	━━	●
레이저	1초	3초	1초

모스부호 '아니오' 표현하기			
모스부호	━━	●	━━
레이저	3초	1초	3초

주어진 질문에 대한 답을 친구에게 모스부호로 보내 보세요.

질문	내 응답	친구가 확인한 답
오늘 등교 전에 아침밥을 먹고 왔나요?		
수학과 과학 중 수학이 좋으면 '네', 과학이 좋으면 '아니오' 라고 대답해 주세요.		
(친구에게 질문받기)		

5 친구와 레이저 신호에 따라 약속을 정한 뒤 동작으로 표현해 보세요.

레이저 신호에 따른 동작 정하기		
레이저 (초)		
모스부호	●	━

(1) 모스부호를 조합하여 친구와 동작을 정해 보세요.

※ 모스부호 최대 개수는 2개로 한정합니다.

친구와 약속한 동작		
	모스부호	동작
(예)	● ━	만세하며 폴짝 한 번 뛰기
1		
2		
3		
4		

친구가 보낸 레이저 신호	모스부호로 바꾸기	(동작으로 표현한 후) 맞았나요?

(2) 모스부호를 조합하여 친구와 동작을 정해 보세요.

※ 모스부호 최대 개수는 4개로 한정합니다.

친구와 약속한 동작	
모스부호	동작
(예) ● ━ ● ━	개다리 춤추기
1	
2	
3	
4	
5	
6	
7	
8	
9	
10	

친구가 보낸 레이저 신호	모스부호로 바꾸기	(동작으로 표현한 후) 맞았나요?

(3) 약속한 레이저 신호로 대화하면서 느낀 점을 적어 보세요.

돌아라 모터 바람개비

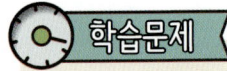
학습문제
모터를 아두이노에 연결하여 방향과 세기를 조절하는 바람개비를 프로그래밍해 봅시다.

더운 여름날, 사람들이 손 선풍기를 가지고 다니며 더위를 식히는 모습을 자주 봅니다. 선풍기 날개와 연결된 모터가 회전하며 날개에서 발생한 시원한 바람을 이용하는 것인데, 이때 모터는 전동기라고도 불립니다.

전동기는 전류를 흘려보내 전기에너지를 역학적 에너지로 바꾸는 장치입니다. 오늘날 사용되는 많은 기계 속에는 전동기가 있어 핵심적인 역할을 수행합니다. 즉, 정지해 있는 물체를 움직이도록 합니다.

에너지를 변환시키는 모터를 활용한 모터 바람개비를 만들어 보고 속도와 방향을 조절해 봅시다. 먼저 아두이노에 모터를 연결하는 방법을 알아봅니다.

기계 속 전동기

선풍기

무엇을 준비해야 하나요?

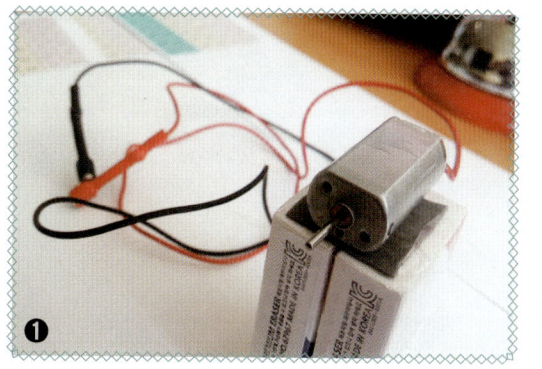

❶ 모터 1개 ❷ 두꺼운 종이, 테이프 ❸ 지우개
❹ 가위, 칼 ❺ 압정

어떻게 연결하나요?

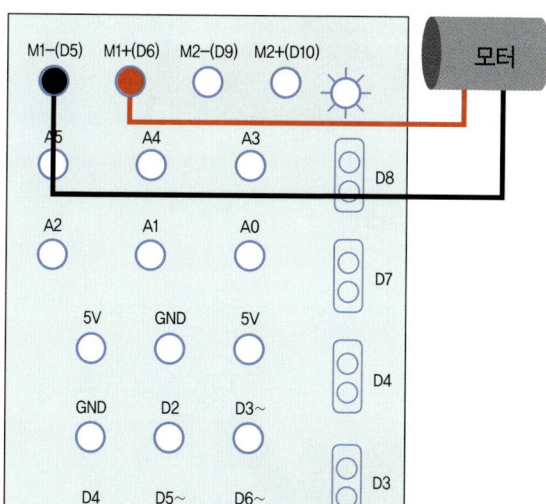

완성이 되면?

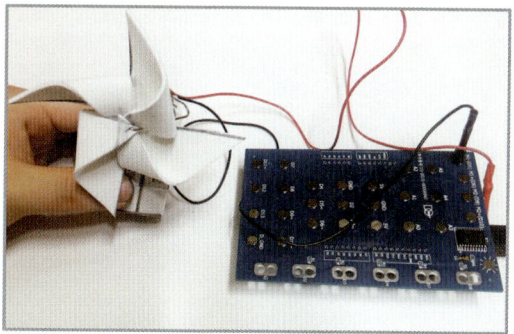

PROJECT 2 환상적인 레이저 쇼

바람개비 모터 장치 만들기

❶ 바람개비를 만들기 위해 두꺼운 종이에 잘라야 하는 선을 표시합니다. 이때 바람개비의 날개가 모일 수 있는 가운데 공간은 남겨 둡니다.

❷ 표시한 선에 맞추어 가위로 자릅니다.

❸ 나누어 자른 바람개비 날개를 한 방향으로 접습니다.

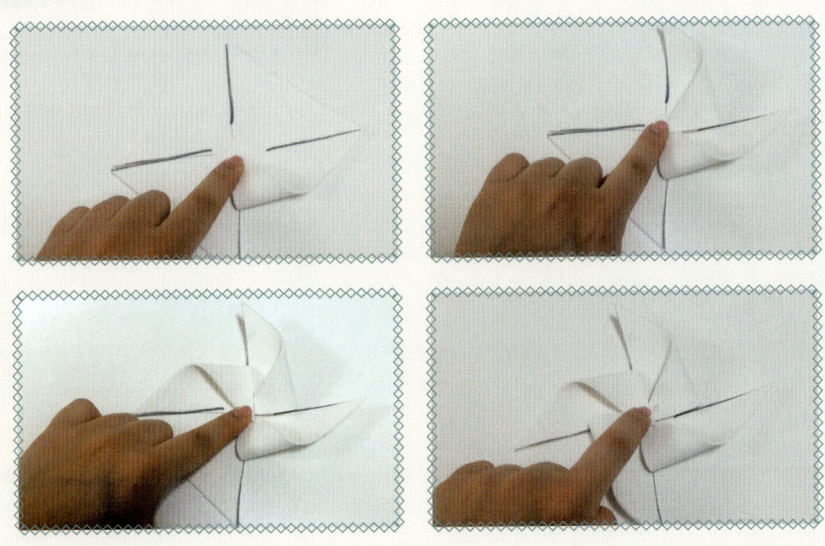

❹ 모아놓은 바람개비 날개를 압정으로 꽂아 앞부분을 고정시킵니다.

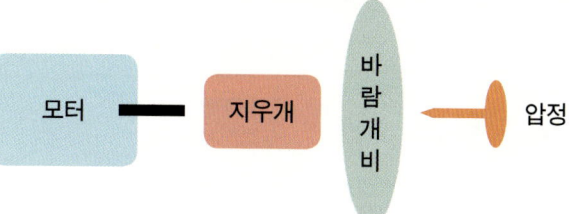

❺ 모터는 바람개비가 땅에 닿지 않도록 일정한 높이 위에 올려두어야 합니다. 나무 도막이나 지우개를 사용하여 일정한 높이 위에 위치하도록 붙입니다. 모터 앞부분에는 바람개비를 고정시키기 위해 지우개를 정사각형(1cm×1cm×1cm) 모양으로 잘라 꽂습니다.

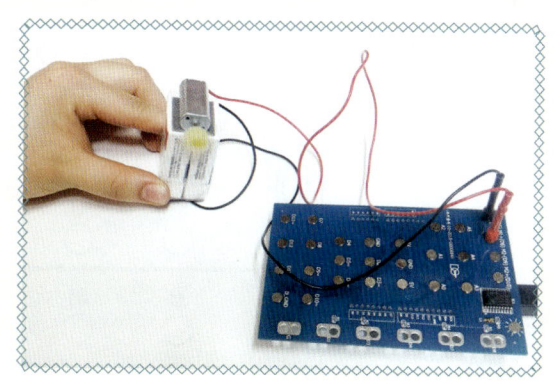

❻ ❺에서 만든 모터에 ❹에서 만든 바람개비를 끼웁니다.

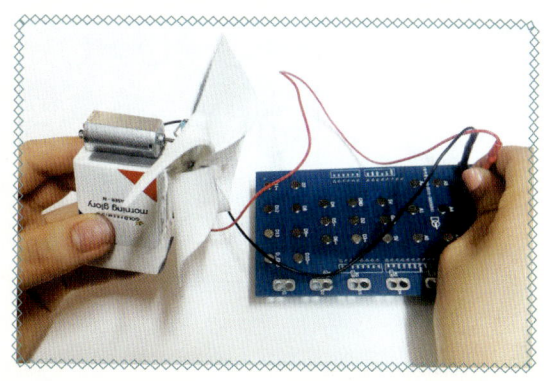

❼ 바람개비가 실제로 작동되는지 수동으로 돌려 보며 모터와 바람개비 날개 사이의 공간을 확보합니다.

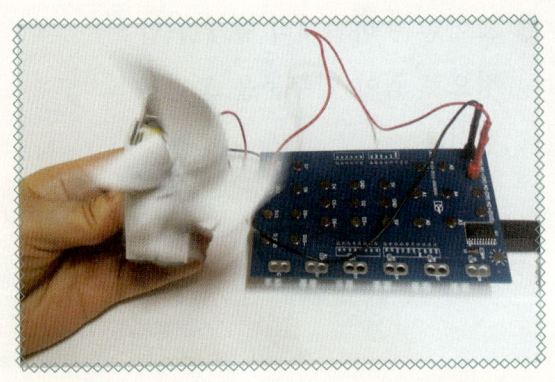

확장 보드 연결하기

진동 모터의 자석 전선 중 '−'는 헤더의 M1−(D5) 포트와, '+'는 M1+(D6) 포트와 연결합니다.

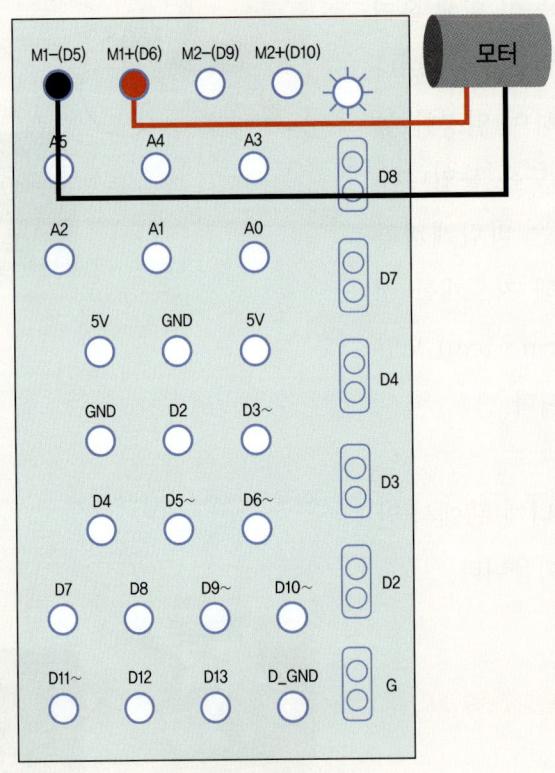

 스크래치로 모터의 방향을 조절하는 프로그래밍해 보기

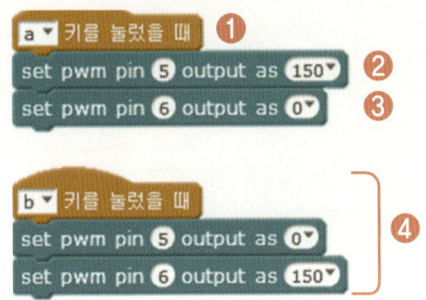

숫자 크기의 차이에 따라 '+'와 '-'가 결정됩니다. 이때 상대적으로 숫자가 큰 것이 '+' 성격을 가지며, 작은 것이 '-' 성격을 가집니다.

예 pin(5): 150 → +
　　pin(6): 0 → −

❶ 모터가 회전하기 위해서는 전류가 필요합니다. 전류는 '+' 극에서 '-' 극으로 흐르므로 전류가 흐르는 (헤더의) 포터 전압 값이 얼마인가에 따라 '+' 극과 '-' 극이 정해집니다. 따라서 포터마다 흐르는 전압 값을 다르게 설정하여 '+'와 '-'를 정해야 합니다. 이때 전압 값이 더 큰 경우가 '-' 극이 됩니다.

우선 키보드의 알파벳 키를 눌렀을 때 바람개비 모터가 돌아가도록 프로그래밍해 봅니다. [스크립트]-[이벤트]의 `스페이스 키를 눌렀을 때` 블록을 가지고 옵니다. 이때 원하는 키보드 입력 값 'a'를 '스페이스' 대신 입력합니다.

❷, ❸ 다음으로 'a' 키를 눌렀을 때 바람개비 모터가 회전하도록 [스크립트]-[로봇]에서 `set pwm pin 5 output as 0` 블록을 가지고 와 ❶과 결합시킵니다. 이때 모터의 자석 전선과 연결된 헤더가 M1−(D5) 포트와 M1+(D6) 포트이므로 각각의 전압 값을 다르게 입력하기 위해 동일한 블록이 하나 더 필요합니다. pin(숫자)은 모터의 자석 전선이 헤더에 연결된 포트 숫자 5, 6으로 각각 고쳐 줍니다.

다음으로 모터가 작동하기 위해서는 '+' 극과 '-' 극을 정하여 전류가 흐르도록 해야 합니다. M1+(D6) 포트를 '-' 극으로 설정하기 위해서 pin 6에는 '0' 값을 입력하고, M1−(D5) 포트에 150의 전압을 주기 위해 pin 5에 '150' 값을 입력합니다.

❹ 이번에는 모터의 회전 방향을 처음과 반대가 되도록 바꾸어 봅니다. ❶~❸ 과정을 통해 완성된 블록 가장 윗부분에 마우스 커서를 가지고 가 오른쪽 버튼을 누른 후 [복사]-[붙여넣기]를 하면 동일한 블록이 형성됩니다.

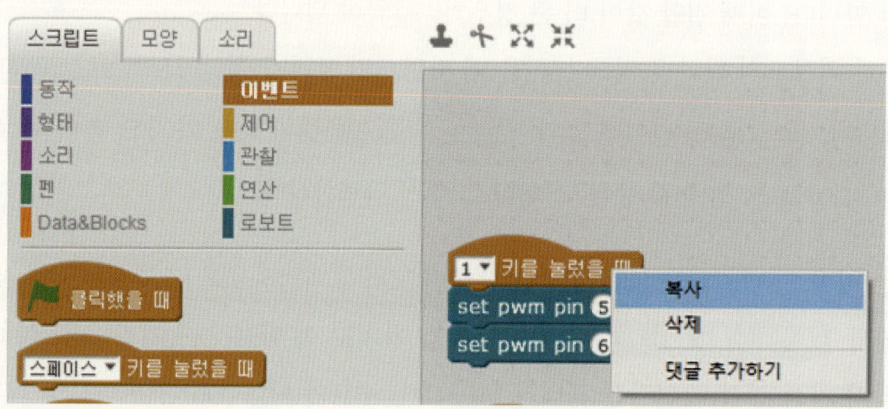

'a' 대신 키보드 'b' 값을 입력한 후, 회전 방향을 바꾸기 위해 ❷, ❸에서 입력했던 모터의 전압 값을 서로 바꾸어 입력해 극을 바꾸도록 합니다. 즉, 키보드 b를 눌렀을 때 M1+(D6) 포트에서 M1-(D5) 포트로 전류가 흐르도록 설정하는 것입니다.

👉 **스크래치로 모터의 속도를 조절하는 프로그래밍해 보기**

PROJECT 2 환상적인 레이저 쇼

❶ 키보드의 숫자 키를 누를 경우 바람개비의 빠르기가 빨라지도록 모터 속도를 설정해 봅니다. 방향 조절 방법과 마찬가지로 [스크립트]-[이벤트] 스페이스▼ 키를 눌렀을 때 블록을 가지고 옵니다. 이때 '스페이스' 대신 숫자 '1'을 입력합니다.

❷,❸ 다음으로 'a' 키를 눌렀을 때 바람개비 모터가 회전하도록 [스크립트]-[로보트]에서 set pwm pin ❺ output as ❶▼ 블록을 가지고 와 ❶과 결합시킵니다. 이때 모터의 자석 전선과 연결된 헤더가 M1-(D5) 포트와 M1+(D6) 포트이므로 각각의 전압 값을 다르게 입력하기 위해 동일한 블록이 하나 더 필요합니다. pin(숫자)은 모터의 자석 전선이 헤더에 연결된 포트 숫자 5, 6으로 각각 고쳐 줍니다.

다음으로 모터가 작동하기 위해서는 '+' 극과 '-' 극을 정하여 전류가 흐르도록 해야 합니다. M1+(D6) 포트를 '-' 극으로 설정하기 위해서 pin 6에는 '0' 값을 입력하고 M1-(D5) 포트에 150의 전압을 주기 위해 pin 5에 '150' 값을 입력합니다. 우선 '1'을 누를 때 회전하는 바람개비의 빠르기가 50이 되도록 pin 6번 값에 전압 50을 주도록 설정합니다.

❹ 키보드의 다른 숫자를 눌렀을 때 회전속도에 변화를 주기 위해서 추가적인 코드가 필요합니다. ❶~❸ 과정을 통해 완성된 블록 가장 윗부분에 마우스 커서를 가지고 가 오른쪽 버튼을 누른 후 [복사]-[붙여넣기]를 하면 동일한 블록이 형성됩니다.

'2' 키를 눌렀을 때 속도를 높이기 위해 M1+(D6) 포트에 주었던 전압 값을 더 높입니다. 이는 전류를 더 많이 흘려보내 모터의 회전속도가 빨라지게 하는 원리입니다.

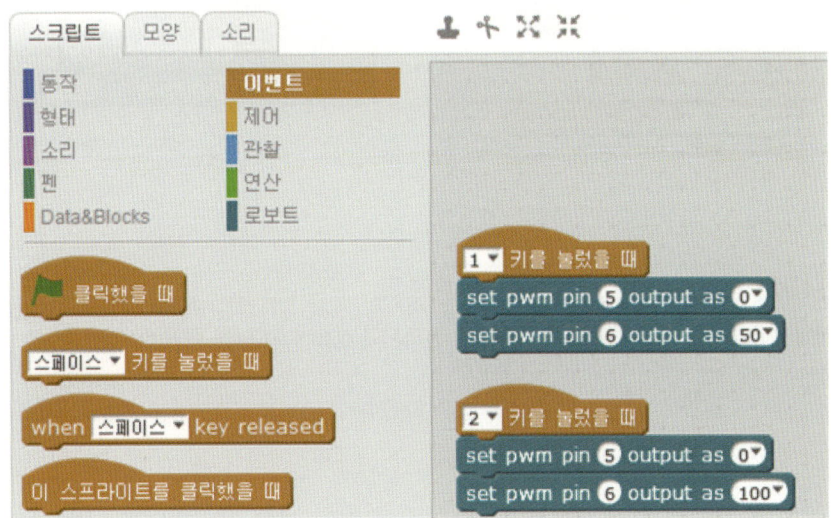

❺ 키보드 '3'과 '4'를 눌렀을 때 모터의 속도를 더 높이기 위해 ❹의 과정과 같은 방법으로 블록을 복사한 후 M1+(D6) 포트에 전압 세기를 각각 150, 255로 설정합니다.

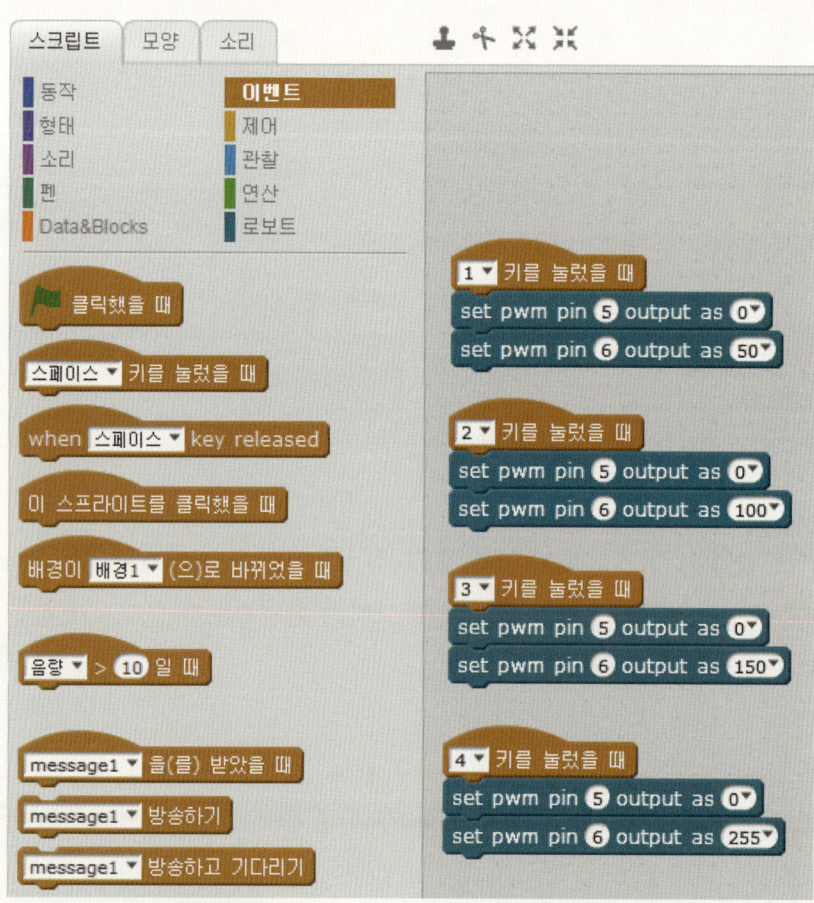

 Tips

바람개비가 돌아가는 속도는 숫자가 커질수록 빨라지며 output as 다음 값에 0~255까지의 수 중에서 입력하면 됩니다.

속도와 방향 조절하는 바람개비 만들기

( )학교 ( )학년 ( )반 이름 ( )

1 주어진 스크립트를 작동시킬 경우 어떤 현상이 일어날지 예상하여 적어 보세요.

스크립트	결과
4▼ 키를 눌렀을 때 set pwm pin 5 output as 100▼ set pwm pin 6 output as 0▼ 3 초 기다리기 set pwm pin 5 output as 0▼ set pwm pin 6 output as 100▼ 3 초 기다리기 set pwm pin 6 output as 0▼	
c▼ 키를 눌렀을 때 set pwm pin 5 output as 0▼ set pwm pin 6 output as 50▼ 1 초 기다리기 set pwm pin 6 output as 100▼ 1 초 기다리기 set pwm pin 6 output as 150▼ 1 초 기다리기 set pwm pin 6 output as 255▼ 1 초 기다리기 set pwm pin 6 output as 0▼	

2 바람개비(모터)의 방향을 조절하는 알고리즘을 작성해 보세요.

 참고

- 바람개비 모터의 자석 전선은 '−'는 헤더의 M1−(D5) 포트와, '+'는 M1+(D6) 포트와 연결합니다.
- pwm 값의 세기는 0~255까지 입력이 가능합니다.
- 포트 5번에서 포트 6번으로 전류가 흐르면 시계 방향입니다.
- 포트 6번에서 포트 5번으로 전류가 흐르면 반시계 방향입니다.

| ( ) 키를 눌렀을 때 | set pwm pin ( ) output as ( ) |

조건	'a' 키를 눌렀을 때 바람개비(모터)가 시계 방향으로 회전하기	'b' 키를 눌렀을 때 바람개비(모터)가 반시계 방향으로 회전하기
	회전속도(빠르기)는 100 세기로 통일합니다.	
순서	스프라이트 이름:	스프라이트 이름:
1		
2		
3		
4		

3 바람개비(모터)의 속도를 조절하는 알고리즘을 작성해 보세요.

 참고

- 바람개비 모터의 자석 전선은 '−'는 헤더의 M1−(D5) 포트와, '+'는 M1+(D6) 포트와 연결합니다.
- pwm 값의 세기는 0~255까지 입력이 가능합니다.
- 포트 5번에서 포트 6번으로 전류가 흐르면 시계 방향입니다.
- 포트 6번에서 포트 5번으로 전류가 흐르면 반시계 방향입니다.

| ( ) 키를 눌렀을 때 | set pwm pin ( ) output as ( ) |

조건	'2' 키를 눌렀을 때 바람개비(모터)의 속도가 80 세기로 회전하기	'7' 키를 눌렀을 때 바람개비(모터)의 속도가 230 세기로 회전하기
	회전 방향은 시계 방향으로 통일합니다.	
순서	스프라이트 이름:	스프라이트 이름:
1		
2		
3		
4		

4 주어진 조건이 작동되도록 알고리즘을 설계해 보고 실제 그런지 작동시켜 보세요.

(1) 'h'를 누르면 바람개비(모터)가 반시계 방향으로 150 세기로 회전합니다.

( ) 키를 눌렀을 때	set pwm pin ( ) output as ( )

순서	스프라이트 이름:
1	
2	
3	
4	

* 작성한 알고리즘으로 프로그래밍을 해 보고 실제 바람개비(모터)를 작동시켜 보세요.

평가
주어진 조건대로 바람개비(모터)가 작동하나요?
만약 그렇지 않다면 알고리즘에서 잘못된 부분을 찾아 적어 보세요.

(2) 'p'를 누르면 바람개비(모터)가 시계 방향으로 50 세기로 회전하다가 3초 후에 반시계 방향으로 50 세기로 회전합니다.

| ( ) 키를 눌렀을 때 | ( )초 기다리기 | set pwm pin ( ) output as ( ) |

순서	스프라이트 이름:
1	
2	
3	
4	

* 작성한 알고리즘으로 프로그래밍을 해 보고 실제 바람개비(모터)를 작동시켜 보세요.

평가

주어진 조건대로 바람개비(모터)가 작동하나요?

만약 그렇지 않다면 알고리즘에서 잘못된 부분을 찾아 적어 보세요.

(3) 'x'를 누르면 바람개비(모터)가 5초 간격으로 방향이 바뀌면서 속도가 50 세기씩 점차 빨라지며 회전합니다.

| ( ) 키를 눌렀을 때 | ( )초 기다리기 | set pwm pin ( ) output as ( ) |

순서	스프라이트 이름:
1	
2	
3	
4	
5	
6	
7	
8	

* 작성한 알고리즘으로 프로그래밍을 해 보고 실제 바람개비(모터)를 작동시켜 보세요.

평가

주어진 조건대로 바람개비(모터)가 작동하나요?

만약 그렇지 않다면 알고리즘에서 잘못된 부분을 찾아 적어 보세요.

5 자유롭게 조건을 적어 보고 실제 작동시키기 위한 알고리즘을 작성해 보세요.

내가 원하는 조건	누르는 키				
	방향				
	지속 시간				

( ) 키를 눌렀을 때   ( )초 기다리기   set pwm pin ( ) output as ( )

순서	스프라이트 이름:
1	
2	
3	
4	
5	
6	
7	
8	
9	
10	

* 작성한 알고리즘으로 프로그래밍을 해 보고 실제 바람개비(모터)를 작동시켜 보세요.

평가

주어진 조건대로 바람개비(모터)가 작동하나요?

만약 그렇지 않다면 알고리즘에서 잘못된 부분을 찾아 적어 보세요.

 # 레이저 쇼 만들기

 **학습문제**
모터에 거울종이를 붙여 직진하는 레이저 빛을 반사할 수 있는 장치를 만들고 프로그래밍해 봅시다.

　일상생활 중 한 번쯤은 꼭 보게 되는 거울은 빛을 반사하는 특징을 가지고 있습니다. 거울에서 반사된 물체의 상이 우리 눈에 도달하기 때문에 거울에 비추어진 내 모습을 볼 수 있습니다. 거울을 어떤 각도로 두느냐에 따라서 비추어진 물체의 모습도 달라집니다. 거울의 이러한 특징을 이용하면 거울의 개수에 따라 다양한 효과를 확인할 수 있습니다. 예를 들어, 엘리베이터 속 좌우로 설치된 거울을 가만히 들여다보면 반사된 모습을 계속해서 무한 반사해 마치 엘리베이터 안의 모습이 끝없이 복사되어 있는 것처럼 보입니다. 이와 같은 특징을 활용하여 환상적인 레이저 쇼를 만들어 봅니다. 모터의 속도와 회전 방향에 따라 다양한 레이저 빛을 볼 수 있을 것입니다.
　먼저 레이저 쇼를 하기 위한 장치들을 만들어 봅니다.

무엇을 준비해야 하나요?

❶ 아크릴판, 네임펜, 컴퍼스, 레이저 쇼 만들기 세트
❷ 테이프, 가위, 칼　❸ 나무 도막　❹ 지우개

PROJECT 2 환상적인 레이저 쇼　101

어떻게 연결하나요?

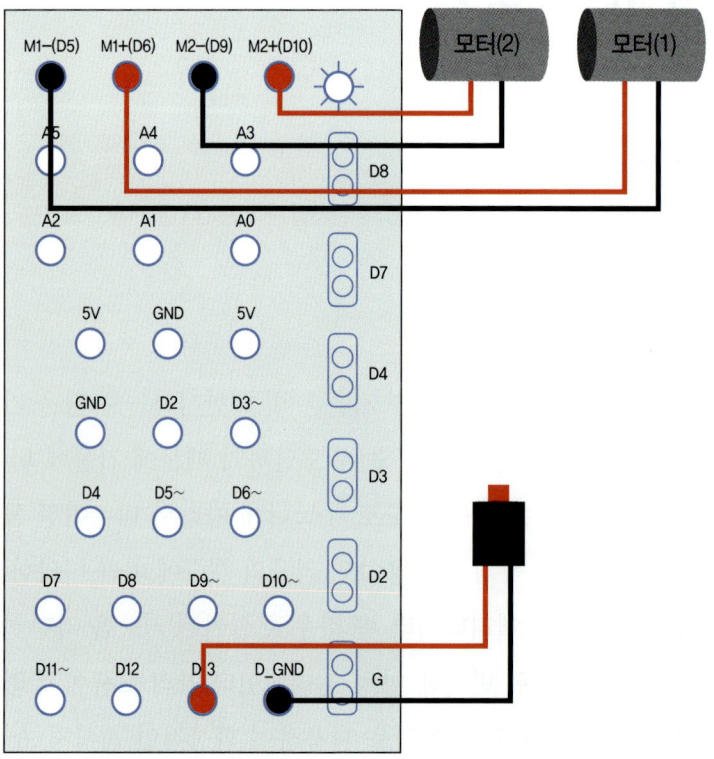

완성이 되면?

레이저 쇼 장치 만들기

❶ 컴퍼스를 사용하여 지름 10cm의 원 두 개를 거울 종이에 그린 후 자릅니다.

❷ 지우개를 정육면체(1cm×1cm×1cm) 모양으로 잘라 모터 2개에 각각 꽂습니다.

❸ ❷에서 만든 지우개 앞부분에 풀칠을 한 뒤 ❶에서 만든 거울 종이 원의 중심이 지우개에 닿도록 붙입니다. 이렇게 완성한 모터는 회전 시 거울 종이가 바닥에 닿지 않도록 테이프를 사용하여 나무 도막(2cm×2cm×4cm) 위에 고정시킵니다. 이때 두 개의 모터는 모두 같은 높이의 나무 도막을 사용하여 동일한 위치에 있도록 합니다.

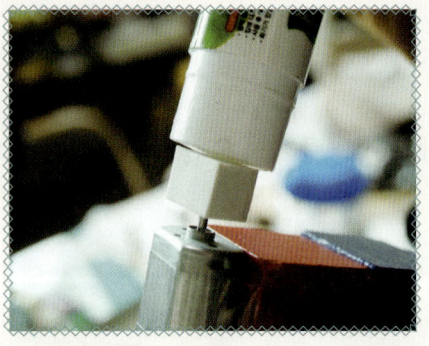 

Tips

모터가 빠르게 회전하면 거울 종이가 쉽게 떨어질 수 있으니 지우개에 거울 종이를 붙일 때 양면테이프로 고정하면 좋습니다.

④ ❸에서 만든 나무 도막 위에 레이저를 테이프로 붙입니다.

⑤ 아크릴 판 위에 먼저 레이저의 위치를 고정합니다. ❷에서 만든 두 개의 모터 중 첫 번째 모터 거울 종이에 레이저 빛이 반사될 수 있도록 고정합니다. 이 후 두 번째 모터 거울 종이에 첫 번째 거울 종이에 반사된 빛이 다시 반사되어 상이 맺히도록 고정합니다.

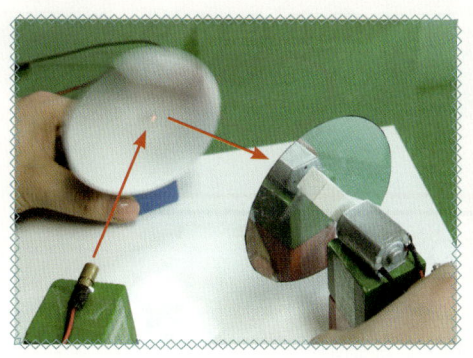 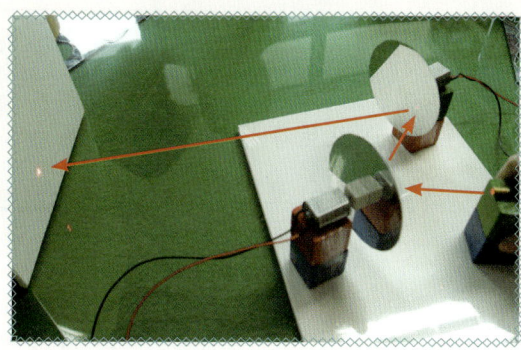

자석 브레드 보드에 연결하기

① 레이저의 자석 전선을 헤더의 D_GND 포트에 '-'를, D13 포트에 '+'를 연결합니다.

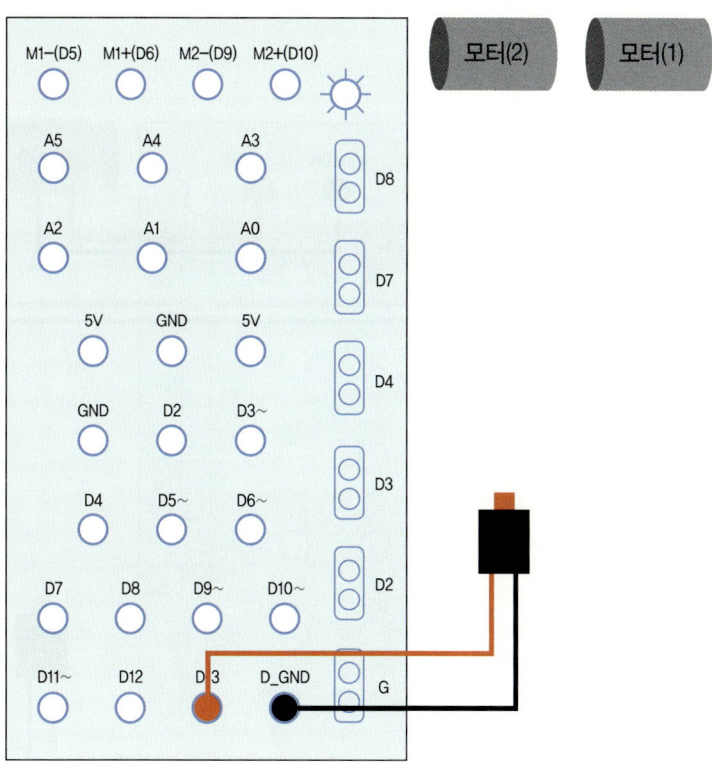

❷ 모터(1)의 자석 전선 중 '−'는 헤더의 M1−(D5) 포트와, '+'는 M1+(D6) 포트와 연결합니다.

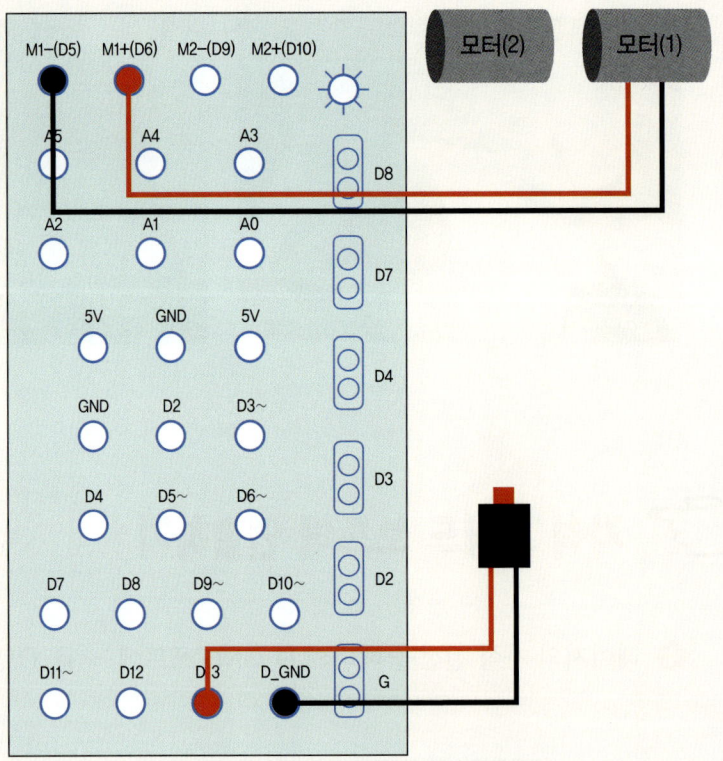

❸ 모터(2)의 자석 전선 중 '−'는 헤더의 M2−(D9) 포트와, '+'는 M2+(D10) 포트와 연결합니다.

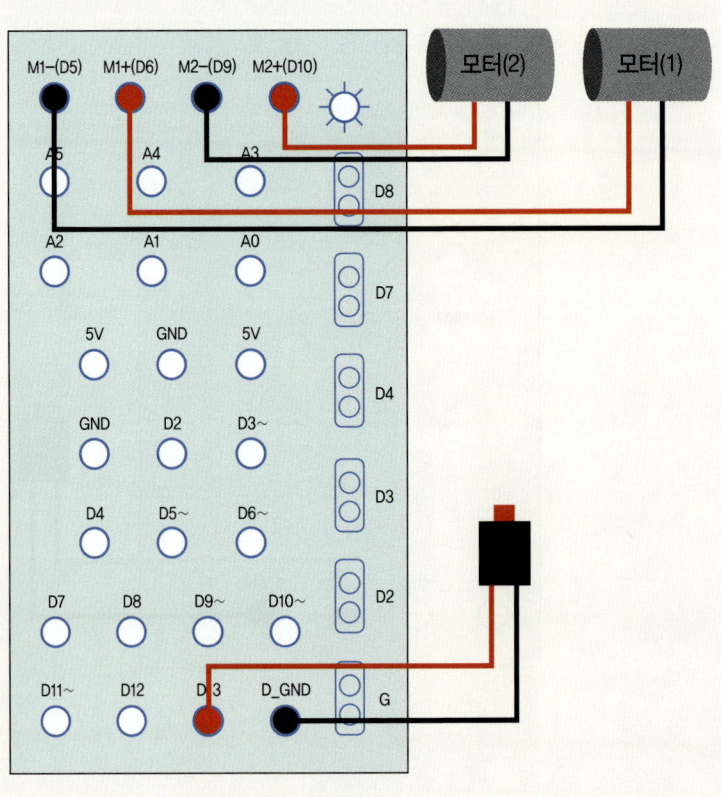

 ## 스크래치로 프로그래밍해 보기

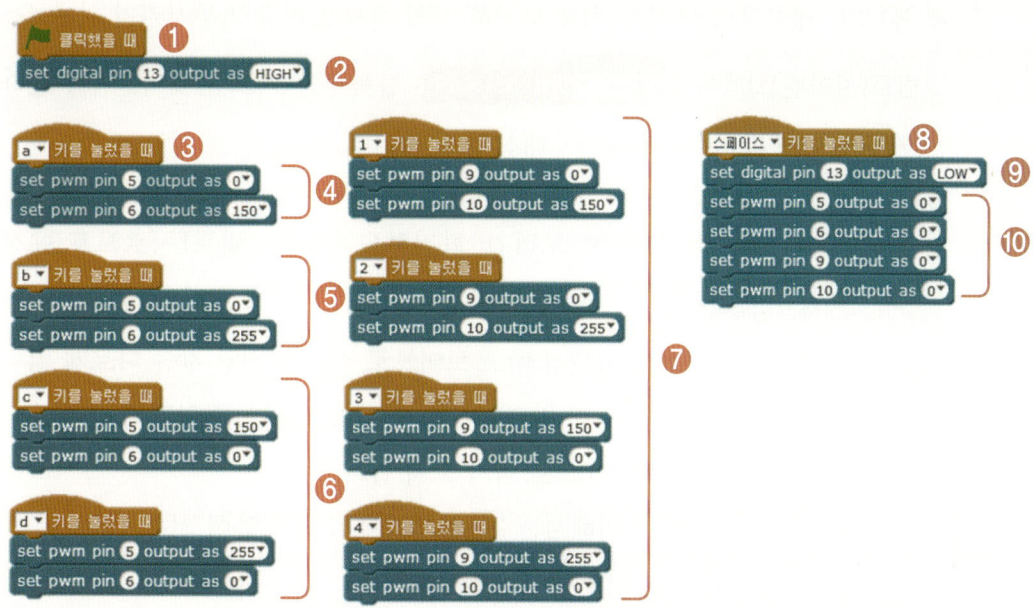

① 우선 레이저에 빛이 나오도록 프로그래밍하기 위해 [스크립트]-[이벤트]의 클릭했을 때 블록을 가지고 옵니다.

② [스크립트]-[로보트]에서 set digital pin 9 output as HIGH 블록을 가지고 온 후 레이저 자석 전선이 헤더에 연결된 부분을 확인합니다. 포트 13번과 연결되어 있으므로 pin(숫자)을 13으로 수정한 뒤 ①의 블록과 결합하면, 클릭했을 때 레이저가 켜지는 것을 확인할 수 있습니다.

PROJECT 2 환상적인 레이저 쇼   107

❸ 레이저가 켜지면 각도에 따라 모터에 붙여진 거울 종이에 빛이 반사되는데, 키보드의 알파벳 키를 눌렀을 때 거울 종이가 붙여진 모터가 작동하도록 프로그래밍해 봅니다. 레이저 빛이 가장 처음 도달하는 첫 번째 모터를 작동시키기 위해 [스크립트]-[이벤트]에서 `스페이스 키를 눌렀을 때` 블록을 가지고 옵니다. 이때 원하는 키보드 입력 값 'a'를 '스페이스' 대신 넣어 줍니다.

❹ 다음으로 'a' 키를 눌렀을 때 모터가 회전하도록 [스크립트]-[로보트]에서 `set pwm pin 5 output as 0` 블록을 가지고 옵니다. 첫 번째 모터와 헤더가 연결된 부분이 M1-(D5) 포트와 M1+(D6) 포트이므로 각각의 전압 값을 다르게 입력하기 위해 동일한 블록이 하나 더 필요합니다. 이때 pin(숫자)은 모터의 자석 전선이 헤더에 연결된 포트 숫자 5, 6으로 각각 고쳐 줍니다.

다음으로 모터가 작동하기 위해서는 '+' 극과 '-' 극을 정하여 전류가 흐르도록 해야 합니다. M1-(D5) 포트를 '-' 극으로 설정하기 위해서 pin 5에는 '0' 값을 입력하고, M1+(D6) 포트에 150의 전압을 주기 위해 pin 6에 '150' 값을 입력합니다.

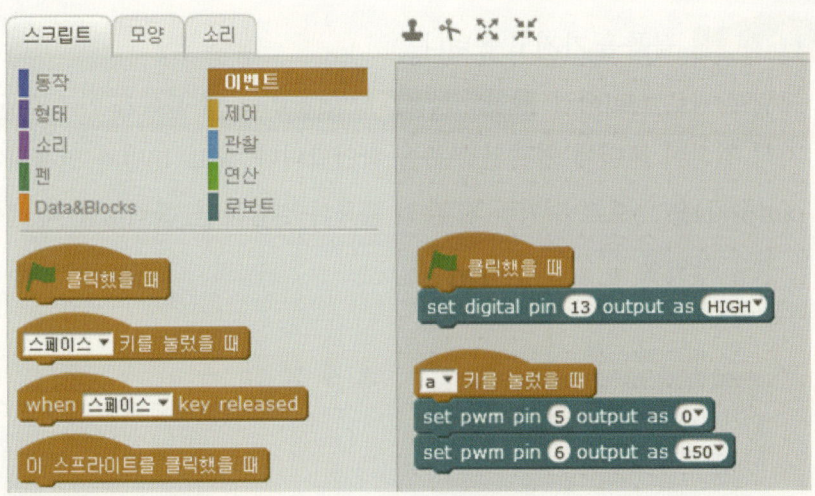

❺ 모터(1)의 회전 방향은 바꾸지 않고 ❹의 회전속도보다 빠르게 설정하기 위해 ❹와 동일한 블록을 가지고 옵니다. 이때 키보드 입력 값을 'b'로 설정하고 pin 6의 전압 값을 255로 높여 줍니다.

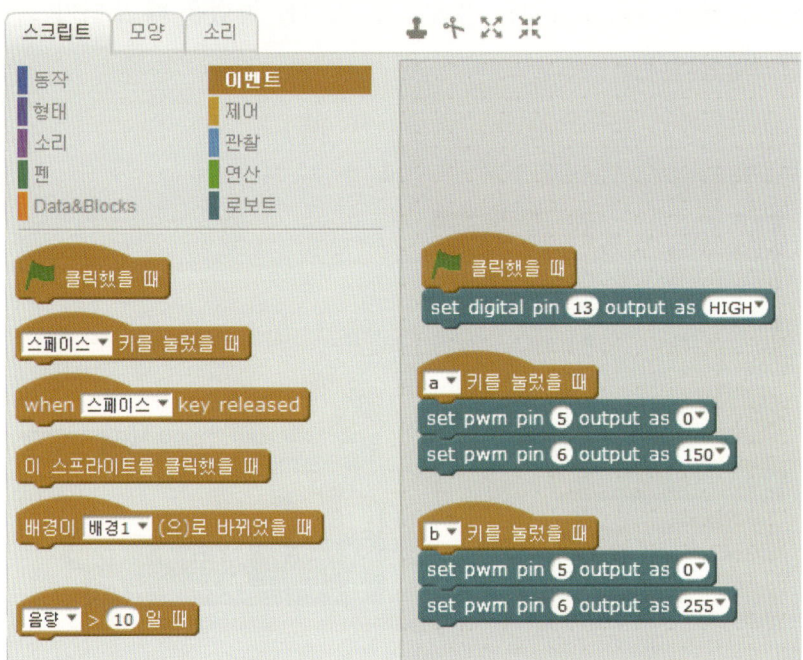

❻ 이번에는 모터(1)이 ❹, ❺ 회전 방향과 반대가 되도록 설정해 봅니다. 방향을 바꾸기 위해서는 '+' 극과 '−' 극의 위치를 바꾸어 주면 됩니다. 즉, M1+(D6) 포트를 '−' 극으로 설정하기 위해서 pin 6에는 '0' 값을 입력하고 M1−(D5) 포트에 전압 값을 입력합니다.

❸~❺번 과정을 통해 완성된 블록 가장 윗부분에 마우스 커서를 가지고 가 오른쪽 버튼을 누른 후 [복사]−[붙여넣기]를 하면 동일한 블록이 형성됩니다.

pin 5번 값에만 전압 값 150을 입력하여 'c' 키를 눌렀을 때 모터가 회전하도록 프로그래밍합니다.

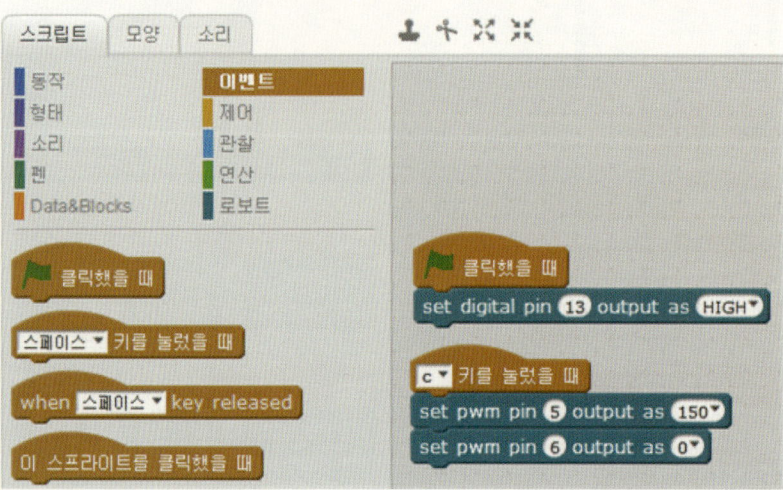

회전 방향은 앞과 같으나 회전속도를 빠르게 하도록 pin 5의 전압 값을 255로 설정합니다. 이때 키보드 값은 'd'로 설정해 줍니다.

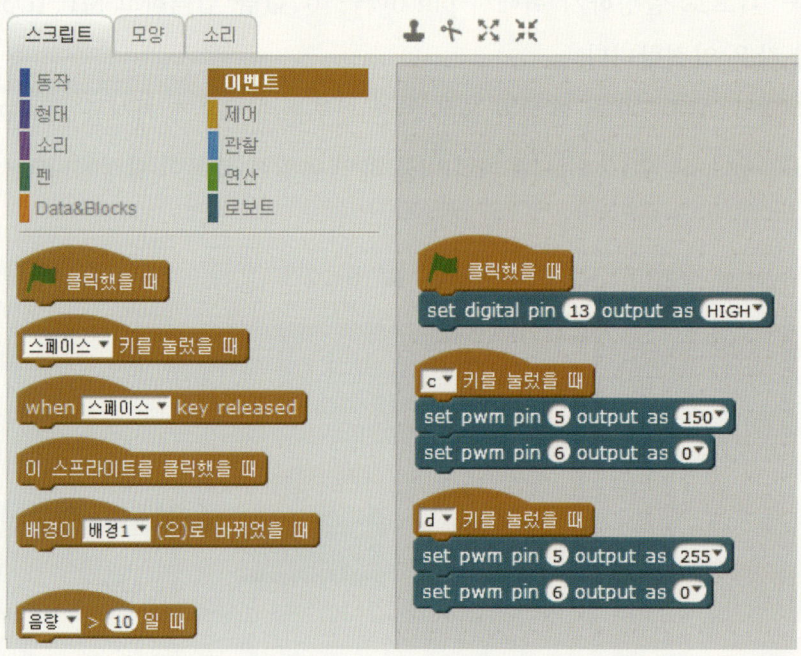

❼ 이제 모터(2)의 회전 방향과 속도를 조절해 봅니다. ❸~❺를 통해 만들어진 블록을 복사한 후 각각의 값을 바꾸어 줍니다.

우선 모터(2)의 자석 전선과 헤더에 연결된 번호를 확인하여 pin(숫자) 값에 입력해 줍니다. 모터(2)는 M2-(D9) 포트, M2+(D10) 포트와 연결되어 있으므로 pin(숫자)을 각각 9, 10으로 입력합니다.

모터(2)를 제어하는 키보드 값은 아라비아 숫자 1~4 키를 사용합니다.

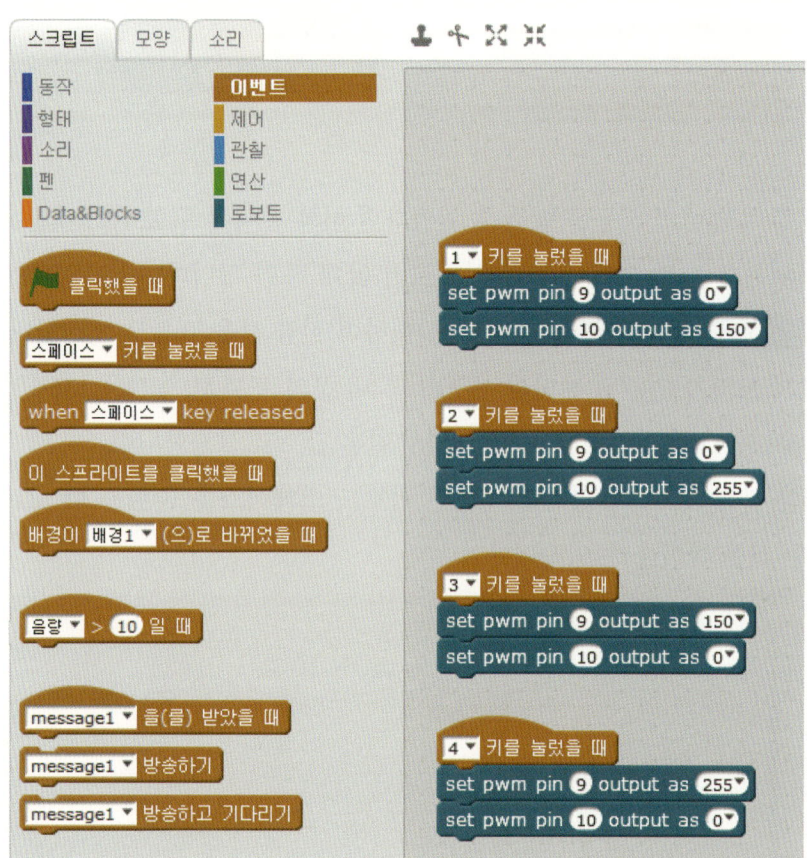

❽, ❾ 마지막으로 '스페이스' 키를 눌렀을 때 레이저와 모터(1), 모터(2)의 작동을 동시에 멈추기 위한 간단한 프로그래밍을 해 봅니다. 우선 [스크립트]-[이벤트]에서 블록을 가지고 옵니다. 레이저를 끄기 위해서는 ❷에서 사용한 동일한 블록을 복사한 후 HIGH 값을 LOW로 설정해 줍니다.

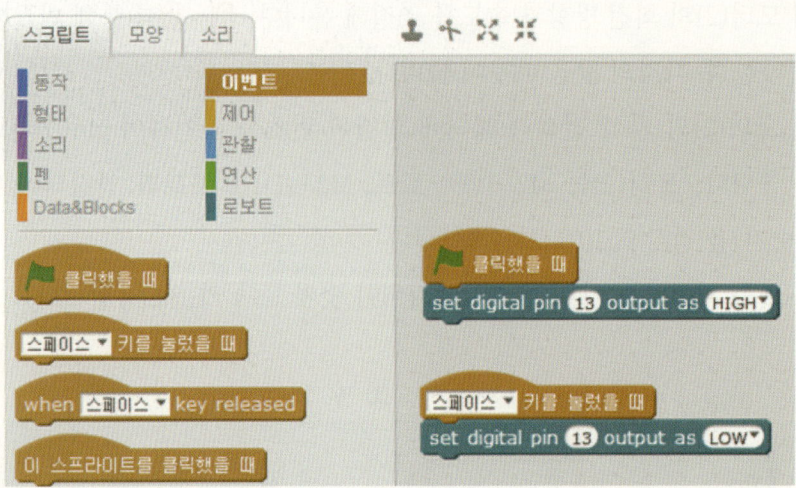

⑩ ❾를 통해 레이저 작동을 멈출 수 있었다면 이와 동시에 두 모터의 작동을 멈추게 하기 위해서는 두 모터에 전류를 흐르지 않게 하면 됩니다. [스크립트]-[로보트]의 `set pwm pin 5 output as 0` 블록을 선택하여 전압 값을 '0'으로 지정합니다. 이때 두 개의 모터가 연결된 헤더의 부분이 총 네 곳의 포트[M1-(D5), M1+(D6), M2-(D9), M2+(D10)]이므로 pin(숫자) 역시 같은 값으로 설정합니다.

아래와 같은 프로그래밍이 완성되면 키보드 스페이스를 눌렀을 때 모든 작동이 멈추는 것을 확인할 수 있습니다.

환상적인 레이저 쇼 만들기

(   )학교 (   )학년 (   )반 이름(   )

1 레이저 쇼 장치를 프로그래밍하기 위해 회로에 전선을 그려 넣어 보세요.

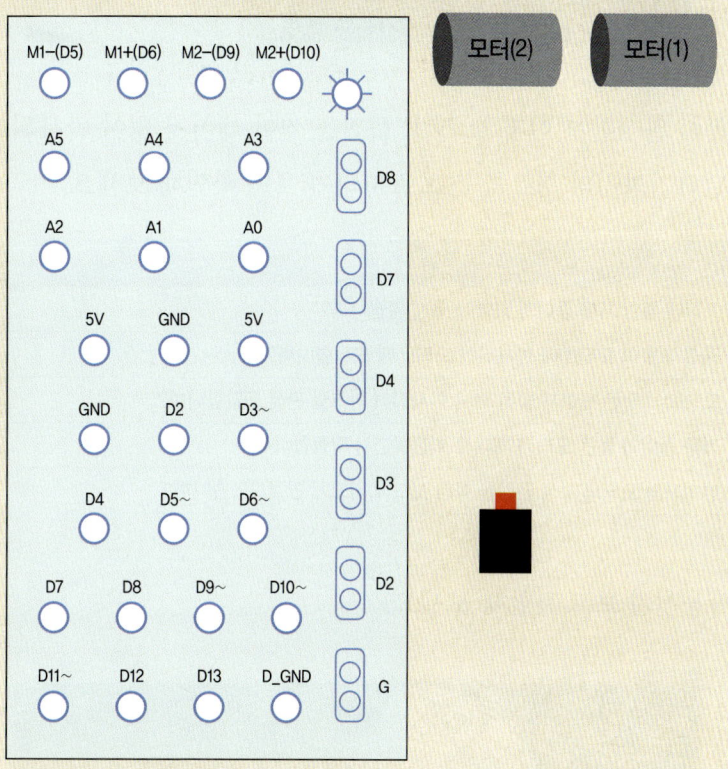

2 레이저 쇼 장치를 관찰해 보세요.

(1) 다음 사진 속에서 레이저 빛이 어떤 반사 경로를 거쳐 하얀 아크릴 판에 도달했는지 직접 선으로 표시해 보세요.

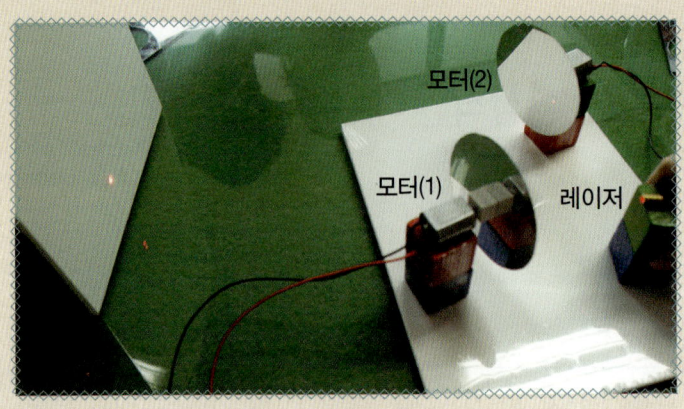

(2) 여러분이 완성한 레이저 쇼 장치 사진을 찍어 레이저 빛이 반사되어 아크릴 판에 도달하기까지의 경로를 손으로 따라가 보며 확인해 보세요.

번호	점검 항목	확인
1	모터에 붙인 거울 종이가 바닥에 닿지 않습니까?	
2	레이저 빛이 모터(1)에 반사되어 모터(2)에 도달합니까?	
3	모터(2)에 닿은 레이저 빛이 다시 반사되어 아크릴 판에 도달합니까?	
4	거울 종이가 붙은 모터가 제대로 회전하면서 작동합니까?	
5	레이저와 모터의 자석 전선을 확장 보드에 바르게 연결하였습니까?	

❸ 모터를 작동시켜 보고 관찰해 보세요.

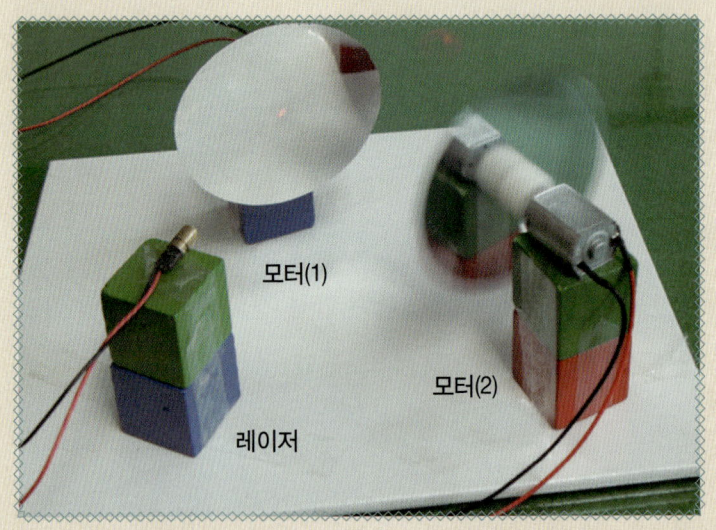

(1) 모터(1)만 작동시켰을 때 레이저의 모습이 어떻게 변하는지 관찰해 보고 그림으로 그려 설명해 보세요.

변화된 레이저의 모습 그림 그리기	
관찰 결과	

(2) 모터(2)만 작동시켰을 때 레이저의 모습이 어떻게 변하는지 관찰해 보고 그림으로 그려 설명해보세요.

변화된 레이저의 모습 그림 그리기	
관찰 결과	

4 모터(1)과 모터(2)의 방향을 같게 하고 속도를 다르게 조절하는 알고리즘을 만들어 본 후 실제 작동시켰을 때 레이저의 모습을 관찰해 보세요.

 **참고**

- 레이저의 '+' 자석 전선은 헤더의 13번에 연결되어 있습니다.
- 모터(1)의 자석 전선은 '-'는 헤더의 M1-(D5) 포트와, '+'는 M1+(D6) 포트와 연결합니다.
- 모터(2)의 자석 전선은 '-'는 헤더의 M2-(D9) 포트와, '+'는 M2+(D10) 포트와 연결합니다.
- pwm 값의 세기는 0~255까지 입력이 가능합니다.

(1) 알고리즘을 만들어 보세요.

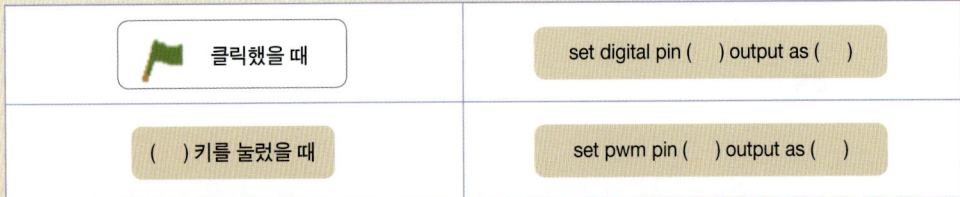

기기	레이저	모터(1)	모터(2)
순서	스프라이트 이름:		
1			
2			
3			
4			
5			
6			
7			
8			

(2) 알고리즘과 같이 실제 프로그래밍한 후 작동시켜 보고, 레이저의 모습을 확인하여 그려 보세요.

5 모터(1)과 모터(2)의 속도를 같게 하고 방향을 다르게 조절하는 알고리즘을 만들어 본 후 실제 작동시켰을 때 레이저의 모습을 관찰해 보세요.

 참고

- 레이저의 '+' 자석 전선은 헤더의 13번에 연결되어 있습니다.
- 모터(1)의 자석 전선은 '−'는 헤더의 M1−(D5) 포트와, '+'는 M1+(D6) 포트와 연결합니다.
- 모터(2)의 자석 전선은 '−'는 헤더의 M2−(D9) 포트와, '+'는 M2+(D10) 포트와 연결합니다.
- pwm 값의 세기는 0~255까지 입력이 가능합니다.

(1) 알고리즘을 만들어 보세요.

| 클릭했을 때 | set digital pin ( ) output as ( ) |
| ( ) 키를 눌렀을 때 | set pwm pin ( ) output as ( ) |

기기 순서	레이저 스프라이트 이름:	모터(1)	모터(2)
1			
2			
3			
4			
5			
6			
7			
8			

(2) 알고리즘과 같이 실제 프로그래밍한 후 작동시켜 보고, 레이저의 모습을 확인하여 그려 보세요.

❻ 자유롭게 스크래치로 프로그래밍하여 레이저 쇼를 만들어 보세요. 그리고 바뀐 레이저의 모양을 그림으로 그려 보고, 이와 같은 레이저 모양을 만들기 위한 알고리즘을 작성해 보세요.

레이저의 모습	

클릭했을 때	set digital pin ( ) output as ( )
( ) 키를 눌렀을 때	set pwm pin ( ) output as ( )

기기	레이저	모터(1)	모터(2)
순서	스프라이트 이름:		
1			
2			
3			
4			
5			
6			
7			
8			

7 자유롭게 스크래치로 프로그래밍해 보고 멋있는 레이저 쇼를 만들어서 동영상으로 촬영해 보세요. 다 만든 레이저 쇼를 바탕으로 자기 평가를 해 보세요.

번호	내용	평가		
1	레이저가 반사되도록 레이저 쇼 장치를 만들었나요?	상	중	하
2	특정 키를 눌렀을 때 모터가 작동하도록 프로그래밍할 수 있나요?	상	중	하
3	모터의 속도를 바꿀 수 있도록 프로그래밍할 수 있나요?	상	중	하
4	모터의 방향을 바꿀 수 있도록 프로그래밍할 수 있나요?	상	중	하
5	레이저와 모터가 작동하는 원리를 알고 다양한 레이저 쇼를 만들 수 있게 되었나요?	상	중	하

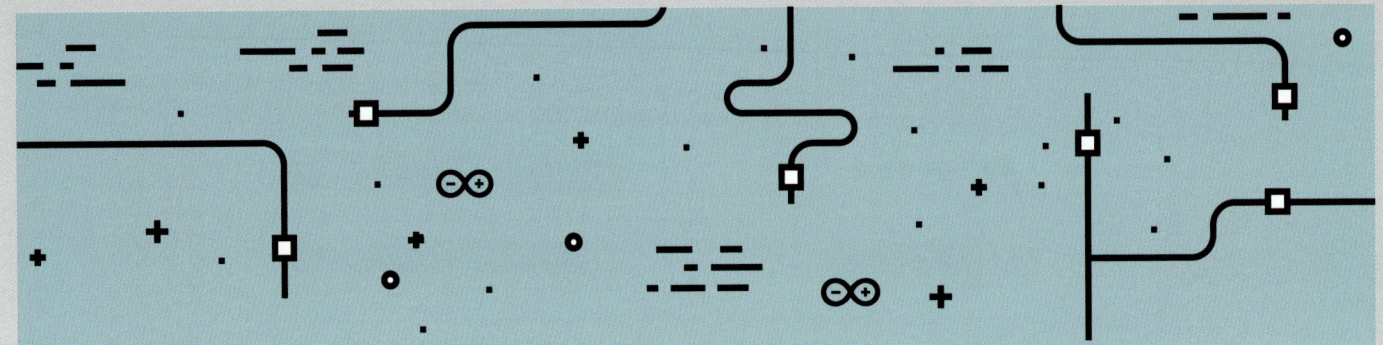

PROJECT 3

아두이노와 스크래치로 메이커 되기

페트병 로봇

⊕ 활동 목표
우리 주변의 재료를 이용하여 빛을 피하는 로봇을 만들어 볼 수 있다.

⊖ 활동 내용
- 빛의 밝기에 따라 서보모터의 값 조정해 보기
- 빛을 보면 반응하는 회피 로봇 만들어 보기
- 소리에 반응하여 빛을 내며 피하는 회피 로봇 만들어 보기

 **활동 학습을 시작하기 전, 알고 있는 내용을 체크해 보세요**

- 빛 센서의 작동 원리를 이해하고 있다. ○
- 서보모터의 각도 회전 원리를 알고 적용할 수 있다. ○
- 조건문의 참값과 거짓값에 따라 명령이 실행되는 것을 이해하고 만들 수 있다. ○
- 소리 센서의 기본 원리를 알고 있다. ○
- LED 빛을 내는 원리를 이해하고 있다. ○

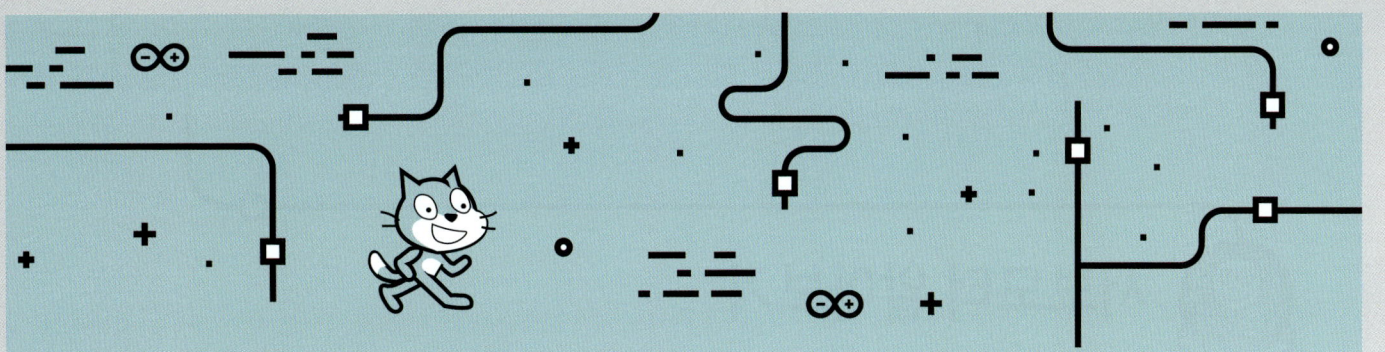

과거 로봇은 공상과학영화나 공상과학소설에 등장하는 것으로 생각하여 우리와는 먼 미래의 이야기로 생각하였습니다. 그러나 로봇은 지금 우리 생활에 성큼 다가와 있습니다. 로봇청소기, 무인자동차 등 자동으로 움직이며 작동하는 많은 로봇들을 우리 생활 주변에서 쉽게 볼 수 있습니다.
이번 단원에서는 페트병 등 주변에서 쉽게 접할 수 있는 재료와 아두이노에 연결 가능한 센서를 이용하여 로봇을 만들고, 스크래치로 프로그래밍하여 움직여 보도록 하겠습니다.

서보모터 알아보기

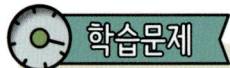

빛의 밝기에 따라 서보모터를 앞뒤로 움직여 봅시다.

우리 주변 환경에서 가장 큰 부분을 차지하는 것은 빛입니다. 빛은 밝기에 따라 다양하게 표현됩니다. 빛의 세기를 조도라고 합니다. 조도를 센서를 통해 측정하고 빛의 밝기에 따라 바퀴 달린 서보모터를 움직여 봅니다.

먼저 빛에 반응하며 움직이는 서보모터를 만들어 봅니다.

무엇을 준비해야 하나요?

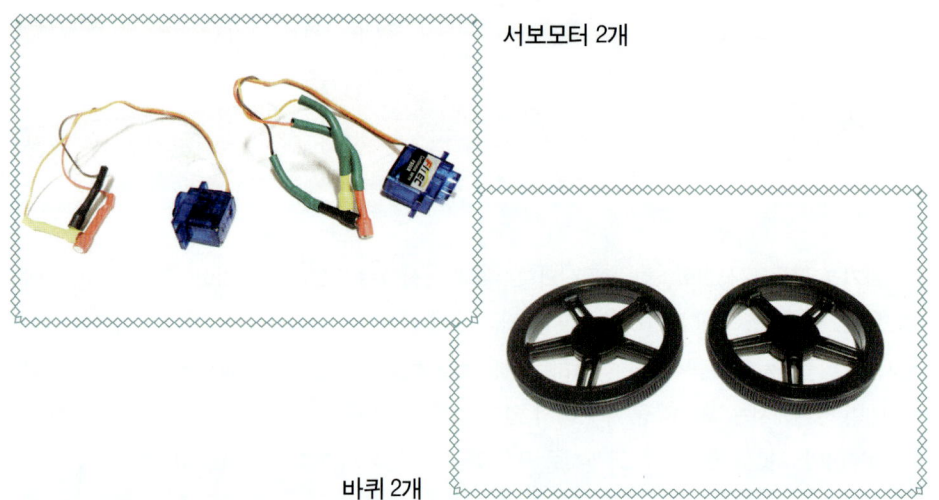

서보모터 2개

바퀴 2개

어떻게 연결하나요?

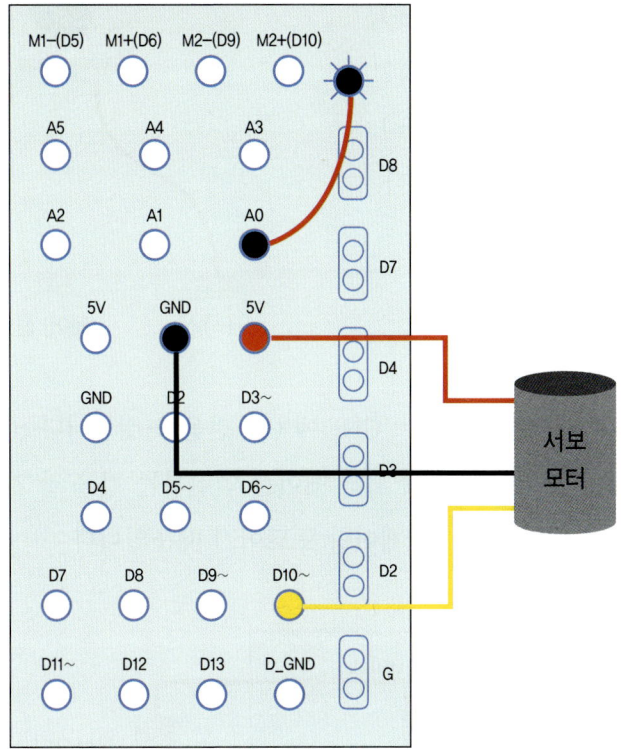

완성이 되면?

PROJECT 3 페트병 로봇 123

자석보드에 연결해 보기

❶ 서보모터에 대해 알아봅니다. 서보모터는 전원을 공급하는 (+), (-) 선이 있고, 조절을 하는 제어 선이 있습니다. 빛 센서도 (+), (-), (제어) 선으로 되어 있습니다.

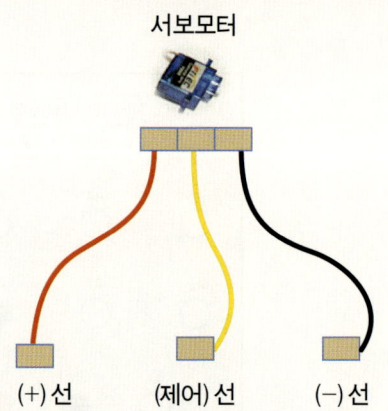

❷ 5V에 빨간색 (+) 선을 연결하고, GND에 (-) 선을 연결합니다. (제어) 선은 D10 포트에 연결합니다. D10 포트에 모터 제어를 연결하는 것을 잘 기억해야 합니다. 스크래치 프로그래밍 과정에서 제어할 포트이기 때문입니다.

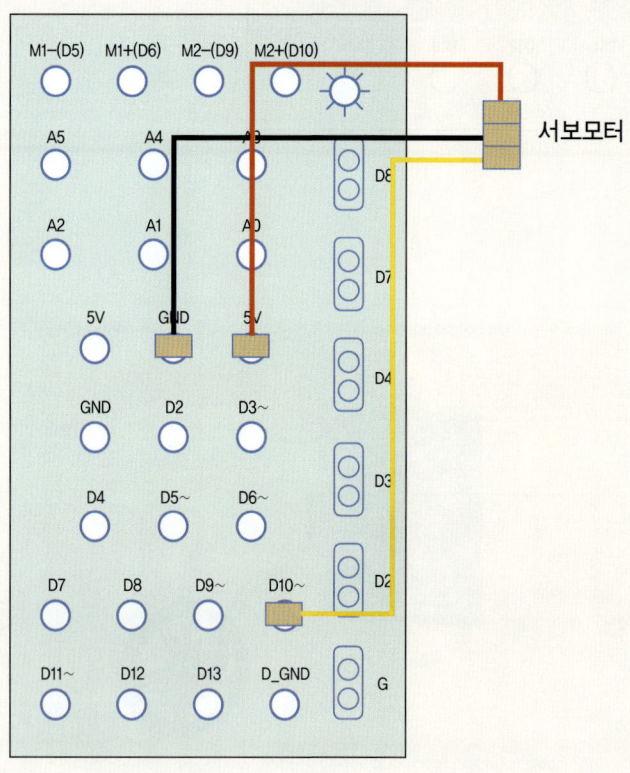

❸ 빛 센서를 연결합니다. 확장 보드에는 빛 센서가 내장되어 있습니다. 이를 활용하여 빛을 보면 도망가는 회피 로봇을 구현할 수 있습니다. 빛 센서를 A0 포트에 연결합니다.

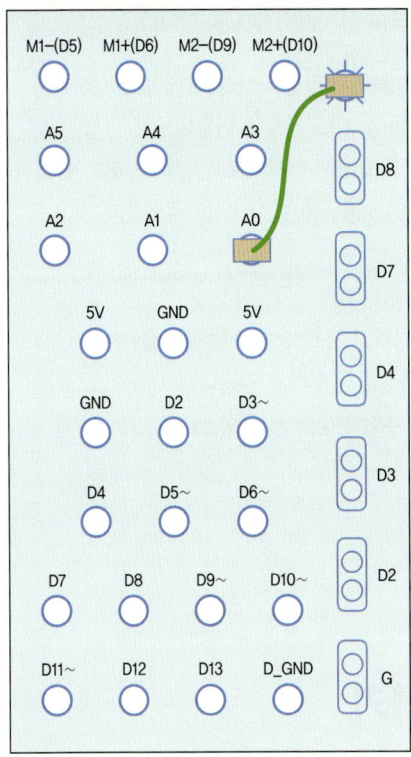
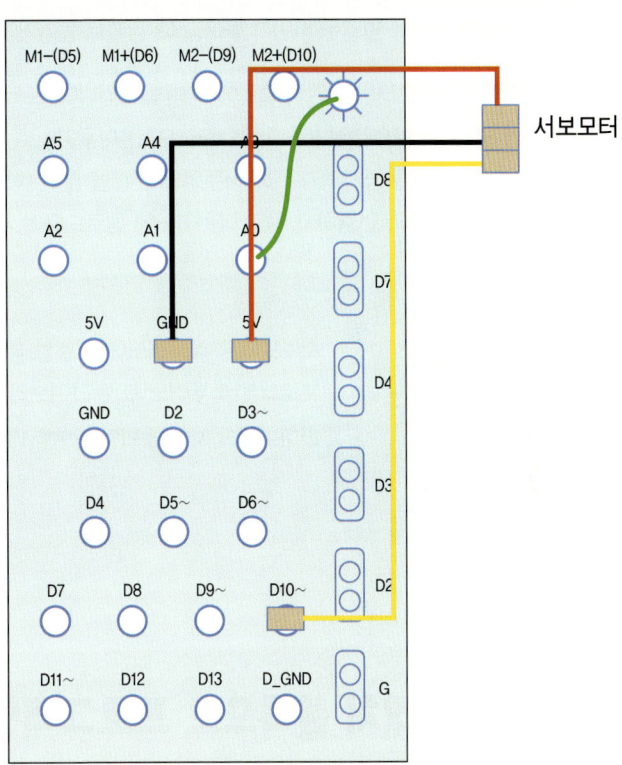

Tips
컴퓨터와 아두이노를 연결하여 서보모터를 제어할 때 주의할 사항

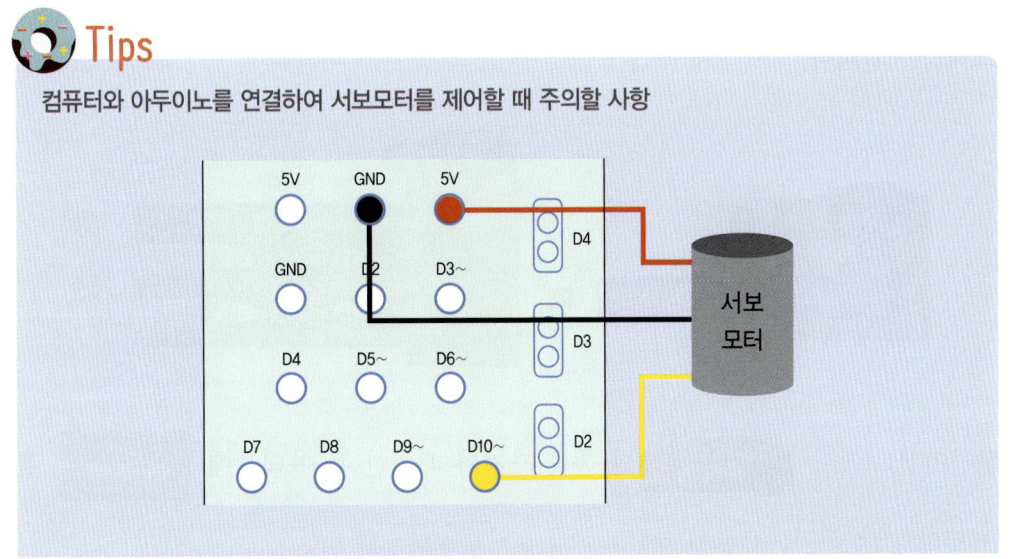

서보모터를 연결할 때 가끔 아두이노와 연결이 끊기는 경우가 있습니다. 다음 사항에 주의하도록 합니다.

(1) 서보모터를 아두이노에 연결하고 작동 후에는 GND 포트와 5V 포트에서 분리한 후 다시 연결하지 않도록 합니다.
(2) 서보모터에 연결된 바퀴가 돌아갈 때 강제로 돌아가지 않도록 방해하지 않도록 합니다.

360도 서보모터는 전기적 펄스에 의해 움직입니다. 모터가 작동하지 않을 때에도 보내던 전기에너지가 모터에 남아 있습니다. 이 전기에너지가 아두이노로 흘러들어 가는 경우에 아두이노에 연결된 컴퓨터는 손상을 방지하기 위해 아두이노 연결을 끊어 버립니다. 그래서 아두이노 연결이 끊어지게 됩니다. 컴퓨터와 연결하지 않고 아두이노에 업로드하여 사용하는 경우에는 (1), (2)는 주의하지 않아도 됩니다.

 서보모터를 아두이노에 연결할 때는 디지털 포트 9번, 10번을 이용합니다. 서보모터는 아두이노 표준 라이브러리 지침을 준수하고 있습니다. 아두이노 표준 라이브러리 지침에 의하면 9번, 10번에 연결하도록 하고 있습니다.

스크래치 블록으로 프로그래밍하기

주변의 환경이 환해지면 서보모터가 작동하여 움직이고, 어두워지면 멈추는 프로그래밍을 합니다.

❶ [이벤트]에서  블록을 가져와 배치한 후 아래쪽에  블록을 넣습니다.

❷ [형태]에서 `Hello! 말하기` 블록을 넣고 'Hello'에 [로보트]의 `read analog pin (A) 0` 블록을 넣습니다.

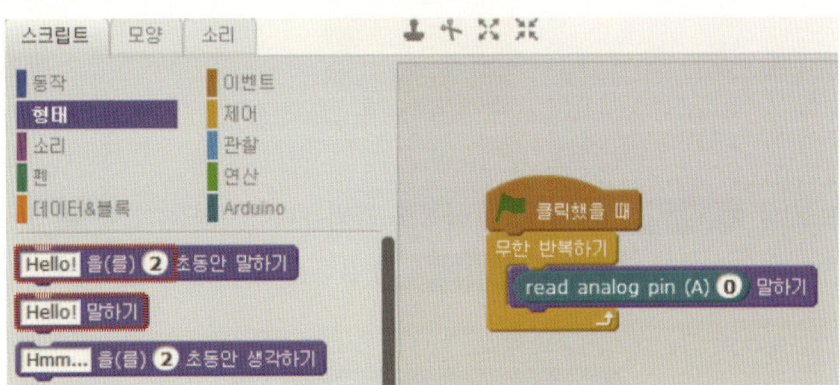

이 프로그래밍으로 빛 센서 값을 스크래치의 말하기 기능을 통하여 확인할 수 있습니다.

🚩을 클릭하여 프로그램을 실행합니다. 빛의 값을 조절하여 빛의 양에 따라 수치가 어떻게 달라지는지 확인합니다. 빛을 가려 보기도 하고, 휴대폰의 플래시를 이용해 변화하는 값을 확인해 봅니다.

빛이 어두울 경우   평상시의 밝기   빛이 밝을 경우

❸ 빛의 감도에 따라 서보모터가 작동하는 프로그램을 만들어 봅니다. `클릭했을 때` 블록을 아래 `무한 반복하기` 블록을 넣고 그 안에 [제어] `만약 라면 아니면` 블록을 넣습니다.

[로봇]의 `read analog pin (A) 0` 블록을 불러옵니다. [연산]의 `> ` 블록을 불러와 다음과 같이 `read analog pin (A) 0` 블록을 넣고, 값을 입력합니다.

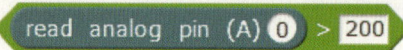

200의 값은 확장 보드, 센서, 주변 환경의 밝기에 따라 달라집니다. 환경에 따라 적절한 값을 넣도록 합니다. 주변 환경이 200보다 밝으면 서보모터를 작동한다는 의미로 프로그래밍을 합니다. 다음으로 조건 블록을 넣어 프로그래밍을 해 봅니다.

`read analog pin (A) 0 > 200` 를 [만약 ~라면] 블록 안에 넣습니다.

 **Tips**

조건 값이 맞으면 바로 아래를 실행하고, 조건 값과 맞지 않으면 '아니면' 아래를 실행합니다. 조건문은 조건에 따라 두 가지를 각각 실행할 수 있습니다.

서보모터를 회전시키는 프로그래밍 방법을 알아봅니다. 서보모터를 돌리는 블록은 [로보트]의 `set servo pin 9 angle as 90▼` 입니다. 9번은 포트 번호이고, 90은 모터의 회전 방향입니다.

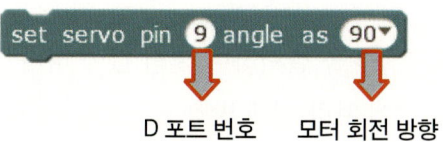

다음으로 [로보트]에서 `set servo pin 10 angle as 45▼` 두 개의 블록을 불러옵니다. D13번 포트는 45도로 돌아가게 합니다. 90도 미만은 시계 방향, 90도보다 큰 값은 반시계 방향으로 회전합니다. 서보모터로 로봇을 만들 때는 양쪽에 달기 때문에 똑같은 방향이 아닌 다른 방향으로 회전시켜야 로봇이 앞으로 나아갑니다.

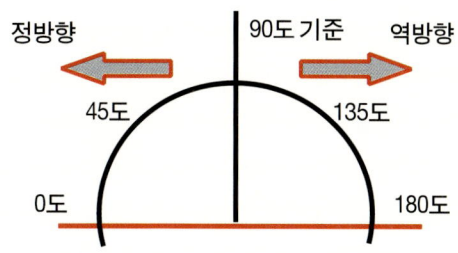

서보모터의 회전은 90도가 되었을 때 정지합니다. 90도보다 작으면 시계 방향으로 회전하고, 90도보다 크면 반시계 방향으로 회전하게 되어 있습니다.

`set servo pin 10 angle as 45` 블록은 90도보다 작은 45도가 되면 시계 방향으로 회전하고, 0도가 되면 더 빠르게 회전합니다. 90도보다 큰 135도가 되면 반시계 방향으로 회전하고 180도가 되면 더 빠르게 회전합니다. 10번의 값을 90으로 맞추었기 때문에 정지하게 됩니다.

> **Tips**
>
> 확장 보드에 장착된 아두이노나 서보모터에 따라 정확하게 90도에 정지가 되지 않고 천천히 회전하는 경우가 있습니다. 이는 오차 발생으로 생기는 경우이므로 정확하게 정지되는 값을 찾도록 합니다. 85도나 94도 등 값을 선택하지 않고 직접 입력하여 정지되는 값을 찾도록 합니다. 실제 테스트해 본 결과 정확하게 정지되는 값은 `set servo pin 10 angle as 85` 으로 85도에 정지했습니다. 여러 값을 입력해서 정확한 값을 찾도록 합니다.

프로그래밍을 완성하고 🏁을 클릭하여 빛의 값에 따라 모터가 회전하는지 확인해 봅니다. 빛 센서의 값에 따라 시계 방향 또는 반시계 방향으로 회전합니다.

빛에 따라 회전하는 서보모터

(　　　)학교 (　)학년 (　)반 이름(　　　　)

1. 교실 주변의 빛의 환경을 측정해 보세요. 빛 센서를 A0 포트에 연결합니다(휴대폰의 플래시를 이용해 봅니다).

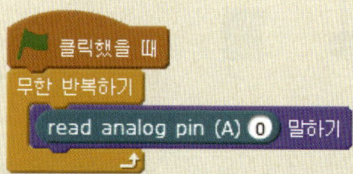

교실 위치	빛 센서 값
책상 위에 올려 두었을 때	
휴대폰 플래시를 비추었을 때	
빛 센서를 컵으로 덮었을 때	

2. 회피 로봇에 빛을 밝히면 다른 움직임을 가지는 프로그램 아이디어를 써 보세요.

> 예) 제자리에서 뱅글뱅글 도는 움직임
> → 한쪽 서보모터는 정지시키고, 다른 한쪽 서보모터에 회전 값을 주어 회피 로봇이 뱅글뱅글 돌도록 코딩합니다.

❸ 다음 왼쪽의 스크래치 프로그래밍의 서보모터가 회전하기 위해 자석 보드에 선을 연결해 보세요.

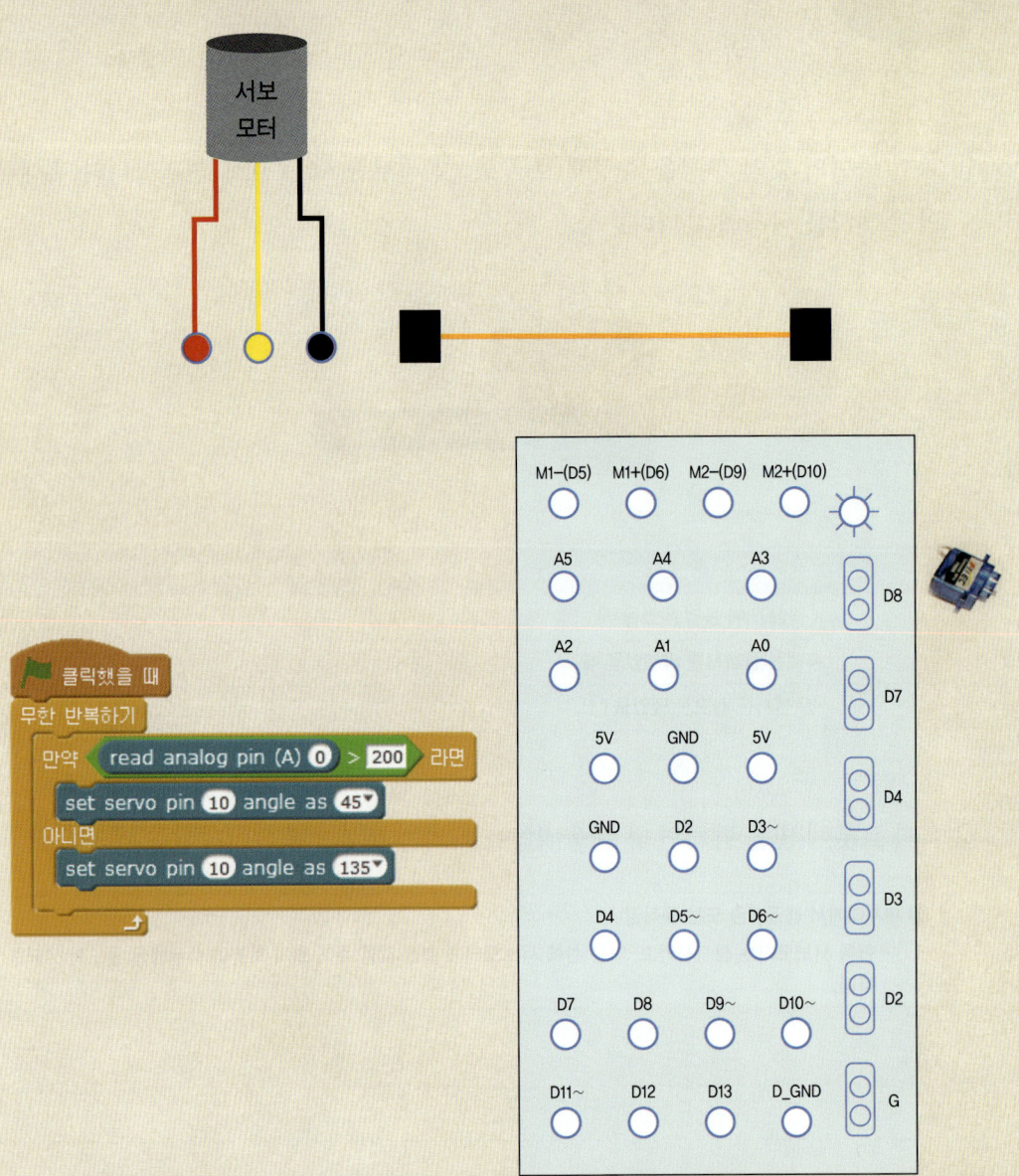

❹ 바퀴가 달린 서보모터의 제어선을 10번 포트에 연결한 후 다음 코드를 실행해 보고 그 결과를 적어 보세요.

코드	실행 결과
set servo pin 10 angle as 0	
set servo pin 10 angle as 90	
set servo pin 10 angle as 135	

❺ 평상시 교실에서는 서보모터가 작동하지 않다가 휴대폰 전등이나 손전등을 비추면 움직이도록 하고 싶습니다. 서보모터가 켜지고 꺼지는 센서 값의 범위를 적어 보세요.

서보모터가 작동되는 센서 값의 범위	
서보모터가 꺼지는 센서 값의 범위	

❻ 빛에 반응하는 서보모터를 만들기 위한 알고리즘을 만들어 보세요.

푸른 깃발 클릭했을 때	( ) > ( )	set servo pin( ) angle as ( )
만약 ( ) 라면	read analog pin( )	만약 끝
무한 반복하기	반복 끝	

순서	스프라이트 이름:
1	
2	
3	
4	
5	
6	
7	
8	

밝은 빛을 피하는 회피 로봇

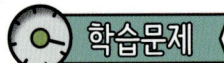

빛을 보면 이곳저곳으로 피하는 회피 로봇을 만들어 봅시다.

지구상에는 수많은 생명체가 있습니다. 사람은 빛을 좋아하지만 빛을 싫어하는 벌레도 있습니다. 이번에는 빛을 피하는 벌레를 흉내 내는 밝은 빛을 피하는 회피 로봇을 만들어 봅시다.

무엇을 준비해야 하나요?

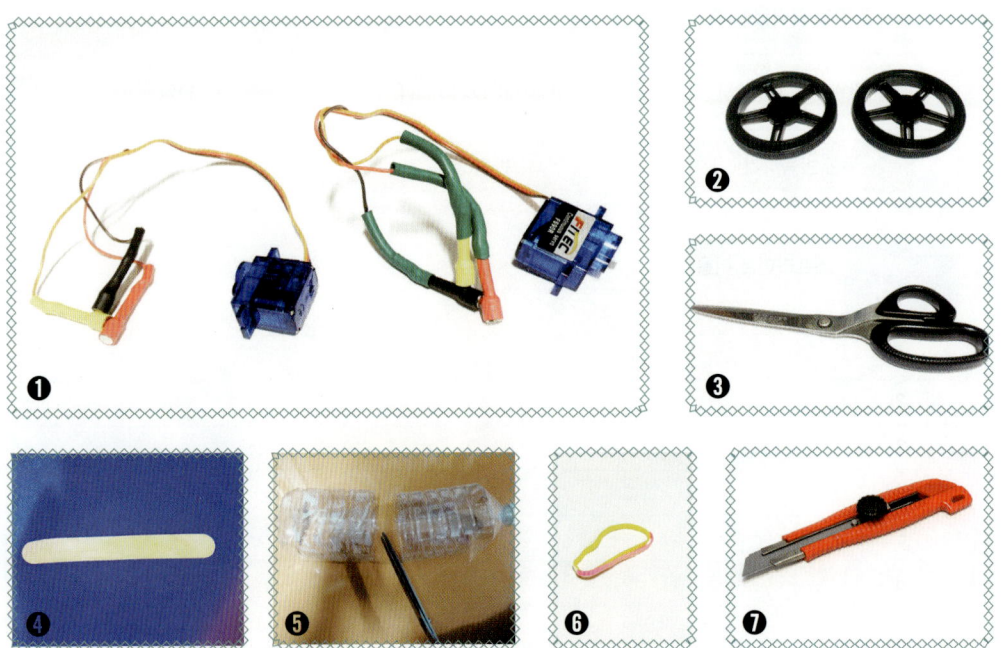

❶ 서보모터 2개 ❷ 바퀴 2개 ❸ 가위 ❹ 나무 스틱 ❺ 2L 페트병 ❻ 고무줄 2개 ❼ 커터칼

어떻게 연결하나요?

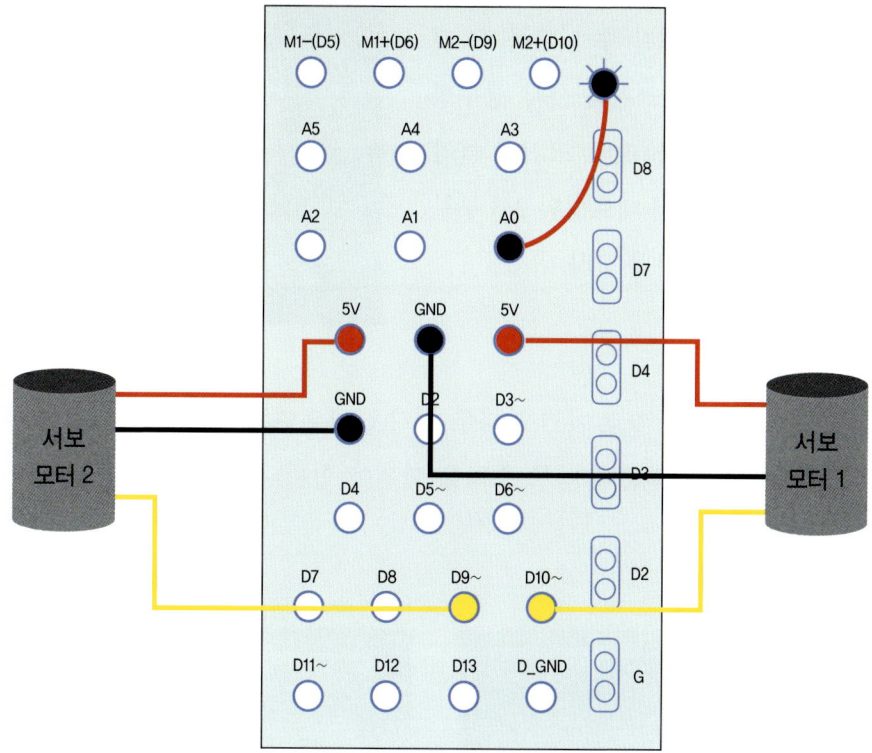

완성이 되면?

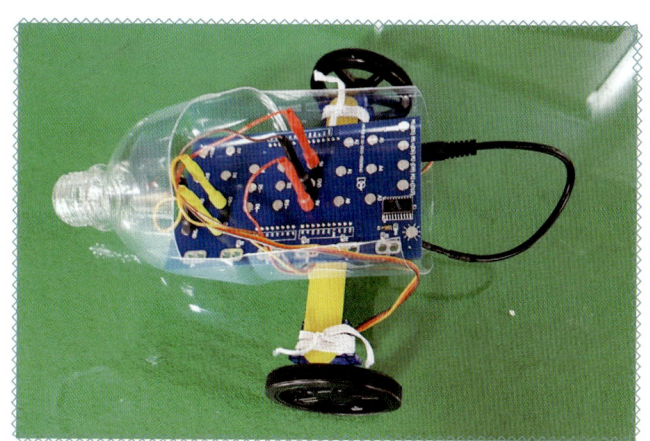

PROJECT 3 페트병 로봇 135

👉 불빛을 피하는 회피 로봇 만들기

① 페트병을 준비합니다. 페트병은 자석 보드의 본체가 들어갈 수 있도록 큰 것을 준비합니다. 2L 크기의 사각 생수병이 가장 적합합니다. 1.5L 크기의 콜라병도 좋습니다. 먼저 페트병의 2/3 부분을 남기고 아래 부분을 잘라 내세요.

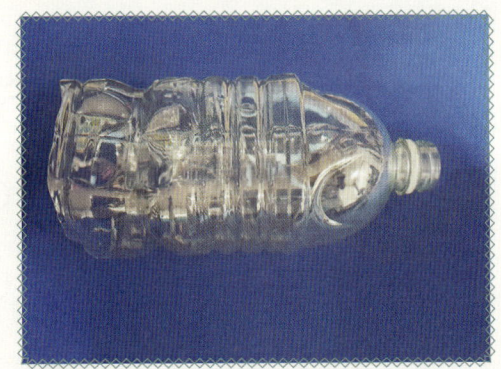

② 바퀴를 끼울 부분만 칼로 자르고 나무 스틱을 끼우도록 하세요. 바퀴가 바닥에 닿지 않도록 적절한 부분에 나무 스틱을 끼워야 합니다. 바닥에 닿지 않도록 하는 게 가장 중요합니다.

 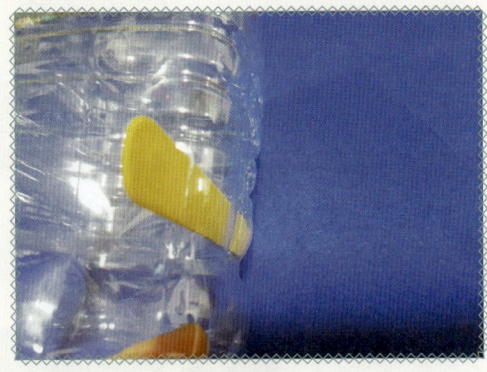

💡 Tips
스틱을 끼울 때, 모터와 바퀴를 묶기 전에 바퀴가 페트병 바닥보다 먼저 바닥에 닿는지 확인해야 합니다.

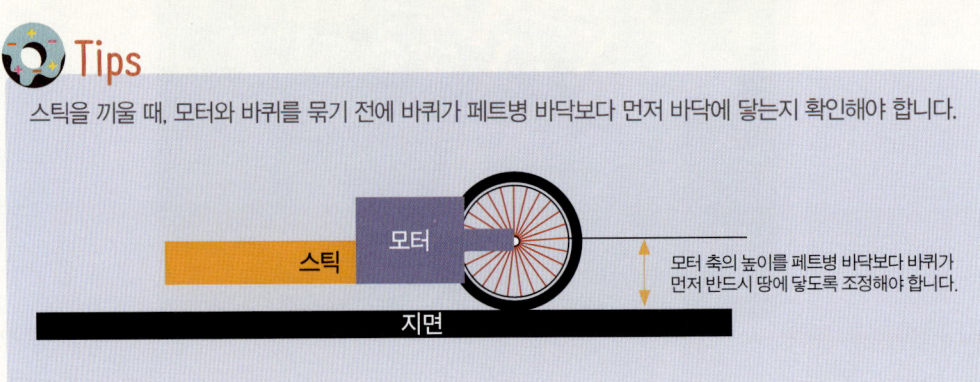

❸ 페트병의 윗부분 절반 정도를 잘라서 자석 보드의 회로 연결을 편하게 합니다. 자르지 않고 바로 연결해도 상관없지만 반으로 잘라 뚜껑이 없는 것이 회로와 건전지를 연결하기 좋습니다.

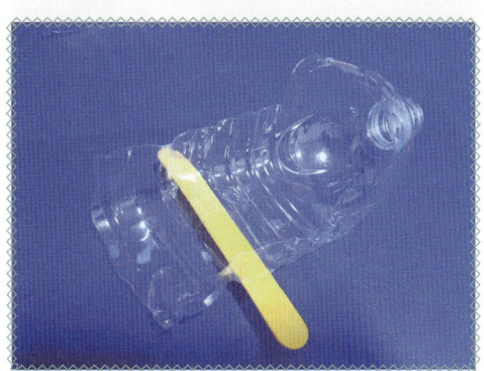

❹ 서보모터를 나무스틱에 고무줄로 단단히 고정합니다. 고무줄로 단단히 고정하지 않으면 바퀴가 옆으로 돌 수 있습니다.

❺ 서보모터에 바퀴를 장착하고 패트병 몸체가 바닥에 닿는지 확인합니다. 몸체가 바닥에 닿으면 나무 스틱 부분을 좀 더 아래로 옮겨 달도록 합니다.

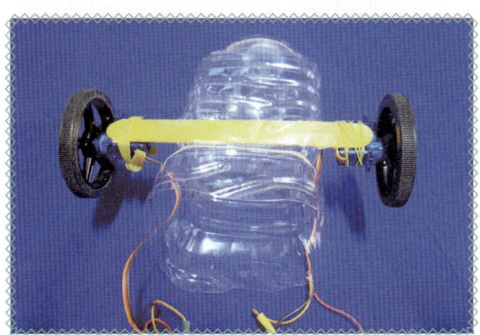

❻ 자석 보드에 회로를 연결하여 페트병 안에 넣습니다.

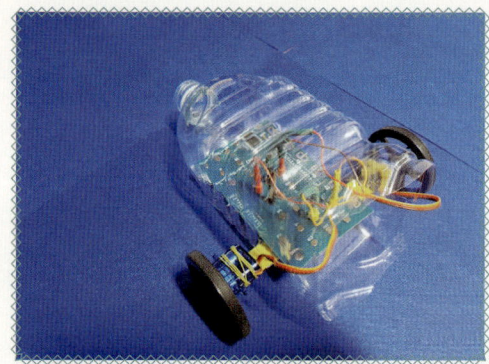

❼ 둥근 모양의 페트병으로 만든 모습입니다. 둥근 페트병은 자석 보드를 고정하기 어렵지만 페트병 상단 부분이 둥글기 때문에 회피 로봇이 자유롭게 이동할 수 있는 장점이 있습니다.

❽ 페트병을 절반으로 자르지 않고 만든 모습입니다. 페트병 전체를 이용하여 건전지나 보조 배터리를 실을 수 있는 공간이 여유롭습니다. 하지만 이동이 다소 느린 약점이 있습니다.

❾ 나무젓가락으로 연결한 모습입니다. 나무 스틱이 없을 경우 나무젓가락을 사용해도 됩니다.

빛을 받으면 피하는 회피 로봇 회로 연결하기

❶ 빛 센서를 자석 보드에 내장된 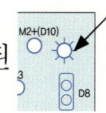 빛 센서와 A0 포트와 연결합니다.

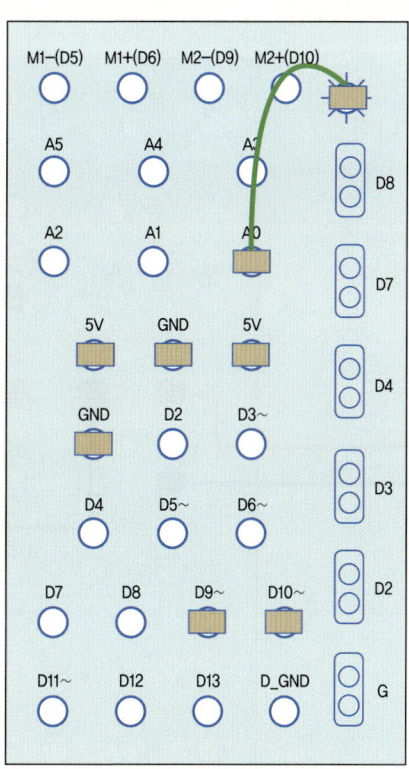

❷ 서보모터 1의 노란색 선은 D10 포트에 연결합니다. 빨간색 선은 5V 포트, 검은색 선은 GND 포트에 연결합니다.

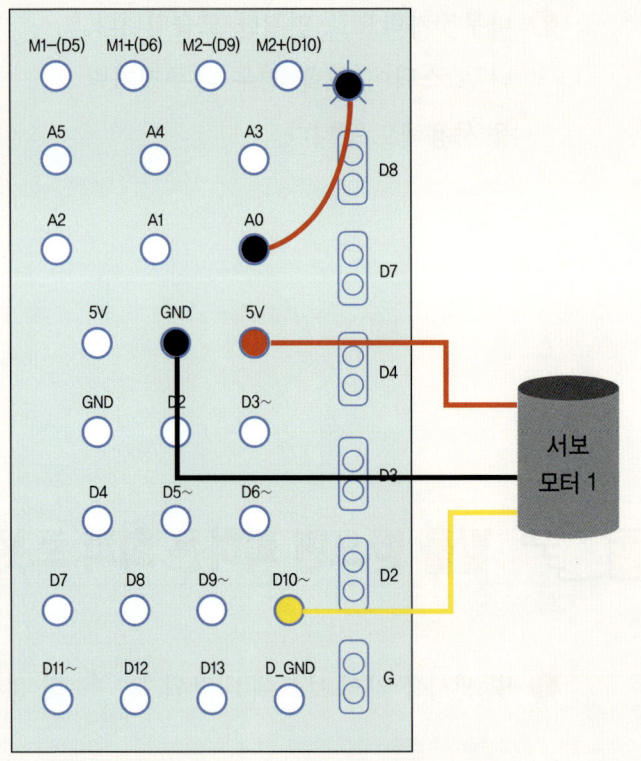

❸ 서보모터 2의 노란색 선은 D9번 포트에 연결합니다. 빨간색 선은 5V 포트, 검은색 선은 GND 포트에 연결합니다.

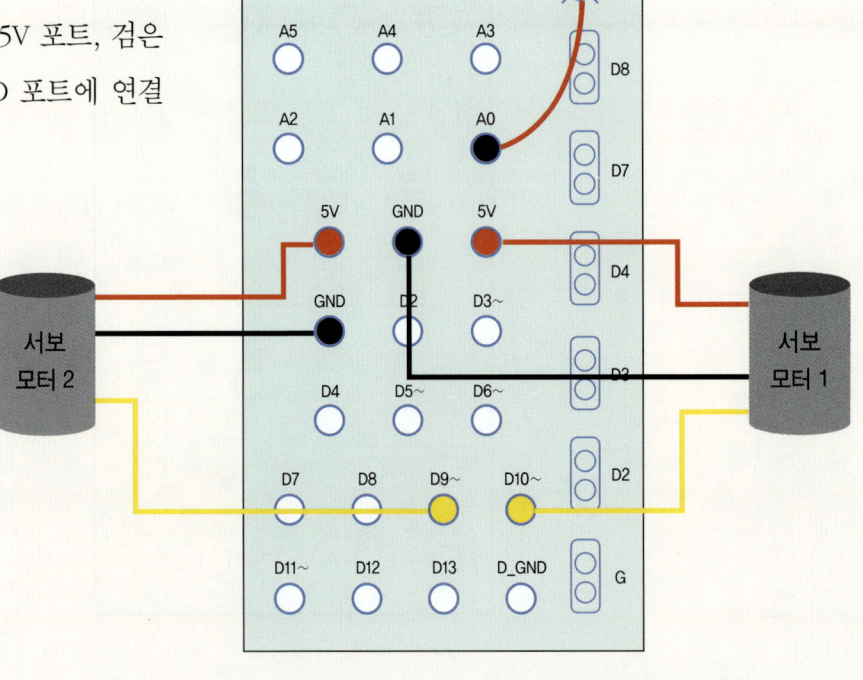

Tips

자석 보드 부분의 빛 센서 부분이 선에 의해 가려지지 않도록 합니다. 5V 포트, GND 포트는 어느 것을 사용해도 상관없습니다. 서보모터는 D9번 포트, D10번 포트에 연결해야 원활하게 작동됩니다.

스크래치 블록 프로그래밍하기

멈춰 있다가 빛을 비추면 움직이고, 빛을 비추지 않으면 다시 멈추는 회피 로봇을 만들어 봅니다. 움직이는 방향을 예측할 수 없도록 만들어 봅니다. 로봇을 움직이는 알고리즘은 아래 그림처럼 4가지 경우입니다.

알고리즘
- 경우 1: 양쪽 바퀴 모두 앞으로 굴린다.
- 경우 2: 양쪽 바퀴 모두 뒤로 굴린다.
- 경우 3: 왼쪽 바퀴만 뒤로 굴린다. 즉, 오른쪽 뒤로 움직인다.
- 경우 4: 오른쪽 바퀴만 뒤로 굴린다. 즉, 왼쪽 뒤로 움직인다.

❶ [로보트]에서 Arduino Program 블록을 가져와 스크래치 프로그래밍을 시작합니다. 이 블록으로 시작하는 이유는 아두이노에 업로드하기 위해서입니다. 다음으로 [제어]에서 무한 반복하기 블록을 가져와 아래에 붙입니다.

Tips

아두이노에 업로드하기 위해 필수적으로 필요한 블록은 Arduino Program 블록과 무한 반복하기 블록입니다. 이 두 가지 블록을 이용해야 아두이노에 업로드가 가능합니다.

❷ 예측할 수 없는 방향으로 이동하기 위해 먼저 변수를 만듭니다. [Data&Blocks]에서 변수 만들기를 누릅니다.

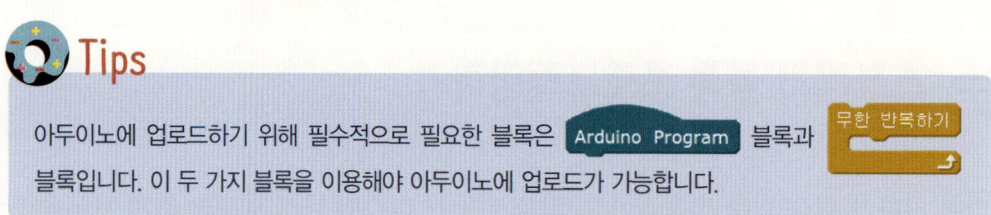

변수를 만든 후에 이 변수를 이용하여 예측할 수 없는 움직임, 즉 랜덤한 움직임을 만들어 봅니다. [Data&Blocks]에서 경우▼ 을(를) 0 로 정하기 블록을 가지고 옵니다. [연산]에서 1 부터 10 사이의 난수 블록을 가지고 와서 '10'을 '4'로 바꿉니다. 결과적으로 아래와 같이 블록을 만듭니다.

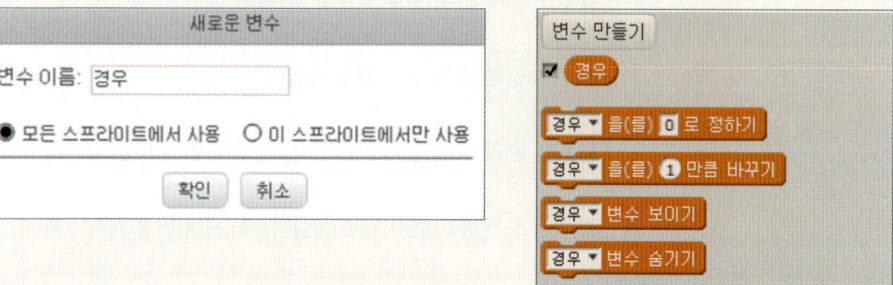

❸ [제어]에서 블록을 가지고 옵니다. [연산]의 블록을 가져와 빛 센서의 조건 값을 입력합니다. [로보트]의 read analog pin (A) 0 블록을 가져와 read analog pin (A) 0 > 200 블록을 만듭니다. 빛 센서의 값이 200보다 높으면 예측할 수 없는 방향으로 이동할 수 있게 합니다.

❹ [제어]에서 블록을 가지고 옵니다. 연산에서 블록을 가지고 옵니다. [Data&Blocks]에서는 경우 블록을 가지고 와서 경우 = 1 블록을 만듭니다. 이 블록을 만약 라면 블록 안에 넣어

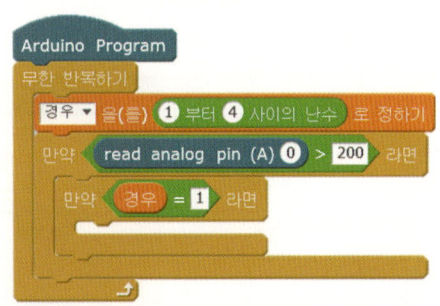

블록을 만듭니다. 이 조건이 만족했을 때, 즉 경우의 수가 1이 나왔을 때는 0.2초 동안에 빛을 앞으로 전진하여 피하게 합니다. 이를 위해 [로보트]에서 set servo pin 9 angle as 90 블록을 가지고 옵니다. as 90 의 값을 '180'으로 바꿉니다. 이 블록을 복사하여 'pin' 값을 '10'으로 바꿉니다. 회전 각도는 '0'으로 바꿉니다. 결국 set servo pin 9 angle as 180 / set servo pin 10 angle as 0 블록을 만듭니다. [제어]에서 1초 기다리기 블록을 가지고 와서 '1'초를 '0.2'초로 바꿉니다. 이 블록을 앞에서 만든 블록에 붙여 set servo pin 9 angle as 180 / set servo pin 10 angle as 0 블록을 만들어 0.2초 동안 움직이게 합니다. 다음으로 set servo pin 9 angle as 180 / set servo pin 10 angle as 0 블록만 복사하여 '180'을 '90'으로 바꾸고, '0'도 '90'으로 바꾸어 모터를 정지시킵니다. 결과적으로 만들어진 블록은 다음과 같습니다.

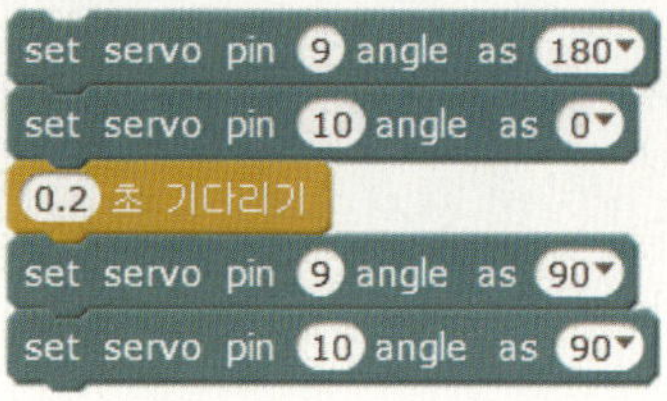

이 블록을

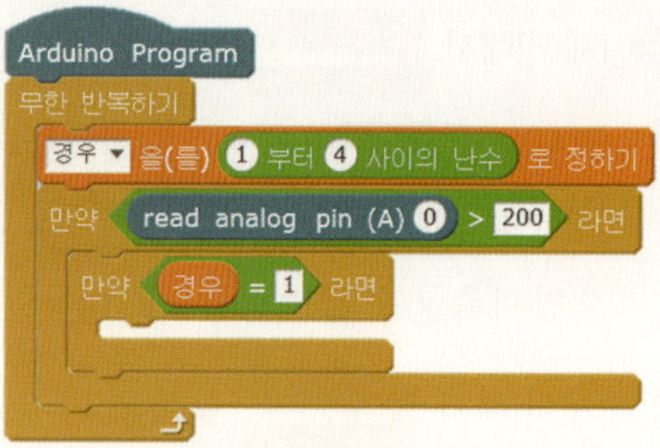

이 블록 안에 넣어 아래와 같은 블록을 완성합니다.

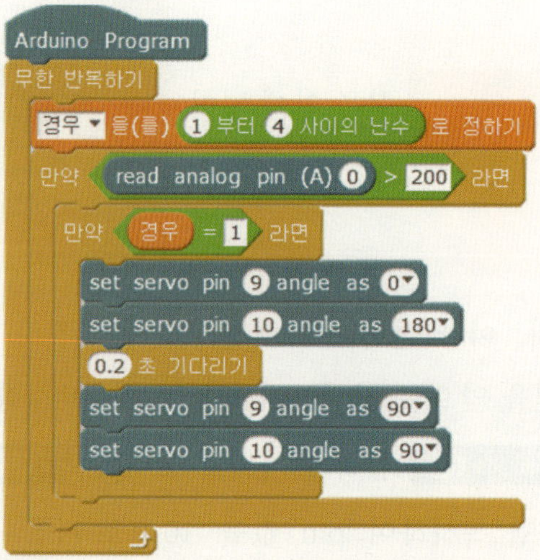

❺, ❻, ❼   붉은색 선의 블록을 복사하여

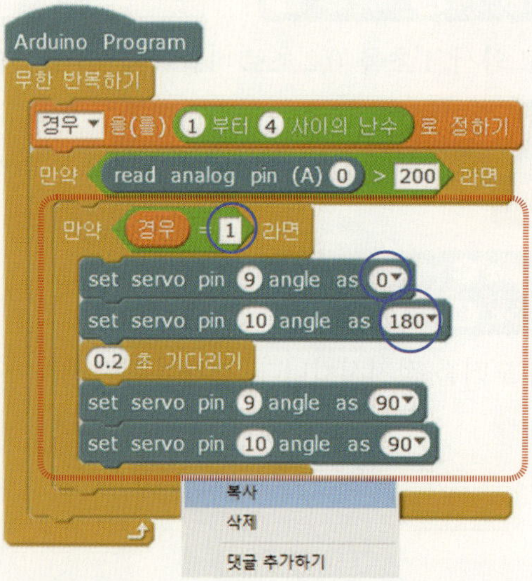

숫자를 바꿉니다. 숫자를 바꿀 부분은 파란색 원 부분입니다. 이렇게 만든 블록은 아래의 왼쪽 그림과 같습니다. 같은 방법으로 두 번 더 블록을 복사하여 숫자를 바꿉니다. 이렇게 최종적으로 만든 블록은 아래의 오른쪽 그림과 같습니다.

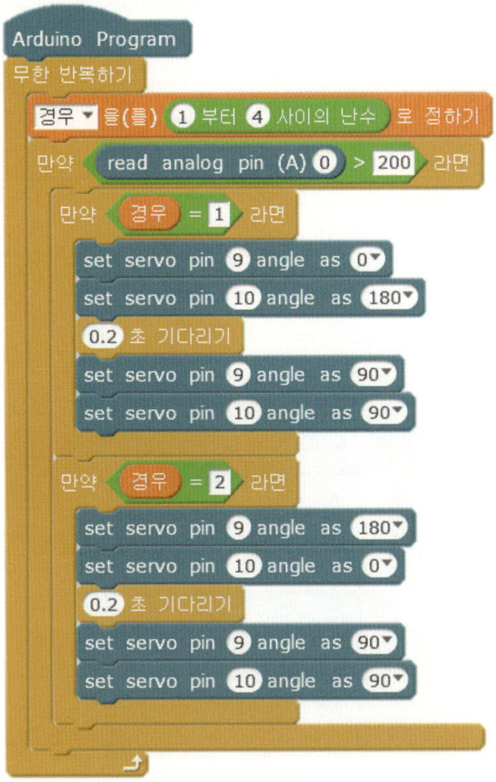

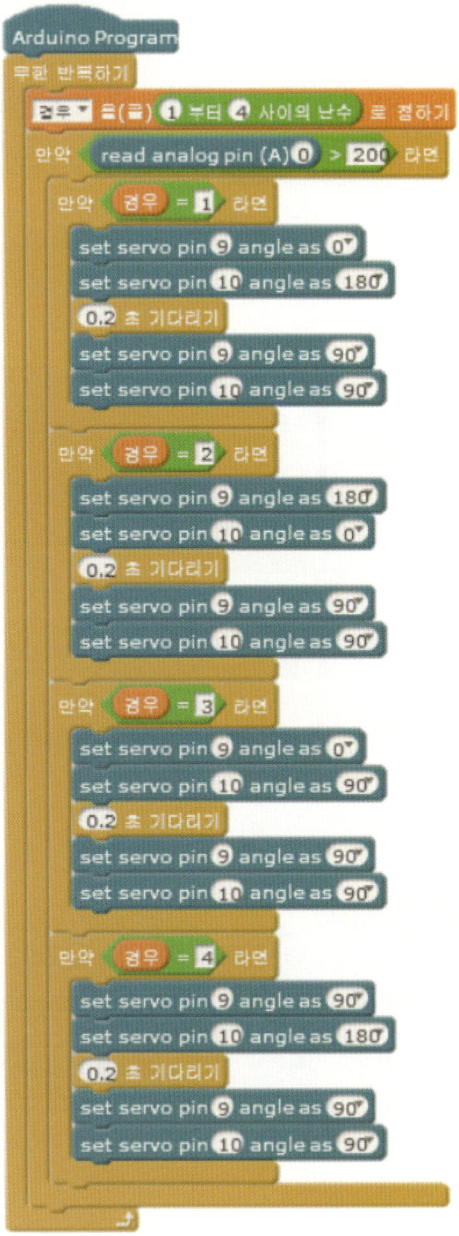

 스크래치 프로그램 아두이노에 업로드하기

❶ 로봇을 작동시키기 위해서는 컴퓨터와 연결되지 않은 상태여야 합니다. 그러기 위해서는 아두이노에 업로드해야 합니다. 업로드(upload)는 컴퓨터에 있는 프로그램을 아두이노에 넣는 과정입니다. 아두이노에 업로드하면 전원만 넣어도 아두이노는 프로그래밍된 대로 움직일 것입니다.

❷ `Arduino Program` 을 더블클릭하거나 마우스 오른쪽을 클릭하여 'upload to arduino'를 클릭합니다.

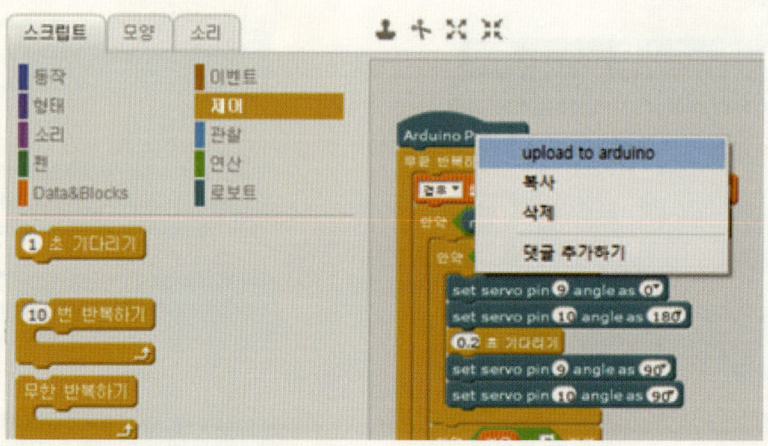

Tips

아두이노는 스케치라는 자체 코딩 프로그램을 가지고 있습니다. mBlock은 아두이노 스케치 프로그램으로 변환하여 업로드하게 되어 있습니다. 따라서 스케치에서 지원하지 않는 블록들은 업로드가 되지 않습니다. 이를 테면 , `Hello! 말하기` 블록 등은 스크래치 프로그램만 지원하기 때문에 이러한 블록들을 지워야 업로드가 됩니다.

❸ 'upload to arduino'를 클릭하면 다음 화면이 나타나는데, 왼쪽의 스크래치 부분, 오른쪽의 아두이노 스케치 부분이 있습니다. Upload to Arduino 를 클릭하면 아두이노에 업로드가 됩니다.

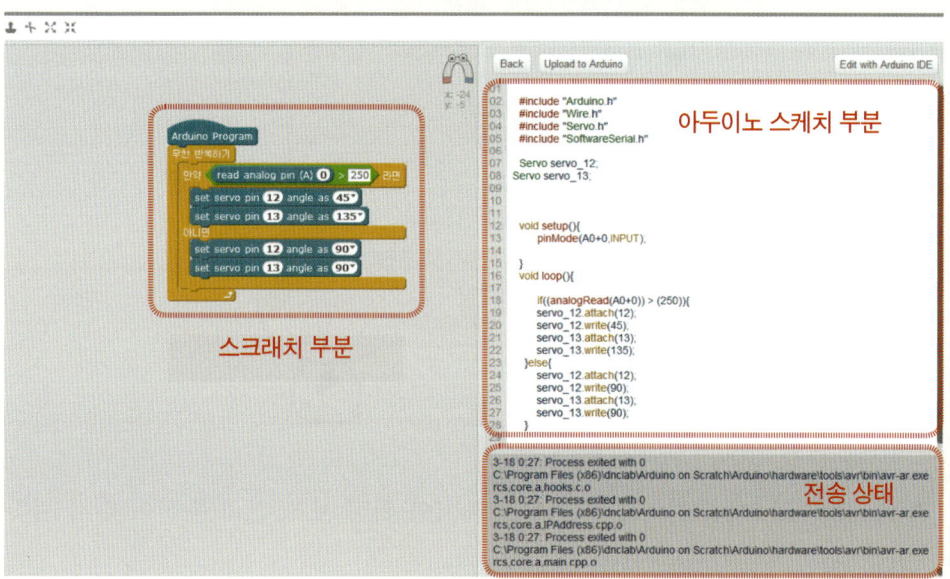

Tips

아두이노의 스케치를 잘 알면 스케치를 재프로그래밍하여 업로드할 수도 있습니다. http://arduion.cc 는 아두이노 공식 홈페이지로 코딩 프로그램인 스케치를 무료로 받을 수 있습니다. 블록형 기반인 스크래치와 달리 스케치는 텍스트 기반으로 스크래치에 비해 어렵지만, 훨씬 강력한 기능을 가지고 있습니다. 하지만 스크래치만으로도 할 수 있는 기능이 무궁무진하니 먼저 스크래치를 연습하고 스케치를 배우는 것이 좋습니다.

❹ 아두이노에 업로드가 끝나면  화면이 뜹니다. 업로드가 완료된 상태에서는 스크래치와 확장 보드와의 연동이 중지됩니다. 확장 보드 자체에 프로그램이 저장되었기 때문입니다.

❺ 확장 보드의 업로드한 프로그램을 지우고 새로 프로그램을 작성하려면 프로그램 메뉴에서 [연결]–[Upgrade Firmware]를 선택해야 합니다.

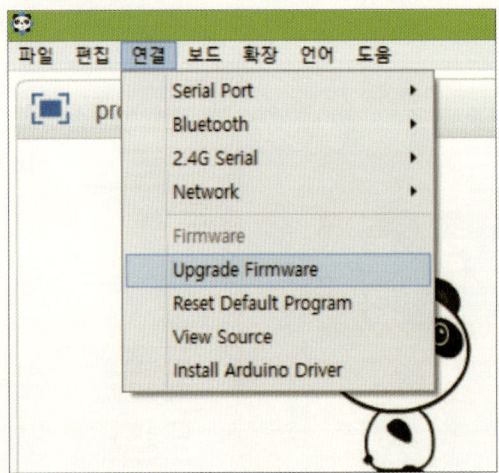

❻ [Upgrade Firmware]가 완료되면 스크래치와 확장 보드 간의 통신이 다시 시작됩니다.

Tips

훨씬 강력한 확장 보드의 기능을 사용하고 싶다면 스크래치 프로그램을 확장 보드에 올리는 데 익숙해져야 합니다. 컴퓨터 화면으로만 하던 프로그램을 컴퓨터를 떼어 구현할 수 있게 한 것은 큰 의미가 있고 발전한 것입니다. 우리가 만드는 회피 로봇의 진화 과정을 능숙하게 해결한다면 여러분은 프로그래머로서, 또한 메이커로서 한 발자국 앞서가게 될 것입니다.

회피 로봇 전원 연결하기

❶ 확장 보드에 전원을 공급하는 방법은 2가지입니다. 확장 보드 아래 아두이노 부분을 보면 USB 연결 부분이 있고 9V 스냅 전원 연결 부분이 있습니다. 이 2곳으로 전원 연결이 가능합니다.

(1) 9V 스냅 전원선으로 연결하는 방법

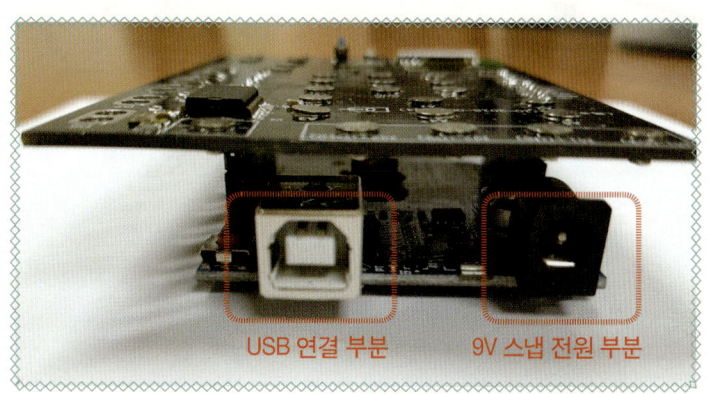

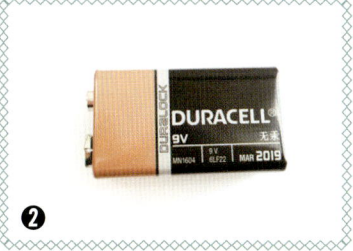

❶ 스냅 전원 연결선 ❷ 9V 사각 전지
❸ 스냅 전원선으로 연결된 모습

PROJECT 3 페트병 로봇   149

(2) USB 충전지를 이용하여 연결하는 방법

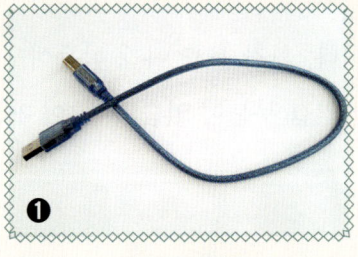

❶ USB 연결선 ❷ USB 충전지
❸ USB 충전지로 연결된 모습

> 🍩 **Tips**
>
> USB 충전지는 여러 종류가 있습니다. 휴대폰 보조 배터리도 다양한 종류가 있는데, 어느 것을 사용해도 좋습니다. 다만, 회피 로봇의 크기가 작기 때문에 작은 것이 좋겠지요.

❷ 우리는 스냅 전원 연결선으로 9V 전원을 공급하는 것으로 회피 로봇을 만듭니다. 왜냐하면 좀 더 가볍게 움직일 수 있기 때문입니다. 다만, 전원을 켰다 껐다 하는 기능이 없다는 것이 아쉽습니다. 따라서 그대로 두면 전원이 계속 공급되어 방전되기 때문에 9V 전지의 연결선을 빼 주어야 합니다.

❸ 손전등을 비추어 회피 로봇이 도망가는지 확인해 보세요. 회피 로봇이 빛을 피해 움직이도록 해 보세요.

빛에 반응하는 회피 로봇

(   )학교 (   )학년 (   )반 이름(   )

1. 회피 로봇이 작동할 수 있도록 서보모터, 빛 센서를 전선을 이용해 연결해 보세요. 서보모터는 9번과 10번 포트에 각각 연결하고, 빛 센서는 A0에 연결하세요.

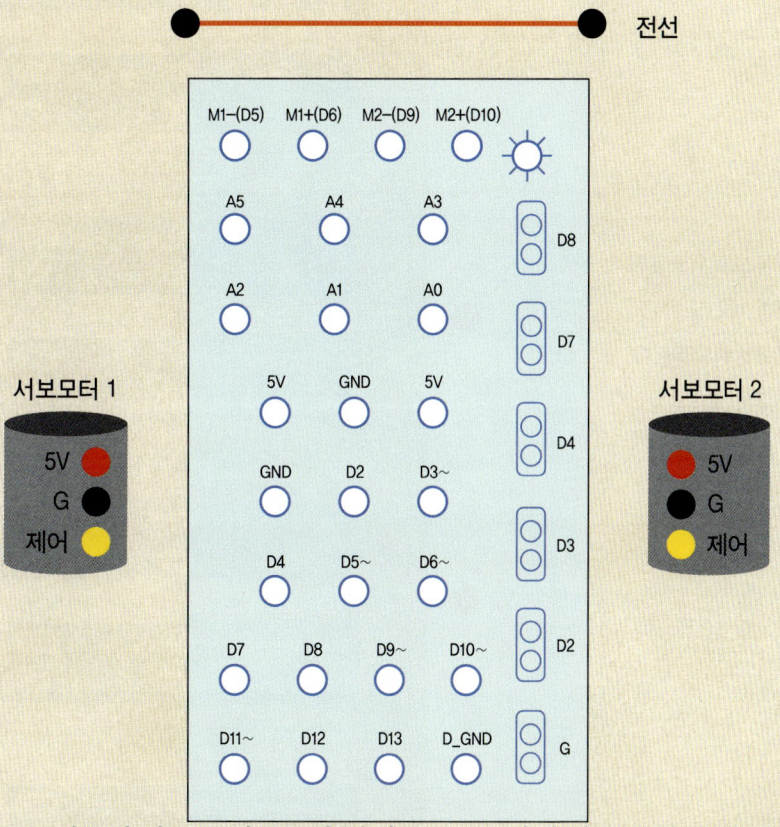

2. 다음 블록을 이용해 난수를 만들고자 합니다. 1~20까지 난수를 만든다고 할 때 알맞은 숫자를 써 보세요.

○ 부터 ○ 사이의 난수

PROJECT 3 페트병 로봇   151

❸ 다음 알고리즘과 알맞은 코드 블록을 연결시켜 보세요.

양쪽 바퀴를 모두 뒤로 굴린다.	①
왼쪽 바퀴만 뒤로 굴린다.	②
오른쪽 바퀴만 뒤로 굴린다.	③
양쪽 바퀴 모두 앞으로 굴린다.	④

4 아두이노에 업로드하는 순서를 정리해 보세요.

순서	내용
①	
②	
③	
④	

레이저를 쏘며 먹이를 사냥하는 로봇 만들기

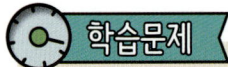

먹이가 나타나면 레이저를 쏘며 사냥하는 로봇을 만들어 봅시다.

무엇을 준비해야 하나요?

❶

❷

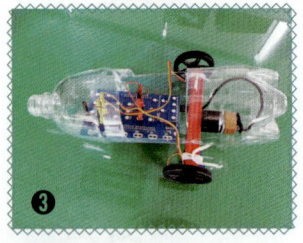
❸

❶ 볼 바퀴 ❷ 거리 센서
❸ 페트병 로봇

어떻게 연결하나요?

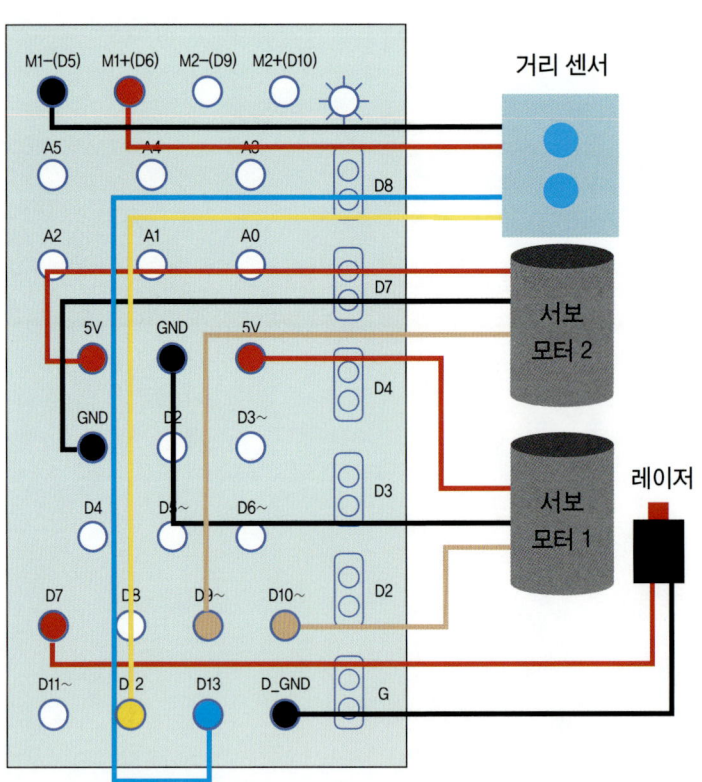

완성이 되면?

먹이를 사냥하는 로봇이라, 멋지죠?

자석 확장 보드에 연결하기

❶ 거리 센서 연결하기

사냥하는 로봇이 사냥감을 감지하기 위해서는 사냥감이 특정한 거리 안에 있는지 찾아보아야 합니다. 이를 위해 거리 센서를 이용합니다. 사냥 로봇에는 전원 공급이 필요한 장치가 3개 있습니다. 또 360도 서보모터 2개와 새롭게 추가하는 거리 센서가 있습니다. 그러나 보드는 전원 공급 포트가 2쌍밖에 없습니다. 그래서 전원 공급 포트가 될 수 있는 모터 실드의 포트를 이용하기로 합니다. 이 포토는 프로그래밍을 통해 전원 공급 포트가 될 수 있습니다.

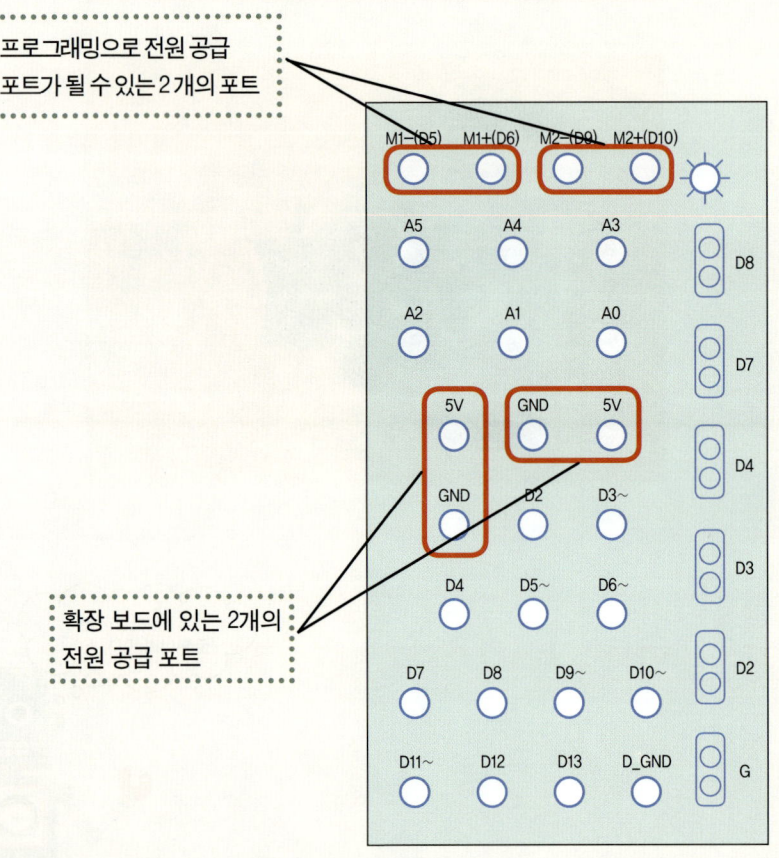

거리 센서의 검은색 선은 M1-(D5) 포트에 연결하고, 빨간색 선은 M1+(D6) 포트에 연결합니다. 노란색 선은 D12번 포트에 연결하고, 파란색 선은 D13번 포트에 연결합니다.

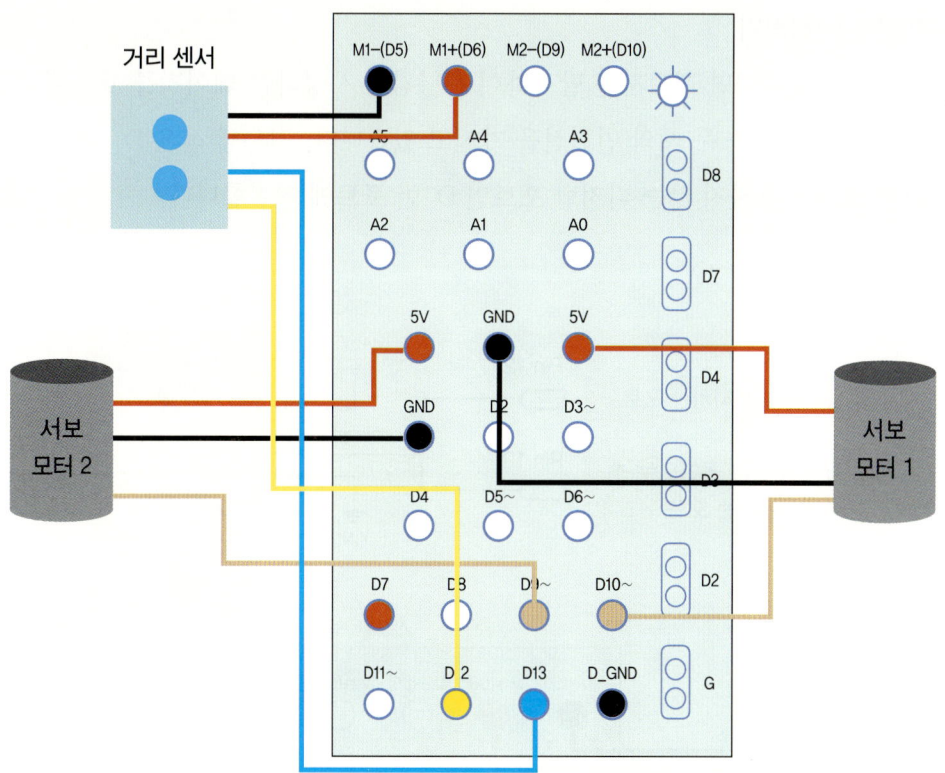

거리 센서는 4개의 연결선을 가지고 있습니다. 그중에서 중요한 것은 초음파를 발사하는 'Trig' 핀과 반사된 초음파를 감지하는 'Echo' 핀이 있습니다. 아래 그림은 거리 센서가 초음파에 의해 거리를 측정하는 원리를 나타내고 있습니다. 'Echo' 핀을 통해 거리를 측정합니다.

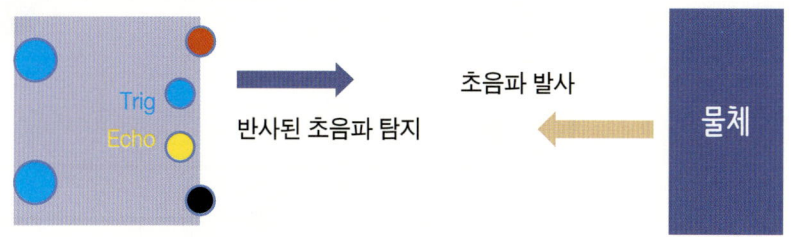

그러므로 D12번 핀을 통해 초음파를 발사하고 D13번 포트를 이용해 값을 읽어오면 거리를 측정할 수 있습니다. Trig 선은 D12번 포트에 연결하고, Echo 선은 D13번 포트에 연결합니다.

❷ 레이저 연결하기

사냥감이 탐지되면 레이저를 발사하여 사냥감을 사냥하는 레이저를 보드에 연결합니다. 레이저는 두 개의 연결선을 가지고 있습니다. 검은색 선은 D_GND에, 빨간색 선은 사용하지 않는 디지털 포트인 D7번 포트에 연결합니다.

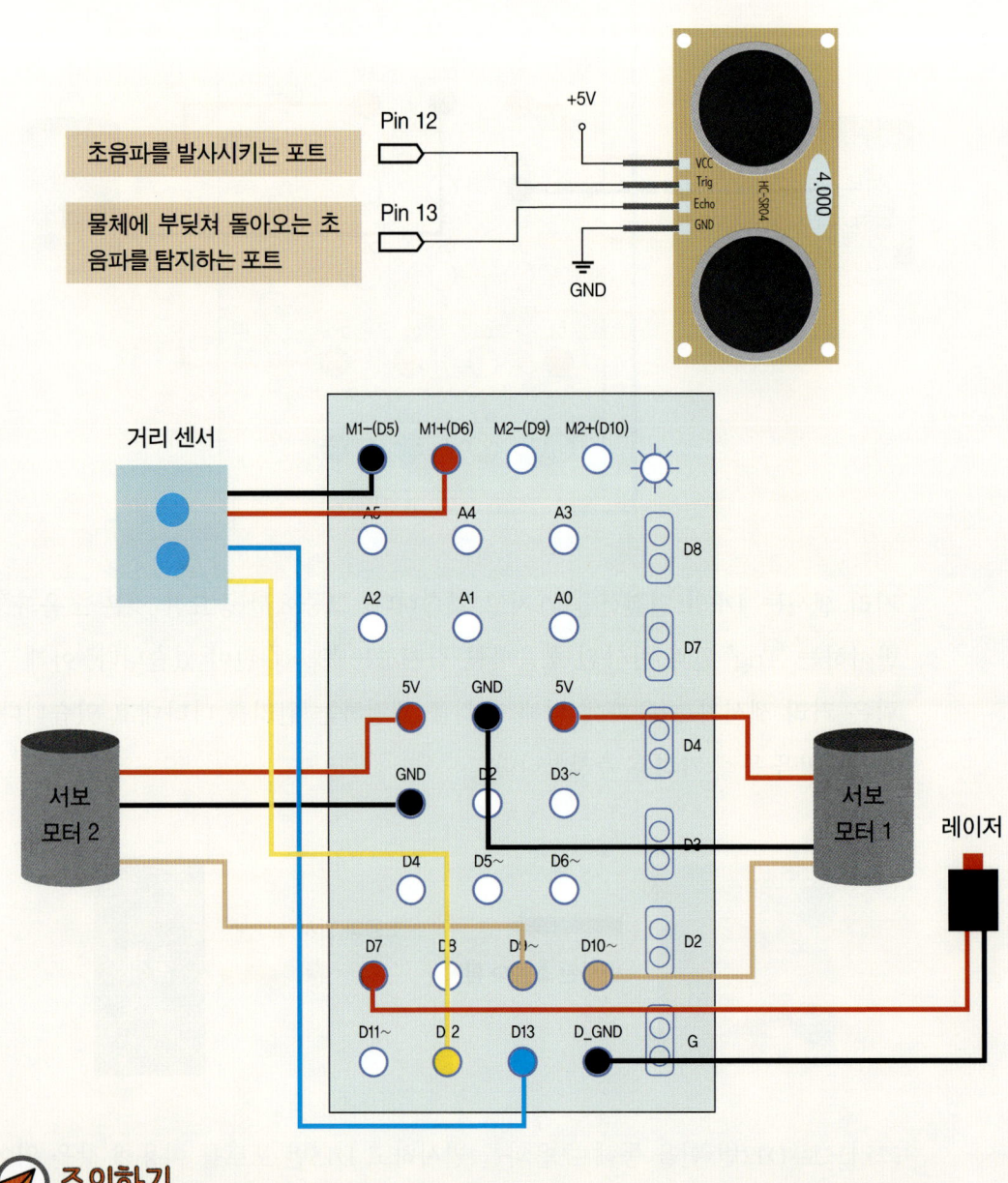

🧭 주의하기

아두이노용 레이저는 1mW급으로 직접 몸에 닿아도 괜찮습니다. 그러나 눈동자에 직접 닿는 경우에는 시력에 문제가 생길 수 있으므로 눈에 직접 쏘는 일이 없도록 합니다.

스크래치 블록 프로그래밍하기

```
Arduino Program
set pwm pin 5 output as 0       ❶
set pwm pin 6 output as 255
무한 반복하기
    먹이 ▼ 을(를) read ultrasonic sensor trig pin 13 echo pin 12 로 정하기   ❷
    만약  먹이 < 15  그리고  먹이 > 0  라면   ❸
        set digital pin 7 output as HIGH
        set servo pin 9 angle as 90
        set servo pin 10 angle as 90
        0.1 초 기다리기
        set servo pin 9 angle as 0                ❹
        set servo pin 10 angle as 180
        1 초 기다리기
        set digital pin 7 output as LOW
        set servo pin 9 angle as 180
        set servo pin 10 angle as 0
        0.5 초 기다리기
    아니면
        set servo pin 9 angle as 0
        set servo pin 10 angle as 90
        0.09 초 기다리기                           ❺
        set servo pin 9 angle as 90
        set servo pin 10 angle as 90
        0.2 초 기다리기
```

❶ 거리 센서 전원 공급하기

먼저 소프트웨어적으로 거리 센서에 전원을 공급해 봅니다. 앞에서 언급하였듯이 확장 보드에는 전원 공급선이 2개밖에 없고 이것을 서보모터가 사용하고 있습니다. [로봇]에서 `Arduino Program` 블록을 가지고 옵니다. 이 블록이 필요한 이유는 아두이노에 업로드하기 위해 반드시 시작할 때 사용해야 하는 블록이기 때문입니다. 다음으로 [로봇]에서 `set pwm pin 5 output as 0` 블록을 가지고 옵니다.

이 블록을 복사하여 값을 바꿔서 `set pwm pin 6 output as 255` 블록을 만듭니다. 이 블록을 모두 붙여 아래처럼 블록을 만듭니다. 이 블록의 의미는 프로그램이 시작되면 바로 D5번 포트를 D_GND로 만들고, D6번 포트를 5V로 만든다는 것입니다. 이렇게 만들면 M1-(D5)를 D_GND로 만들고, M1+(D6)을 5V로 만들어 거리 센서에 전원을 공급할 수 있게 합니다. 이렇게 되는 이유는 아래 그림처럼 D5번 포트와 M1-(D5)번 포트가 연결되어 있고, D6번 포트와 M1+(D6) 포트가 연결되어 있기 때문입니다.

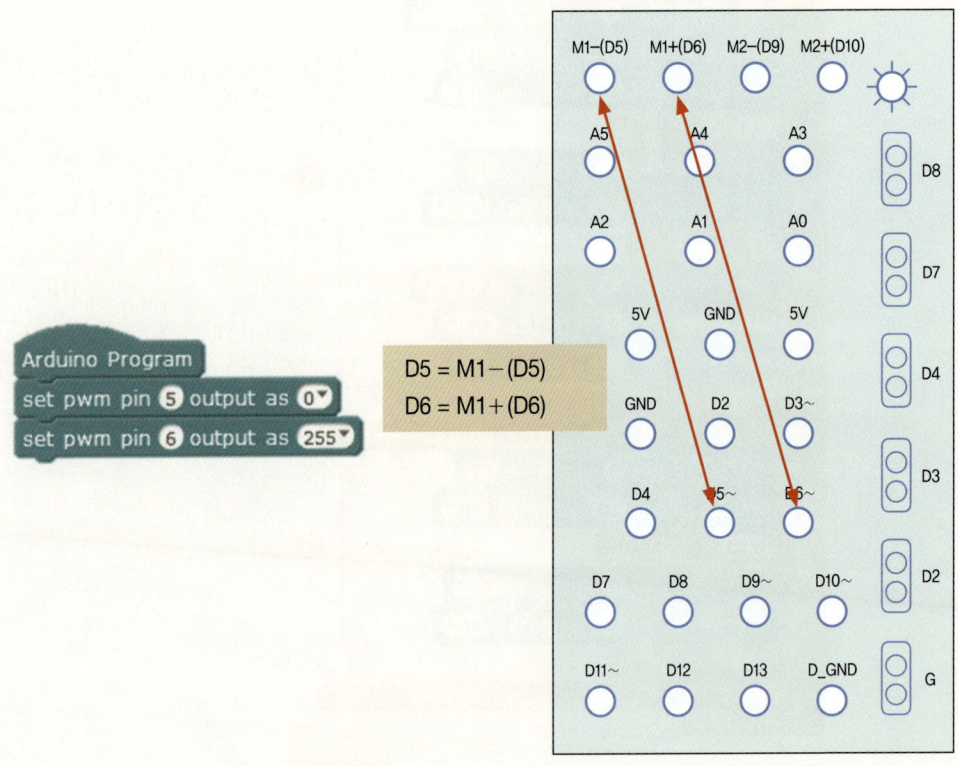

다음으로 [제어]에서 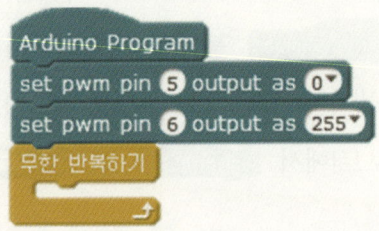 블록을 가지고 옵니다. 이 블록을 앞에서 만든 블록에 붙여 아래처럼 블록을 만듭니다.

❷ [Data&Blocks]에서 [변수 만들기]를 클릭하여 '먹이' 변수를 만듭니다.

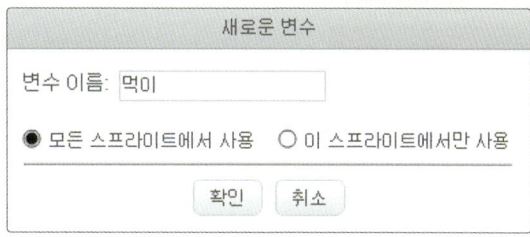

변수를 만든 후에 [Data&Blocks]에서 `먹이▼ 을(를) 0 로 정하기` 블록을 가지고 옵니다. [로보트]에서 `read ultrasonic sensor trig pin 13 echo pin 12` 블록을 가지고 옵니다. 이 블록을 `먹이▼ 을(를) 0 로 정하기` 블록과 결합하여 아래와 같은 블록을 만듭니다.

이 블록을 `무한 반복하기` 사이에 넣어 아래와 같은 블록을 완성합니다.

```
Arduino Program
set pwm pin 5 output as 0▼
set pwm pin 6 output as 255▼
무한 반복하기
    먹이▼ 을(를) read ultrasonic sensor trig pin 13 echo pin 12 로 정하기
```

❸ [제어]에서 `만약 ~라면 아니면` 블록을 가지고 옵니다. [연산]에서 `그리고`, `< `, `> ` 3개의 블록을 가지고 옵니다. [Data&Blocks]에서 `먹이` 변수를 가지고 와서 `< `, `> `와 결합하여 `먹이 < 15`, `먹이 > 0`를 만듭니다. 이렇게 만든 블록을 `그리고` 블록과 결합하여 `먹이 < 15 그리고 먹이 > 0` 블록을

만듭니다. 이 블록을 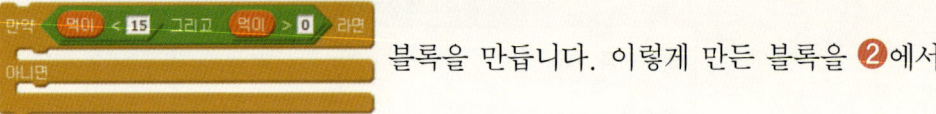 블록과 결합하여

블록을 만듭니다. 이렇게 만든 블록을 ❷에서 만든 블록 안에 넣어 아래 그림처럼 만듭니다.

❹ [로보트]에서 `set digital pin 9 output as HIGH` 블록을 가지고 와서 '9'를 '7'로 바꿔서 `set digital pin 7 output as HIGH` 블록을 만듭니다. 이 블록은 7번 포트에 연결된 레이저를 켜는, 즉 발사하게 만드는 역할을 합니다. 다음으로 [로보트]에서 `set servo pin 9 angle as 90` 블록을 가지고 옵니다. 이 블록을 오른쪽 마우스를 눌러 복사하여 `set servo pin 10 angle as 90` pin '9'를 '10'으로 바꿉니다. 이렇게 만든 3개의 블록을 붙여서 블록을 만듭니다. 다음으로 [제어]에서 `1 초 기다리기` 블록을 가지고 와서 시간을 '0.1'초로 바꿔 앞에서 만든 블록에 붙여서 블록을 만듭니다. 이 블록은 사냥감 방향으로 정지하여 레이저를 발사하는 코드입니다. 앞에서 만든 서보모터 제어 블록

두 개를 복사하여 각도를 바꿔서 `set servo pin 9 angle as 0` / `set servo pin 10 angle as 180` 블록을 만듭니다.

[제어]에서 `1 초 기다리기` 블록을 가지고 와서
```
set servo pin 9 angle as 0
set servo pin 10 angle as 180
1 초 기다리기
```
블록을 만듭니다. 이 블록은 레이저를 발사한 후 후진하는 코드 블록입니다. 다음으로

```
set digital pin 7 output as HIGH
set servo pin 9 angle as 90
set servo pin 10 angle as 90
0.1 초 기다리기
```
블록을 복사하여 'HIGH'를 'LOW'로,

`set servo pin 9 angle as 90` 블록의 '90'을 '180'으로,

`set servo pin 10 angle as 90` 블록의 '90'을 '0'으로 바꿉니다. 마지막으로

`0.1 초 기다리기` 블록의 '0.1'을 '0.5'로 바꿉니다. 앞에서 만든 블록을 모두 붙여

```
set digital pin 7 output as LOW
set servo pin 9 angle as 180
set servo pin 10 angle as 0
0.5 초 기다리기
```
블록을 완성합니다. 이 블록을 ❸에서 만든 블록 안에 넣어 다음과 같이 블록을 만듭니다.

```
Arduino Program
set pwm pin 5 output as 0
set pwm pin 6 output as 255
무한 반복하기
    먹이 을(를) read ultrasonic sensor trig pin 13 echo pin 12 로 정하기
    만약 먹이 < 15 그리고 먹이 > 0 라면
        set digital pin 7 output as HIGH
        set servo pin 9 angle as 90
        set servo pin 10 angle as 90
        0.1 초 기다리기
        set servo pin 9 angle as 0
        set servo pin 10 angle as 180
        1 초 기다리기
        set digital pin 7 output as LOW
        set servo pin 9 angle as 180
        set servo pin 10 angle as 0
        0.5 초 기다리기
    아니면
```

PROJECT 3 페트병 로봇

❺ ❹에서 만든 블록에서 사각형 부분을 복사하여 값을 변경합니다. 아래 그림에서 설명한 대로 마우스 커서를 위치시키고 복사합니다. 이렇게 복사한 블록의 값을 바꿉니다. '180'을 '0'으로 바꾸고, '0'을 '90'으로 바꿉니다. 즉, 한쪽 바퀴만 굴려 로봇을 한쪽 방향으로 돌리면서 360도 방향으로 탐색합니다. 0.5초는 0.09로 바꿉니다.

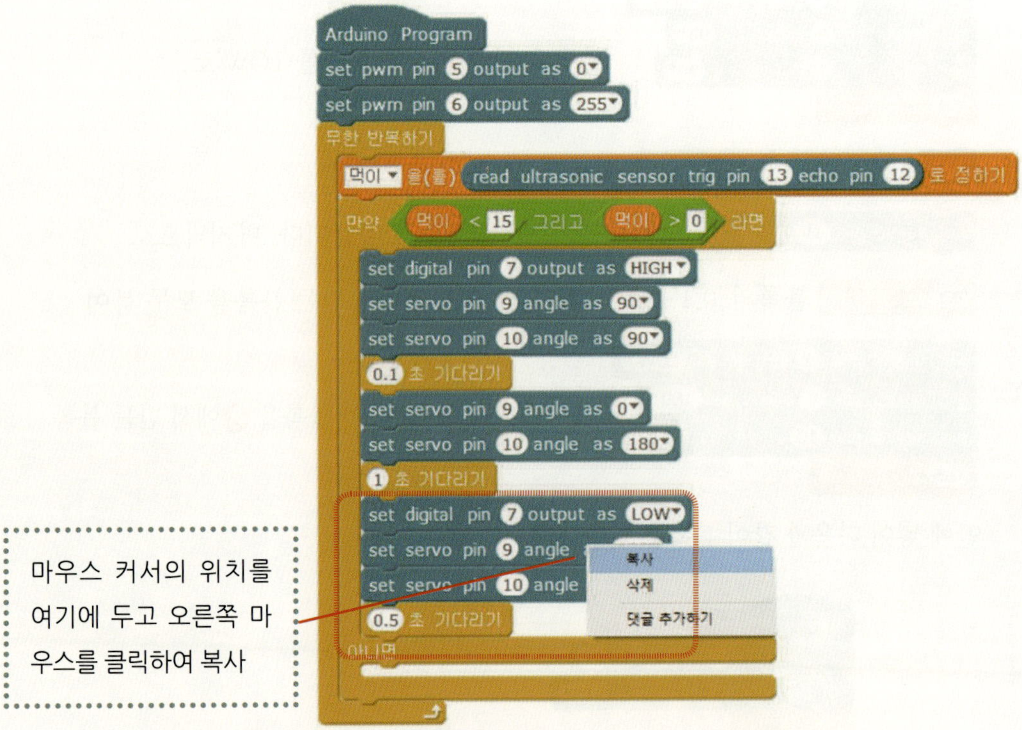

마우스 커서의 위치를 여기에 두고 오른쪽 마우스를 클릭하여 복사

값을 바꿔서 [set servo pin 9 angle as 0 / set servo pin 10 angle as 90 / 0.09 초 기다리기] 블록을 만듭니다. 이 블록을 다시 복사하여 값을 '0'에서 '90'으로 바꾸고, 시간을 '0.09'에서 '0.5'로 바꿉니다. 또 모터를 '0.5'초 동안 멈춥니다. 모터를 멈추는 이유는 거리 센서가 먹이를 감지할 시간을 주기 위해서입니다. 또한 거리 센서가 초음파를 발사할 시간을 주는 것이기도 합니다. 초음파 센서는 반사된 초음파를 감지하여 거리를 잽니다. 결과적으로 만들어진 블록은 다음과 같습니다.

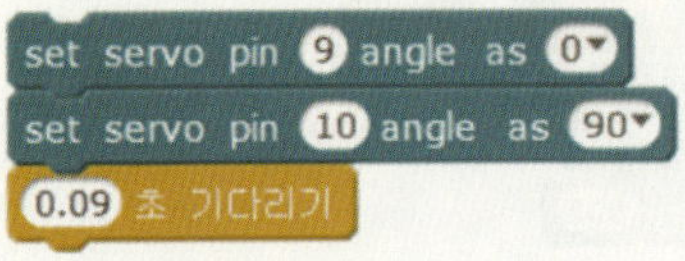

```
set servo pin 9 angle as 0
set servo pin 10 angle as 90
0.09 초 기다리기
set servo pin 9 angle as 90
set servo pin 10 angle as 90
0.2 초 기다리기
```

이 블록을 앞에서 만든 블록과 결합하여 아래와 같은 블록을 만듭니다.

```
Arduino Program
set pwm pin 5 output as 0
set pwm pin 6 output as 255
무한 반복하기
    먹이 을(를) read ultrasonic sensor trig pin 13 echo pin 12 로 정하기
    만약 먹이 < 15 그리고 먹이 > 0 라면
        set digital pin 7 output as HIGH
        set servo pin 9 angle as 90
        set servo pin 10 angle as 90
        0.1 초 기다리기
        set servo pin 9 angle as 0
        set servo pin 10 angle as 180
        1 초 기다리기
        set digital pin 7 output as LOW
        set servo pin 9 angle as 180
        set servo pin 10 angle as 0
        0.5 초 기다리기
    아니면
        set servo pin 9 angle as 0
        set servo pin 10 angle as 90
        0.09 초 기다리기
        set servo pin 9 angle as 90
        set servo pin 10 angle as 90
        0.2 초 기다리기
```

먹이 사냥 로봇 만들기

( )학교 ( )학년 ( )반 이름 ( )

1 초음파 센서가 거리를 측정하는 방법을 아래 그림을 이용해 설명해 보세요.

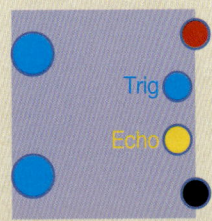

물체

| 설명 | |

2 초음파 거리 센서와 아래 블록을 이용해 거리를 측정하려고 합니다. 초음파 센서를 아두이노 확장 보드에 연결해 보세요.

`read ultrasonic sensor trig pin 13 echo pin 12`

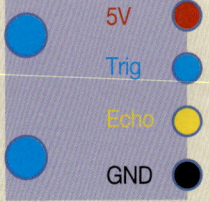

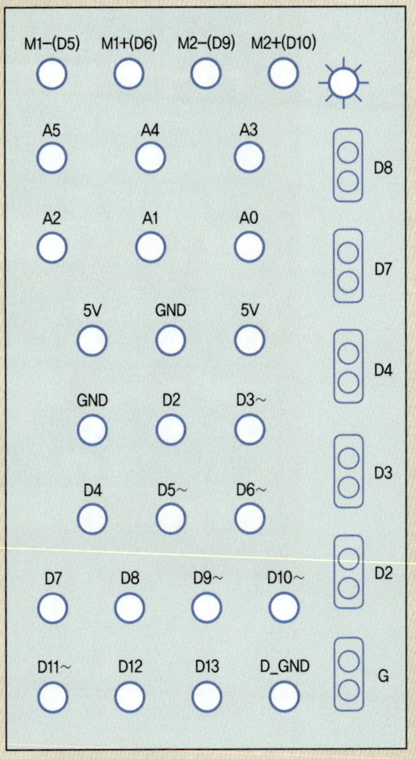

166 아두이노와 스크래치로 메이커 되기 ❷

※ (3~6) 아두이노 확장 보드에는 전원을 공급할 수 있는 부분이 두 개 있습니다. 그러나 사냥 로봇에서 전원이 필요한 부품은 3개가 있습니다. 서보모터 2개, 거리 센서 1개입니다. 그림과 같이 3개의 부품을 연결한다고 할 때 거리 센서의 GND를 M1-(D5)에, 5V를 M1+(D6)에 연결하였습니다.

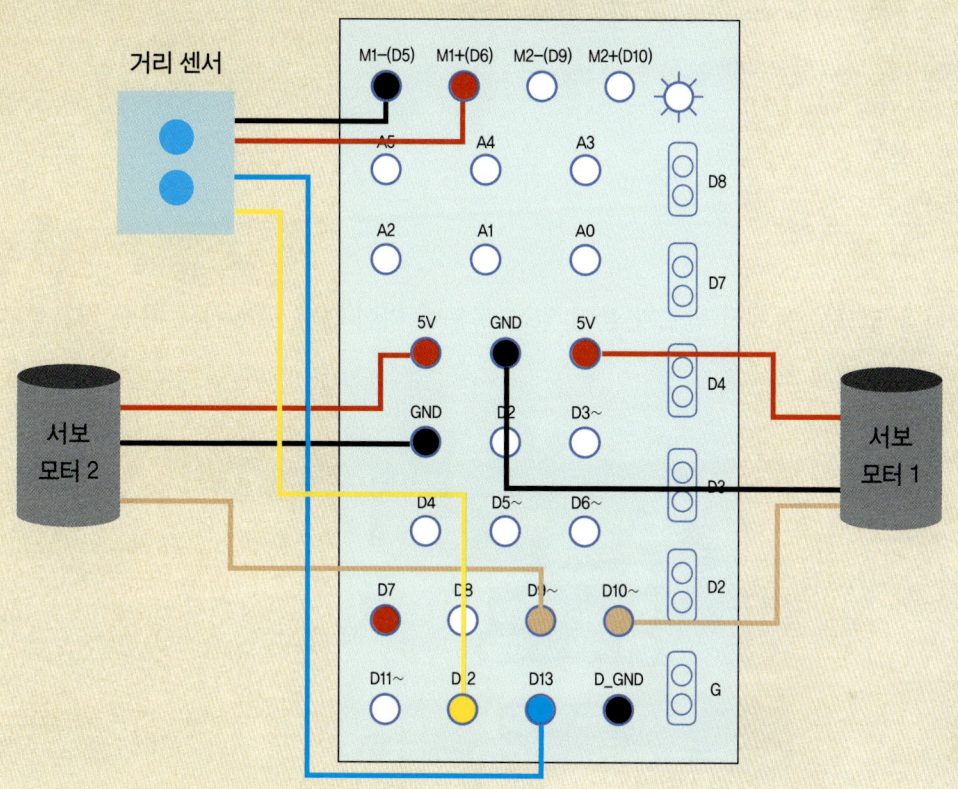

③ 거리 센서에 전원을 공급하기 위해서 다음과 같은 블록을 사용해야 합니다. 이 블록을 사용해 전원을 공급하는 이유를 설명해 보세요.

설명	

4 거리 센서를 이용해 먹이를 감지하는 코드입니다. 어떤 경우에 먹이가 감지되는지 설명해 보세요.

설명	

5 다음 코드 블록에서 번호가 붙어 있는 부분이 먹이 사냥 로봇에서 어떤 역할을 하는지 설명해 보세요.

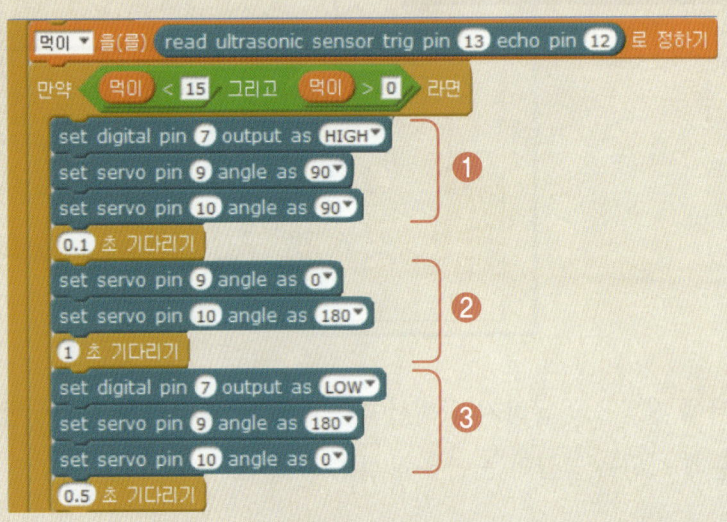

번호	설명
❶	
❷	
❸	

❻ 다음 코드 블록에서 번호가 붙어 있는 부분이 먹이 사냥 로봇에서 어떤 역할을 하는지 설명해 보세요.

번호	설명
❶	
❷	

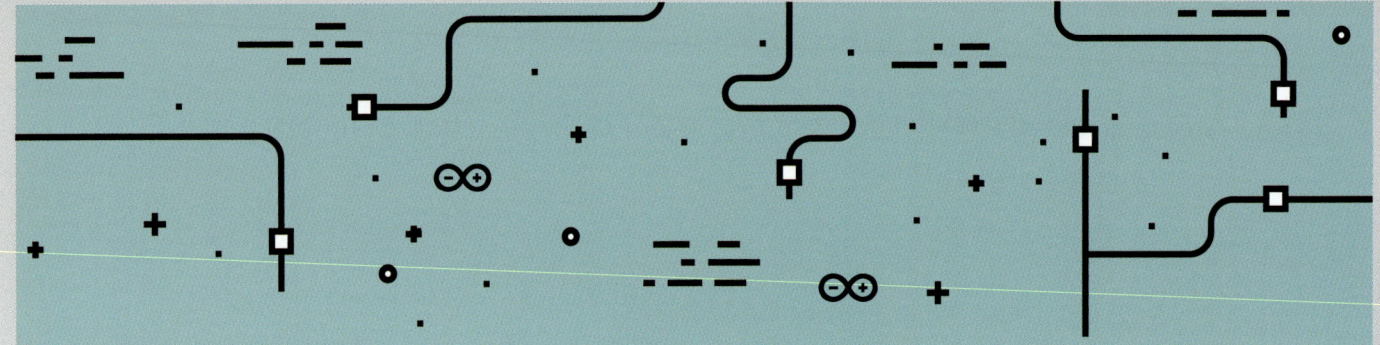

PROJECT 4

아두이노와 스크래치로 메이커 되기

소프트웨어로 만드는 나만의 간이 정수기

⊕ 활동 목표

센서가 무엇인지 알고 염도 센서를 만들어 보며, 아두이노를 이용하여 염도를 측정한 결 괏값에 따라 스프라이트의 모양이 바뀌도록 프로그래밍을 할 수 있다. 또한 모둠별로 간 이 정수기를 만들어 보고 성능이 가장 좋은 정수기를 찾을 수 있다.

⊖ 활동 내용

- 센서가 무엇인지 알고 다양한 종류의 센서 알아보기
- 염도 센서를 아두이노에 연결하여 염도 측정하기
- 염도에 따라 판다의 표정이 바뀌도록 프로그래밍하기
- 모둠 구성원과 함께 간이 정수기를 만들어 오염 물질을 가장 잘 걸러내는 성능이 좋은 정수기 만들기

 활동 학습을 시작하기 전, 알고 있는 내용을 체크해 보세요

- 혼합물이 무엇인지 알고 거름장치를 꾸며 혼합물을 분리할 수 있다. ○
- 합성세제로 인한 수질오염의 심각성을 알고 물 아껴쓰기를 실천할 수 있다. ○
- 물과 용질을 이용하여 용액을 만들어 용액의 진하기를 비교할 수 있다. ○
- 센서의 기본 원리를 알고 스크래치와 아두이노를 연결하여 제어하는 기본 명령을 알고 있다. ○

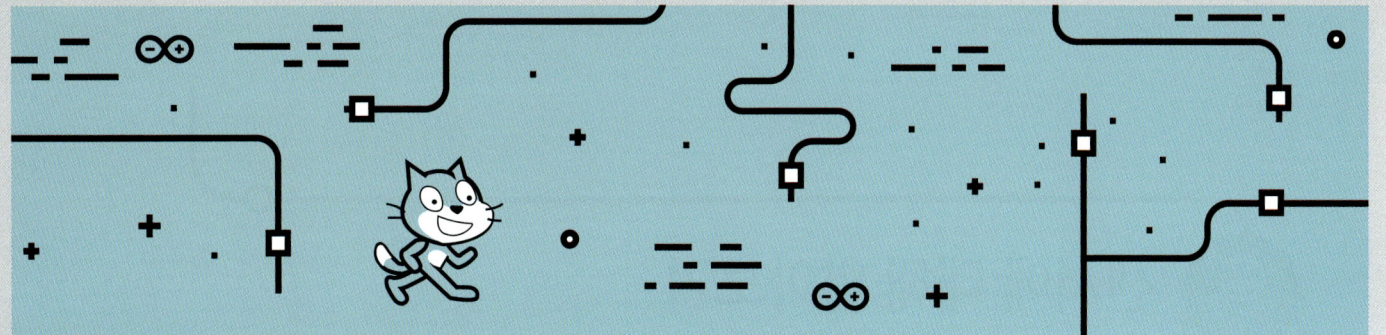

염도 센서가 필요한 이유

얼마 전 뉴스에 한국인의 소금 섭취율이 2011년 소금 줄이기 정책을 실시한 이후로 19.5% 감소했다는 기사가 났습니다. 소금은 인간의 생존을 위해 반드시 필요하지만 고혈압, 당뇨 등 만성질환의 원인으로도 알려져 있습니다. 소금의 섭취가 줄면서 고혈압, 뇌졸중, 심혈관계 질환 같은 질병이 줄어 연간 3조 원 이상의 치료비를 절감할 수 있었다고 합니다. 건강에 대한 사람들의 관심도 늘어나면서 한 기업에서는 소금기의 정도를 측정하는 국자를 출시했다고도 합니다. 그렇다면 소금기의 정도는 어떻게 측정할 수 있을까요?

염도 센서를 만들어 보고 아두이노에 연결하여 염도를 측정해 봅시다. 그리고 모둠별로 간이 정수기를 만들어 오염된 물을 정수한 후 염도 센서를 이용하여 측정해 보고 성능이 가장 뛰어난 정수기를 찾아봅시다.

센서에 대해 알아보기

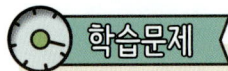

센서가 무엇인지 알고 센서의 종류와 원리를 알아봅시다.

사람은 시각, 청각, 후각, 미각, 촉각의 다섯 가지 감각을 가지고 있는데, 이것을 오감이라고 합니다. 이 오감을 이용하여 인간은 장미의 아름다움을 보고 향기를 맡으며 뾰족한 가시가 따가움을 알게 됩니다. 흥겨운 음악을 들으며 맛있는 음식을 먹을 때는 행복을 느낍니다. 하지만 세상에는 사람이 직접 오감을 통해 경험하기에는 위험한 것도 있습니다. 이것을 기계가 대신해 주면 얼마나 좋을까요? 화재가 나거나 가스가 누출되었을 때 누구보다 먼저 인지하고 경보를 울려 주는 장치가 바로 센서입니다.

센서는 인간이 직접 감지하기 힘들거나 어려운 신호를 전기 신호로 바꾸어 주는 장치이며, 일상생활 속에서 매우 광범위하게 사용되고 있습니다. 사람이 다가가면 물이 자동으로 나오는

수도꼭지, 어둠 속에서 움직임이 있을 때 불이 켜지는 센서등, 미세 먼지와 황사에 더러워진 공기를 깨끗하게 걸러 주는 공기청정기, 용수철저울로 측정할 수 없는 매우 가벼운 물체의 무게를 재는 전자저울 등이 바로 센서의 기능을 이용한 예입니다.

일상생활 속에서 많이 쓰이는 센서의 종류와 그 원리를 알아보고, 그와 비슷한 원리를 이용하여 만든 센서는 무엇이 있는지 알아보겠습니다.

센서의 종류와 원리 알아보기

( )학교 ( )학년 ( )반 이름 ( )

1 우리 주변의 물건에서 사용되는 센서의 종류를 알아보고, 비슷한 원리의 센서를 더 찾아보세요.

물건	무엇을 감지할까?(감각)	같은 센서가 사용된 장치 찾아보기
디지털 체온계		
공기청정기		
내비게이션(GPS)		

PROJECT 4 소프트웨어로 만드는 나만의 간이 정수기   173

물건	무엇을 감지할까?(감각)	같은 센서가 사용된 장치 찾아보기
 디지털카메라		
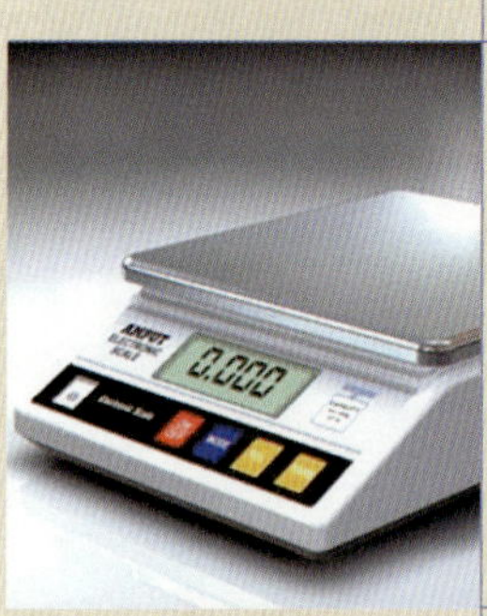 전자저울		

2 센서가 우리에게 주는 장점을 이야기해 보세요.

염도 센서를 만들어 염도 측정해 보기

학습문제
염도 센서를 만들어 염도를 측정해 봅시다.

음식을 먹을 때 우리는 '싱겁다', '짜다', '간이 딱 맞다'라는 표현을 합니다. 어느 정도가 싱겁고, 짜다고 말할 수 있을까요? 소금기의 정도를 우리는 염도라고 하는데, 직접 염도 센서를 만들어 우리가 먹는 음식의 염도를 측정해 볼까요?

무엇을 준비해야 하나요?

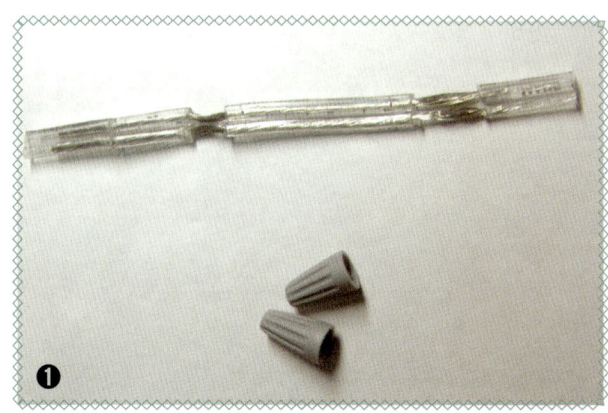

❶ 염도 센서 세트 ❷ 종이컵 ❸ 소금

PROJECT 4 소프트웨어로 만드는 나만의 간이 정수기   175

어떻게 연결하나요?

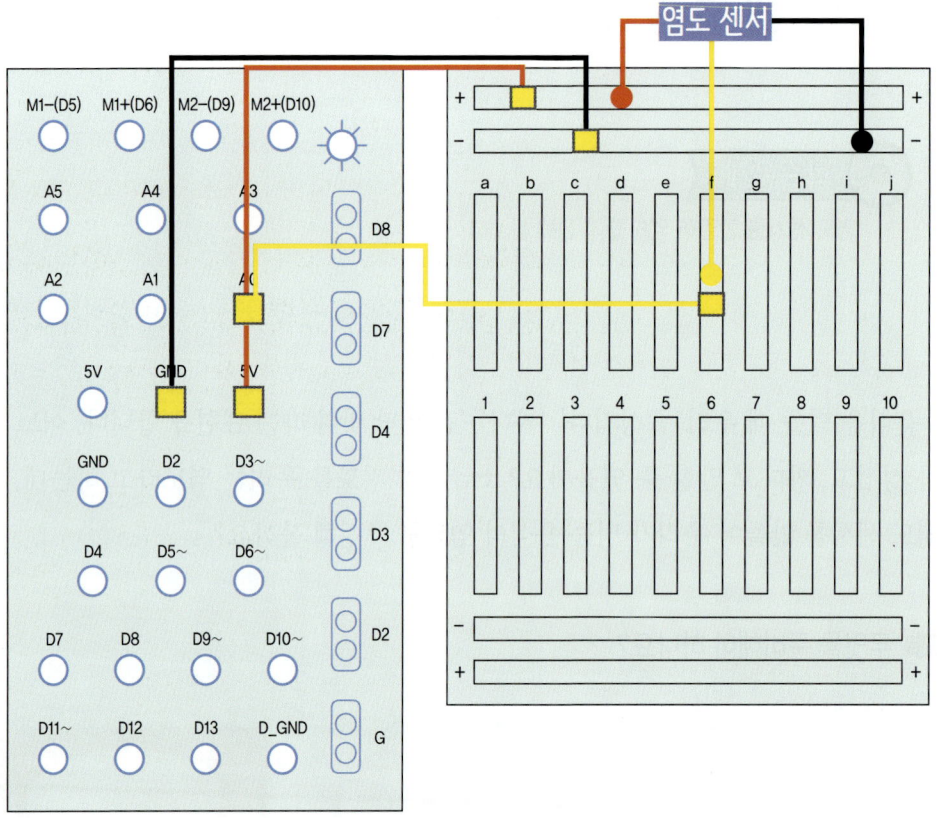

완성이 되면?

염도 센서 만들어 보기

❶ 스피커 케이블 앞부분을 분리시킵니다.

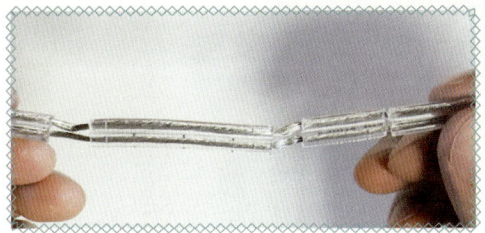 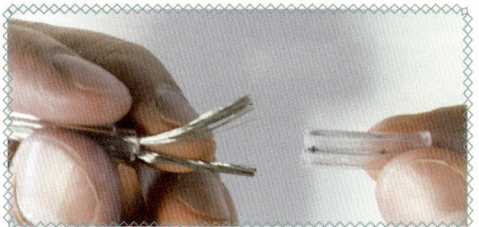

❷ 센서용 전선 세트에서 빨간색 전선의 앞부분을 당겨 껍질을 벗깁니다.

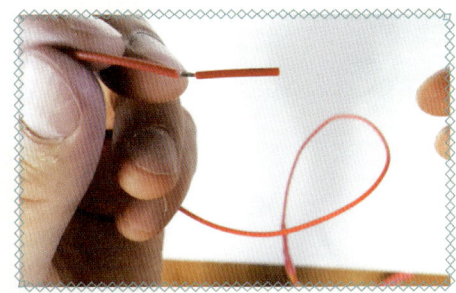 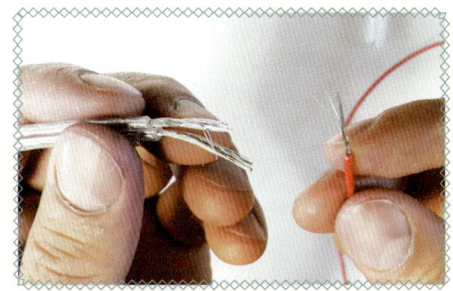

❸ 스피커 케이블 한 가닥과 센서용 전선 세트 빨간색 선의 앞부분을 가지런히 모읍니다.

❹ 전선 연결자에 가지런히 모은 선을 넣어 전선 연결자를 오른쪽으로 돌립니다.

❺ 오른쪽 한쪽 부분을 완성한 사진입니다.

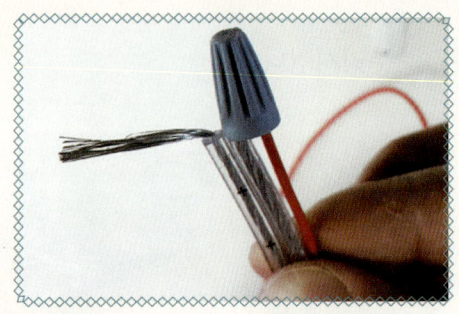

❻ 센서용 검은색 전선의 앞부분을 당겨 껍질을 벗깁니다.

❼ 스피커 케이블의 남은 한 가닥과 스피커 케이블 검은색 선의 앞부분을 가지런히 모읍니다.

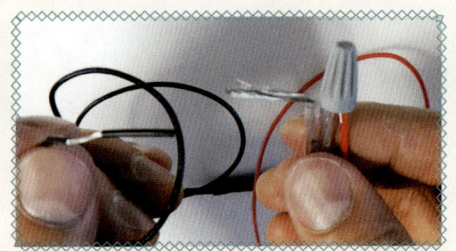 

❽ 가지런히 모은 선을 전선 연결자에 넣어 오른쪽으로 돌립니다.

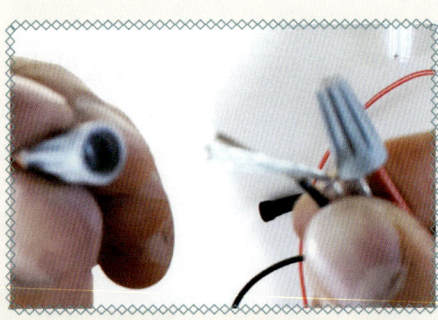 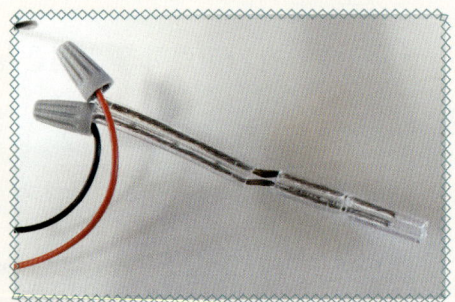

❾ 염도 센서를 측정할 때는 사진과 같이 앞부분을 벗기고 측정해야 합니다.

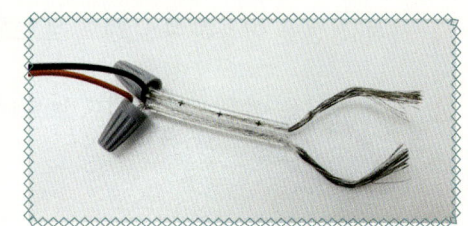

자석 브레드 보드에 연결해 보기

❶ 염도 센서의 빨간색 자석 전선은 브레드 보드의 '+'에, 검은색 자석 전선은 '−'에, 노란색 자석 전선은 'f'에 붙여 주세요.

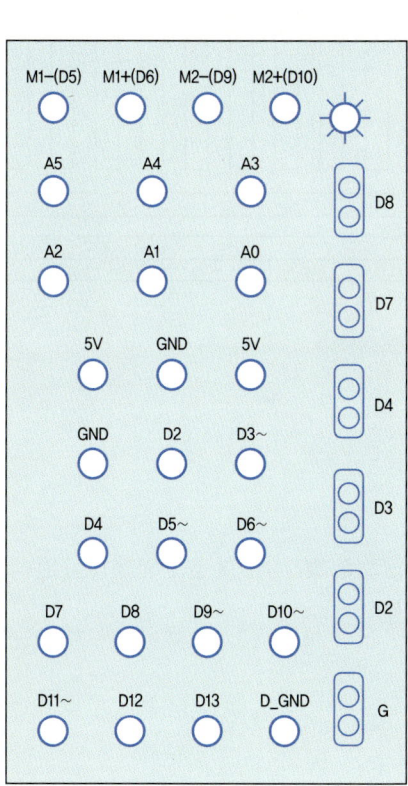
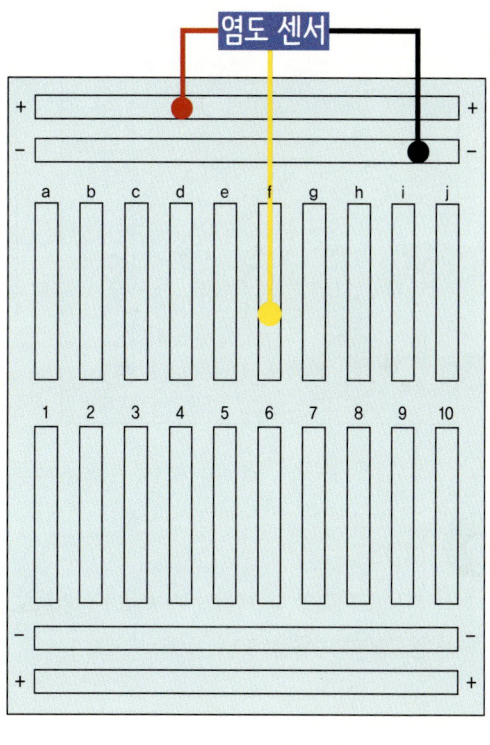

 Tips

염도 센서의 노란색 선은 'a ~ j' 중 하나를 선택하여 연결해도 됩니다.

PROJECT 4 소프트웨어로 만드는 나만의 간이 정수기

❷ 자석 전선을 이용하여 브레드 보드의 (+)와 확장 보드의 5V 포트를 연결합니다.

❸ 자석 전선을 이용하여 브레드 보드의 (-)와 확장 보드의 GND 포트를 연결합니다.

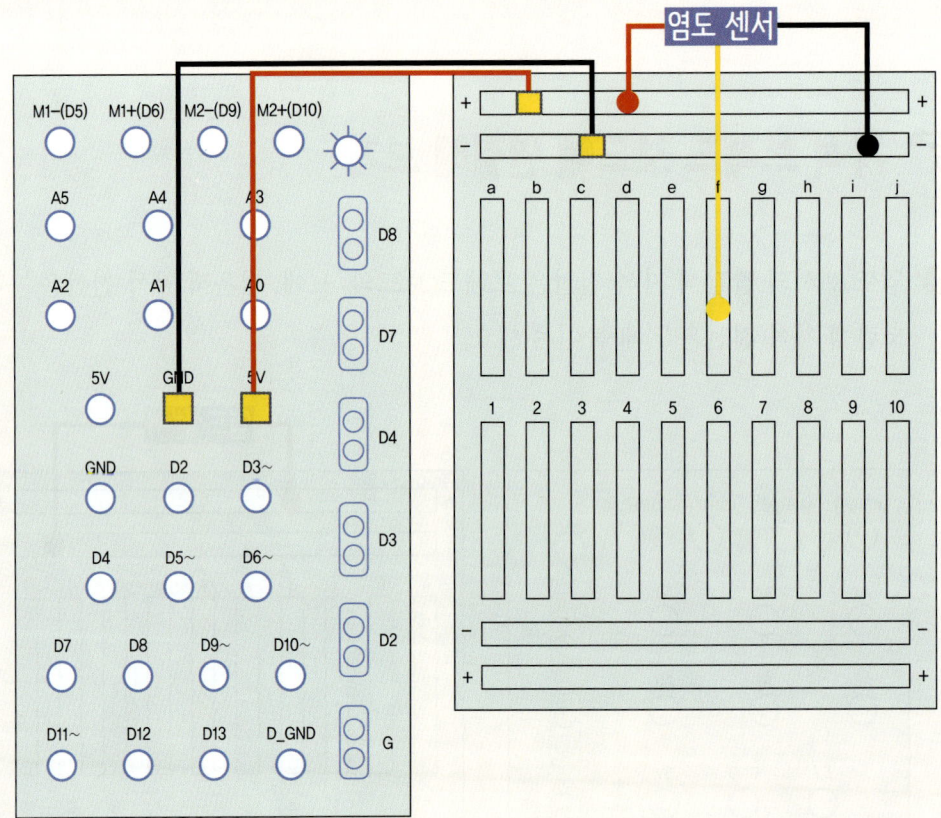

 Tips

자석 전선을 이용할 때 색깔과 관계없이 연결해도 되지만 보통 빨간색은 '+'를 연결할 때, 검은색은 '-'를 연결할 때 사용합니다.

❹ 자석 전선을 이용하여 염도 센서의 노란색이 있는 브레드 보드의 'f'와 확장 보드의 A0 포트를 연결합니다.

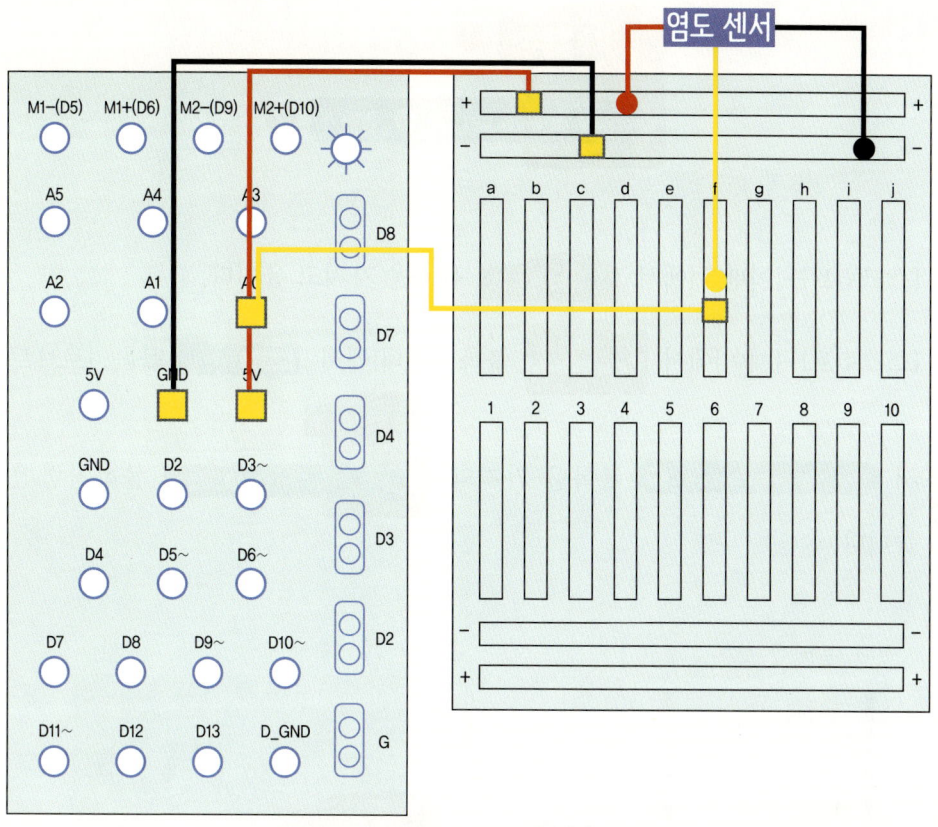

 **Tips**
값을 측정하는 염도 센서의 노란색 선은 A0~A5 포트에 연결할 수 있습니다.

스크래치로 센서 값 확인하기

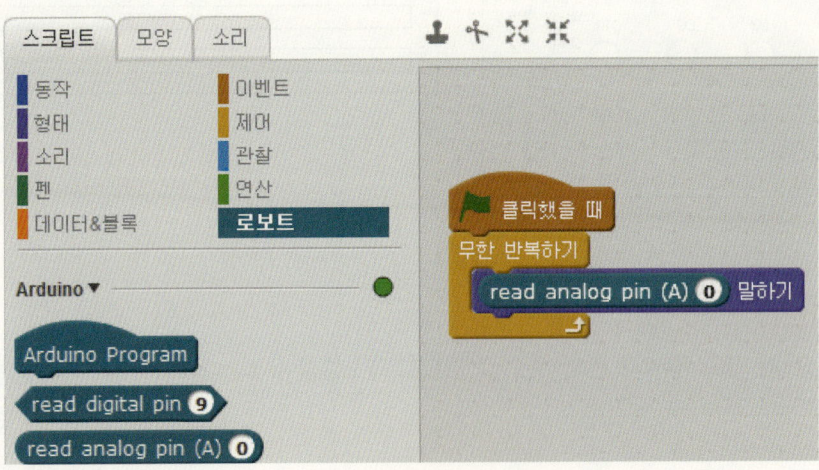

① [스크립트]-[이벤트]에서 `클릭했을 때` 블록을 가지고 옵니다.

② [스크립트]-[제어]에서 `무한 반복하기` 블록, [형태]에서 `Hello! 말하기` 블록, [로봇]에서 `read analog pin (A) 0` 블록을 가져와 `read analog pin (A) 0 말하기` 블록처럼 합쳐 줍니다.

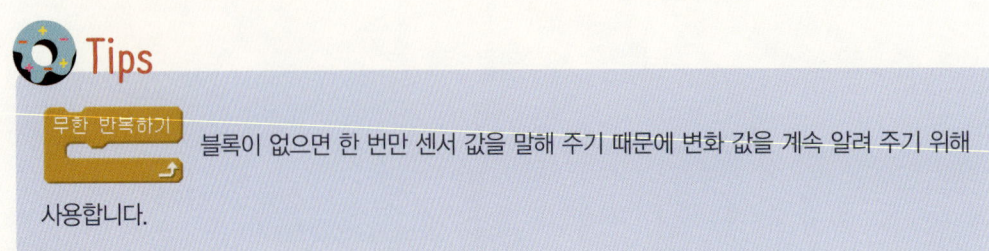

Tips

`무한 반복하기` 블록이 없으면 한 번만 센서 값을 말해 주기 때문에 변화 값을 계속 알려 주기 위해 사용합니다.

❸ ▶을 클릭하면 염도 센서가 측정을 하며, 물에 소금을 넣는 양에 따라 값이 0~1,023으로 나타납니다.

Tips

센서의 값은 0~1,023까지 측정됩니다. 0에 가까우면 염도가 높다는 뜻이고, 1,023에 가까우면 염도가 낮다는 뜻입니다.

염도 센서를 만들어 염도 측정해 보기

(   )학교 (   )학년 (   )반 이름 (   )

1 모든 식품은 긍정적인 면과 부정적인 면이 있다고 합니다. 소금은 몸의 수분 함량을 조절하고 심장과 신장의 원활한 기능을 위해 꼭 필요합니다. 그렇다면 소금을 많이 먹었을 때의 부작용은 무엇일까요?

2 염도 센서를 연결하는 방법을 설명해 보세요.

❶
❷
❸
❹

❸ 염도 센서 값을 측정하는 알고리즘을 만들어 보세요.

🚩 클릭했을 때	( ) 말하기
무한 반복하기	read analog pin ( )
무한 반복 끝	

순서	스프라이트 이름: 🚩 클릭했을 때
1	
2	
3	
4	

❹ 소금이 들어 있지 않은 물 200mL의 염도를 측정해 보세요.

❺ 소금이 들어 있는 물에 염도 센서를 넣었을 때, 넣는 깊이에 따라 염도가 어떻게 달라지는지 알아보세요.

1. 상
2. 중
3. 하

물의 양 200mL
소금 (   ) 숟가락

깊이(cm)	측정 결과

6 소금의 양에 따라 염도 센서 측정값이 어떻게 달라지는지 알아보려고 합니다. 같게 할 조건과 다르게 할 조건을 알아보세요.

같게 할 조건	다르게 할 조건

7 소금의 양을 늘려가며 염도를 측정해 보세요.

소금의 양	측정값
소금 (1) 숟가락	
소금 ( ) 숟가락	
소금 ( ) 숟가락	
소금 ( ) 숟가락	

8 위에서 나온 측정값을 그래프로 나타내어 보세요.

(1) 염도 센서의 측정 결과를 어떤 그래프로 나타내면 좋을까요?

(2) 가로 눈금은 무엇으로 할까요?

(3) 세로 눈금은 무엇으로 할까요?

(4) 세로 눈금 한 칸의 크기는 얼마로 하면 좋을까요?

만약 그래프를 그릴 때 필요 없는 부분이 있다면 물결선(≈)으로 생략할 수 있습니다.

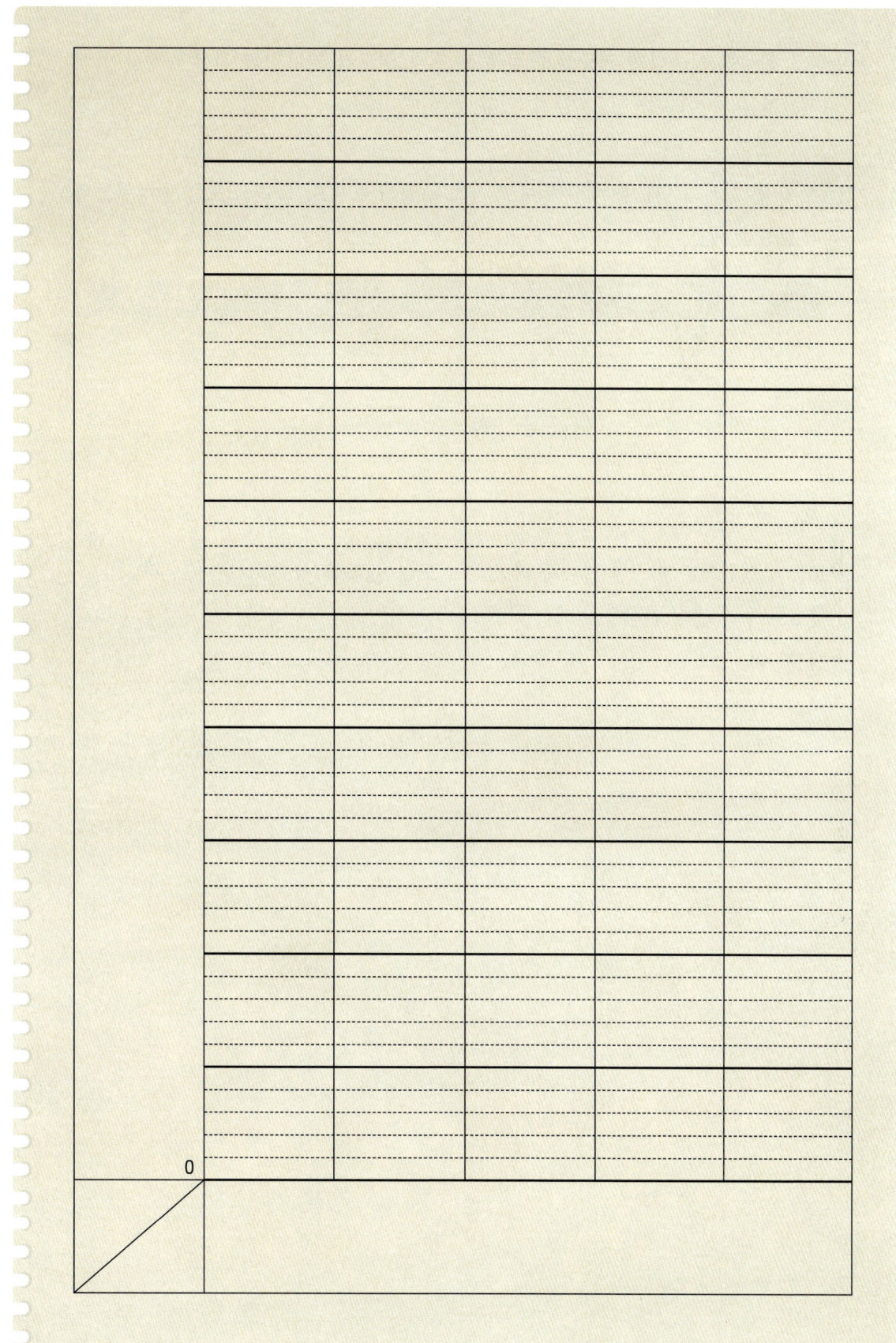

⑨ 염도 센서를 이용하여 염도를 측정해 본 결과 염도가 높아지면 센서 측정값이 (커지는 것을 / 작아지는 것을) 알 수 있다.

⑩ 우리 집 김치의 염도를 예상해 보고 직접 측정해 보세요. 그리고 모둠 구성원들과 비교해 보세요.

모둠 구성원 이름	예상 값	측정값
나		

모둠 구성원들과 비교한 결과 우리 집의 염도는 비교적 (높은, 낮은) 편이다.
앞으로 우리 집의 건강을 위해서 나는 (　　　　　　　　　　)고 생각한다.

염도에 따라 판다의 얼굴 표정 바꾸기

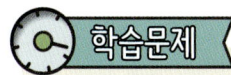 **학습문제**

염도 센서를 소금이 들어간 물에 넣었을 때 판다의 표정이 바뀌도록 프로그래밍해 봅시다.

음식을 먹을 때 너무 짠 음식을 먹으면 얼굴이 저절로 찡그려집니다. 염도 센서를 소금이 들어간 물에 넣었을 때 판다의 표정을 찡그리게 하려면 어떻게 해야 할까요?

소금이 들어가지 않은 물   소금이 들어간 물

무엇을 준비해야 하나요?

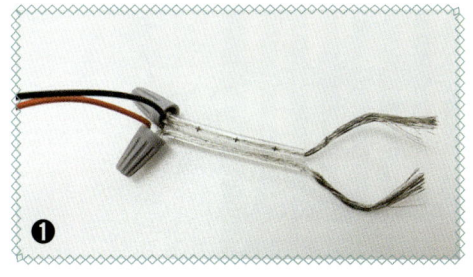  

❶ 염도 센서 ❷ 종이컵 ❸ 소금

◐ 어떻게 연결하나요?

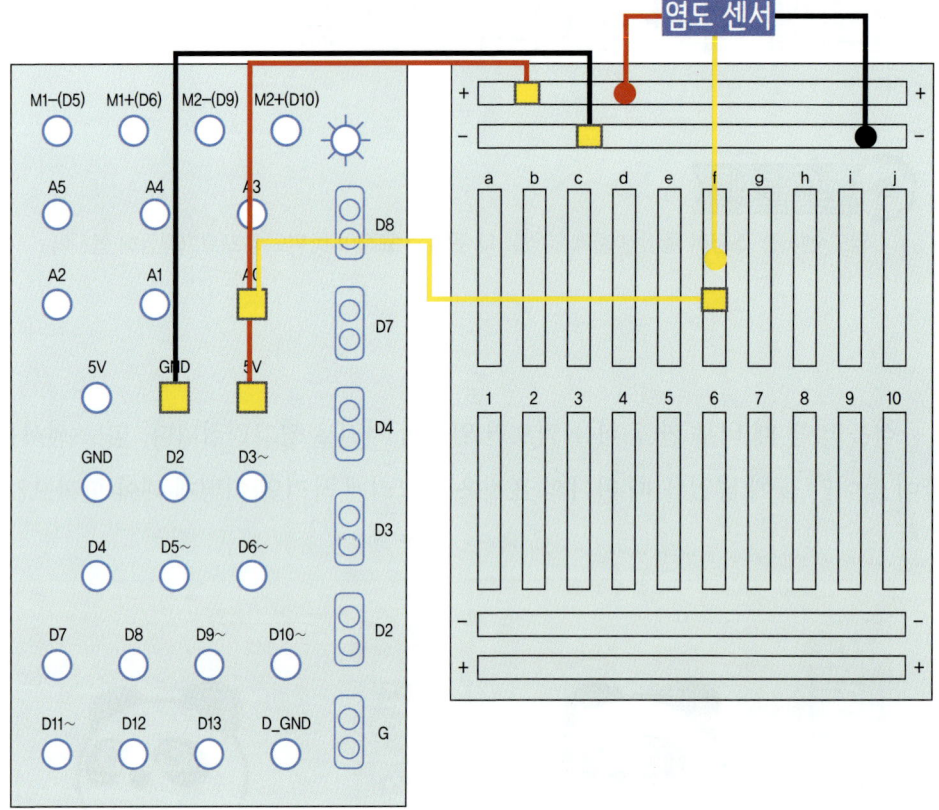

◐ 완성이 되면?

자석 브레드 보드에 연결해 보기

'염도 센서를 만들어 염도 측정해 보기'에서 연결한 절차와 같습니다.

스크래치로 판다 표정 만들어 보기

❶ [모양]을 클릭하면 판다 이미지를 수정할 수 있습니다.

❷ 판다의 입 모양을 수정하기 위해서 흰색 도형을 입 위에 그립니다.

❸ 다음 3가지를 이용해서 입 모양을 지워 보세요.

◎ 스포이트를 클릭한 후 색깔(흰색)을 선택합니다.

◎ 사각형을 그립니다.

◎ 색을 채웁니다.

❹ Panda-a를 클릭하고 마우스 오른쪽 버튼을 클릭하면 복사하거나 삭제할 수 있습니다.

Tips
입이 지워진 상태에서 복사를 하면 입 모양을 그리기가 쉽습니다.

❺ Panda-a를 선택하고 ✏️을 이용해서 입 모양을 그려 보세요. 또 다른 Panda-a2를 선택하고 ✏️을 이용해서 입 모양을 그려 보세요.

Panda-a 소금이 들어가지 않은 물

Panda-a2 소금이 들어간 물

 ## 스크래치로 동작 프로그램 만들어 보기

Panda-a 소금이 들어가지 않은 물

Panda-a2 소금이 들어간 물

 **Tips**

- 센서의 값이 측정할 때마다 변하나요?
  1회 측정값보다 1초에 한 번씩 5번을 측정하여 평균값을 구하면 더 정확한 값을 구할 수 있습니다.

- 센서의 값으로 어떻게 얼굴 표정을 바꿀 수 있나요?
  소금이 들어가지 않은 물과 소금이 들어간 물을 만들어 측정해 보고 그 값을 이용하여 판다의 얼굴 표정을 바꿉니다.

① [스크립트]-[데이터&블록]에서 [변수 만들기]를 클릭하여 변수 이름을 '염분합'이라 쓰고 확인을 누릅니다. 그리고 `염분합을(를) 0 로 정하기` 블록을 가지고 옵니다.

Tips
- 변수를 만들면 판다의 왼쪽 위에 변수가 만들어진 것을 확인할 수 있습니다.
- 염분합 변수를 만드는 이유는 5번 측정한 값을 모두 합하여 평균을 구하기 위해서입니다.

② [스크립트]-[제어]에서  블록을 가져와 10번 반복하기를 5번 반복하기로 수정합니다.

③ [스크립트]-[데이터&블록]에서 '염분'이라는 변수를 만들고, `염분을(를) 0 로 정하기` 블록을 가져와 [로봇]에 있는 `read analog pin (A) 0` 블록과 결합합니다.

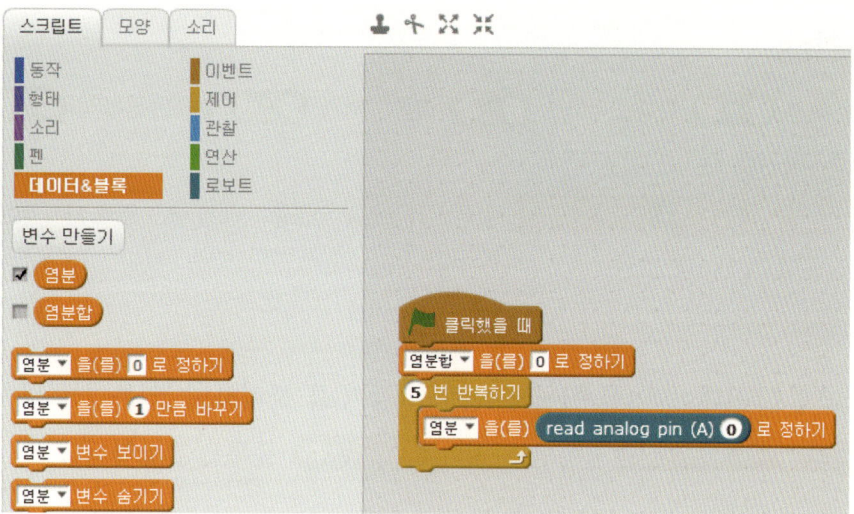

❹ 1초에 한 번씩 측정하기 위해 [제어]에서 1초 기다리기 블록을 가지고 옵니다.

❺ [스크립트]-[연산]에서 + 블록을, [데이터&블록]에서 염분 블록을 가지고 와서 결합시키고, 다시 염분합 을(를) 0 로 정하기 블록과 염분합 + 염분 블록을 결합합니다.

Tips

염분 을(를) 0 로 정하기 블록에서 '▼'를 누르면 염분 을(를) 0 로 정하기 블록과 같이 되어 변수를 선택할 수 있습니다.

> **Tips**
> - 연산에서 ◯+◯ 블록은 더하기, ◯-◯ 블록은 빼기, ◯*◯ 블록은 곱하기, ◯/◯ 블록은 나누기입니다.
> - 염분합▼ 을(를) 염분합 + 염분 로 정하기 블록은 염분합과 염분을 더해서 나온 값을 다시 염분합에 저장하라는 뜻입니다.

❻ [스크립트]-[데이터&블록]에서 [변수 만들기]를 클릭하여 '염분평균'을 만들고 염분평균▼ 을(를) 0 로 정하기 블록을 가져와 염분합 / 5 블록을 결합합니다.

> **Tips**
> 염분평균▼ 을(를) 염분합 / 5 로 정하기 블록은 염분합을 5로 나누어서 나온 값을 염분평균에 저장하라는 뜻입니다. 이렇게 하면 평균값을 구할 수 있습니다.

❼ 염분평균값을 알기 위해 [형태]에서 Hello! 을(를) 2 초동안 말하기 블록을 가져와 ☐ 염분평균 블록과 결합합니다.

❽ 염분평균값에 따라 판다의 얼굴 모양이 바뀌게 하기 위해서 [제어]에서 만약 ~라면 아니면 블록을 가져오고, 형태에서 모양을 Panda-a▼ (으)로 바꾸기 블록을 가지고와 결합합니다.

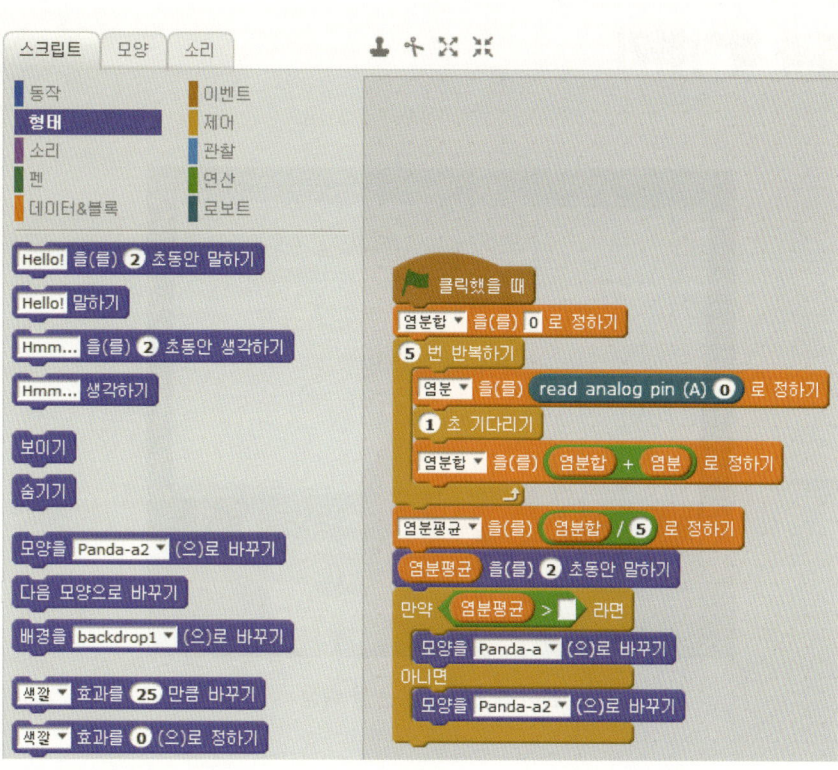

Tips

- 염분평균 > ☐ 블록에서 ☐의 수치는 소금의 양에 따라 또는 다른 환경 요인에 따라 다를 수 있습니다. 그래서 직접 측정을 하고 수치를 어느 정도로 해야 할지 알아보아야 합니다.

- 모양을 Panda-a (으)로 바꾸기 블록에서 Panda-a 그림이 어떤 그림인지 알고 싶으면 모양을 클릭하면 됩니다.

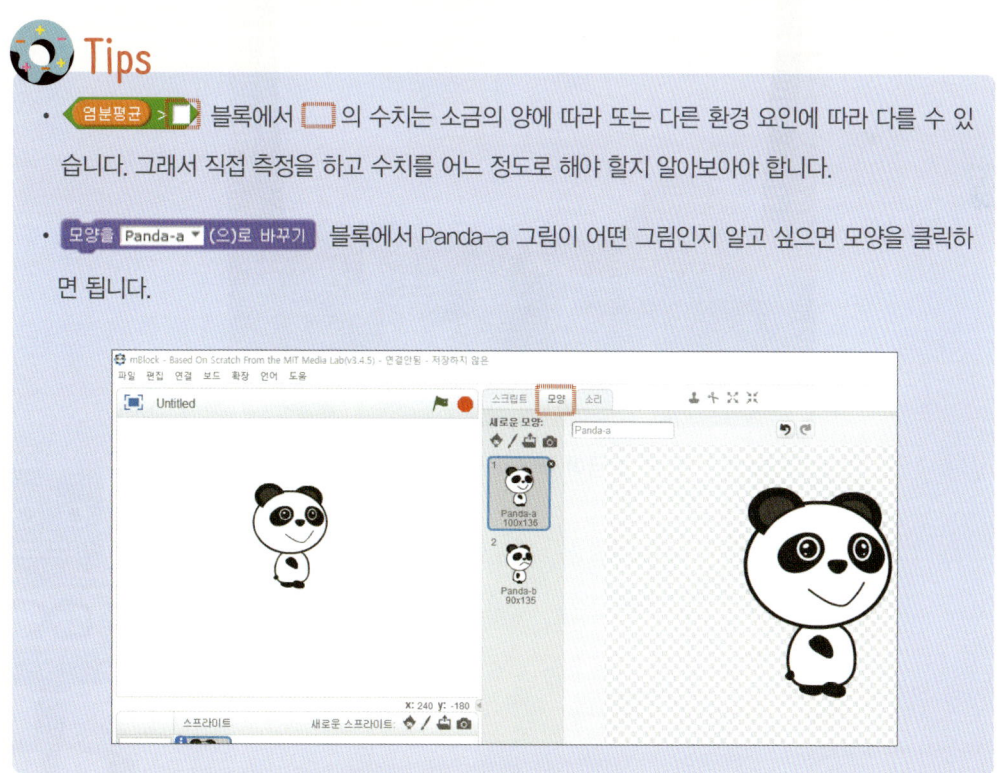

결과 확인하기

소금이 들어가지 않은 물 측정

소금이 들어간 물 측정

염도에 따라 판다의 얼굴 표정 바꾸기

( )학교 ( )학년 ( )반 이름 ( )

1. 염도 센서를 소금이 들어간 물과 소금이 들어가지 않은 물에 넣었을 때 염도에 따라 판다의 얼굴 표정이나 동작이 4단계로 바뀌도록 알고리즘을 만들어 보세요.

(1) 판다의 '모양'을 어떻게 변하게 할 것인지 그림으로 나타내어 보세요.

1단계	2단계	3단계	4단계

(2) 염도에 따라 판다의 '모양'을 변하게 하기 위해 필요한 알고리즘을 만들어 보세요.

클릭했을 때	( )초 기다리기	read analog pin( )
클릭했을 때	( )>( )	( )/( )
무한 반복하기	( )번 반복하기	반복 끝
( )을(를)( )로 정하기		( ) 멈추기
만약 ( )라면 아니면 ( )		변수 만들기
( )을(를)( )초 동안 말하기		무한 반복 끝
모양을 ( )(으)로 바꾸기		

순서	스프라이트 이름: 🏁 클릭했을 때
1	
2	
3	
4	
5	
6	
7	
8	
9	
10	
11	
12	
13	
14	

2 염도에 따라 스프라이트 모양과 효과가 바뀌도록 다양하게 창작해 보세요.

(1) 염도에 따라 달라지는 나만의 스프라이트를 자유롭게 생각하고 나타내 보세요.

구분	1단계	2단계	3단계	4단계
나만의 스프라이트 모양 그려 보기				
색깔				
동작				
형태				

(2) 위의 계획을 실행하기 위해 필요한 알고리즘을 만들어 보세요.

순서	스프라이트 이름: 🚩 클릭했을 때
1	
2	
3	
4	
5	
6	
7	
8	
9	
10	
11	
12	
13	
14	
15	
16	
17	
18	
19	
20	

(3) 스프라이트가 계획한 대로 염도 단계에 맞게 동작하는지 확인해 보고, 친구와 서로 비교해 보세요.

오염도 센서에 대해 알아보고 간이 정수기 만들기

1. 오염도 센서에 대해 알아보고 아두이노와 연결하여 오염도를 측정해 봅시다.
2. 간이 정수기를 만들어 성능이 가장 뛰어난 정수기를 찾아봅시다.

여러분은 두부를 만들어 본 적이 있나요? 콩물이 끓어 오를 때 간수를 약간 넣어 저어주면 뭉글뭉글하게 덩어리가 생깁니다. 두부 틀에 면포를 깔고 이 덩어리를 국자로 떠 옮기면 두부 틀 밖으로 콩물이 빠져나가고 콩 건더기가 안에 남게 되지요. 우리는 일상생활에서 이러한 '체'의 원리를 이용한 것들을 많이 볼 수 있습니다.

채소를 씻어 바구니에 담으면 물만 아래로 빠져나가고, 크기가 다른 알갱이들이 섞여 있을 때에 체를 이용해 분류하기도 합니다. 그런데 눈에 잘 보이지 않는 것들도 걸러낼 수 있을까요? 액체나 기체 속의 이물질을 걸러 내는 장치를 우리는 여과기 또는 필터(filter)라고 부릅니다.

몇 년 전부터 휴대용 정수기에 대한 관심이 높아지면서 많은 종류의 휴대용 정수기가 팔리고 있습니다. 아무리 더러운 물이라도 필터를 통과하면 마실 수 있는 수준으로 걸러주는 정수기는 식수가 부족한 지역의 많은 사람들에게 큰 도움이 될 것입니다. 우리도 오염 물질을 걸러 낼 수 있는 간이 정수기를 만들어 볼까요?

두부 만드는 모습

그리고 앞에서 만든 염도 센서를 이용하여 처음 오염된 물과 정수한 물의 오염도를 비교해 보고 가장 성능이 좋은 정수기를 찾아봅시다.

무엇을 준비해야 하나요?

• 오염된 물 측정을 위한 준비물

❶ 염도 센서
❷ 종이컵
❸ 샴푸 또는 액체 세제

• 정수된 물 측정을 위한 간이 정수기 만들기 준비물

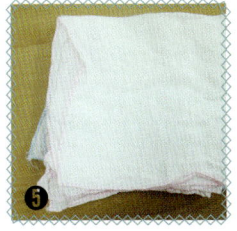
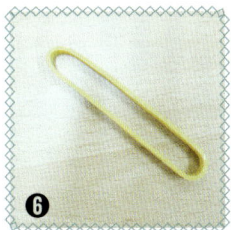

❶ 자갈 ❷ 굵은 모래 ❸ 활성탄 ❹ 참숯을 잘게 부순 것 ❺ 헝겊 여러 장 ❻ 고무줄 ❼ 휴지 ❽ 페트병

PROJECT 4 소프트웨어로 만드는 나만의 간이 정수기

어떻게 연결하나요?

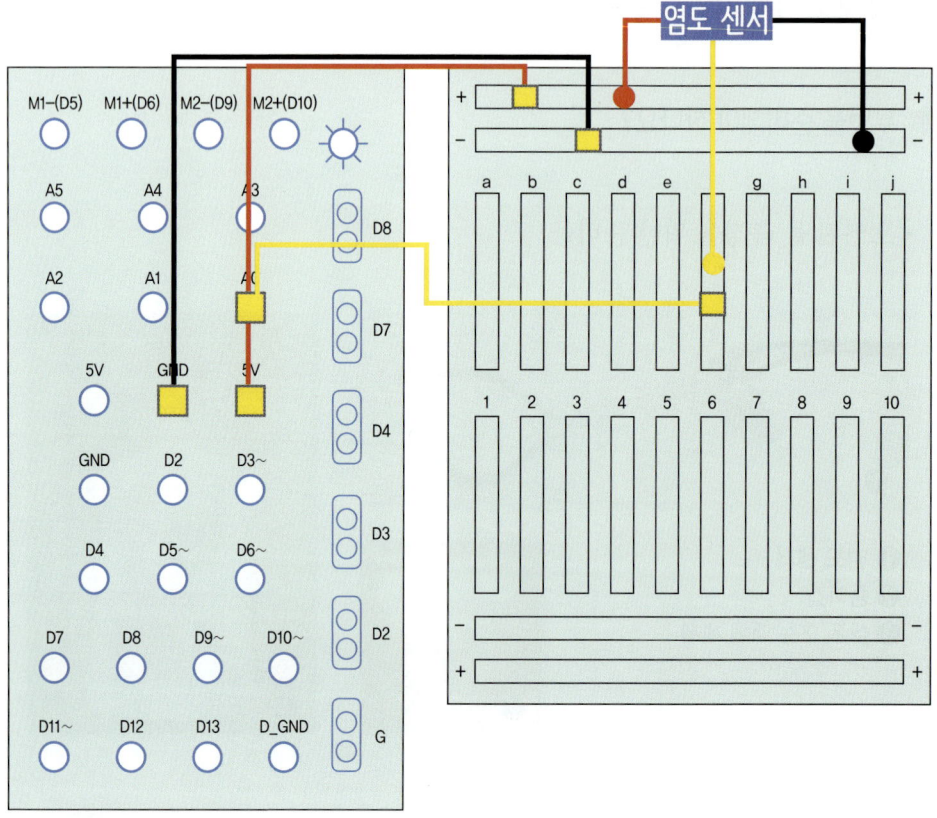

완성이 되면?

 ## 자석 브레드 보드에 연결해 보기

'염도 센서를 만들어 염도 측정해 보기'에서 연결한 절차와 같습니다.

> **Tips**
> 앞에서 만든 염도 센서는 소금물에 넣으면 염도를, 오염이 된 물에 넣으면 오염도를 측정할 수 있습니다.

 ## 간이 정수기 만들어 보기

❶ 먼저 페트병 밑바닥을 가위를 이용하여 자릅니다.

> **주의하기**
> 페트병 밑바닥을 가위로 자를 때 다칠 수 있으니 힘들면 부모님의 도움을 받습니다.

❷ 페트병 입구를 헝겊으로 감싸 고무줄로 단단히 묶어 줍니다.

❸ 휴지를 말아 페트병 입구에 끼워 줍니다(오염 물질을 걸러 주는 작용).

 **Tips**
페트병 밑바닥 방향으로 거즈를 넣고 젓가락을 이용하여 꾹꾹 눌러 주면 더욱 좋습니다.

❹ 아래에 헝겊을 깔고 활성탄을 평평하 게 깔아 줍니다.

❺ 오염 물질이 중간에 한 번 더 걸러지도록 헝겊과 휴지를 넣습니다.

 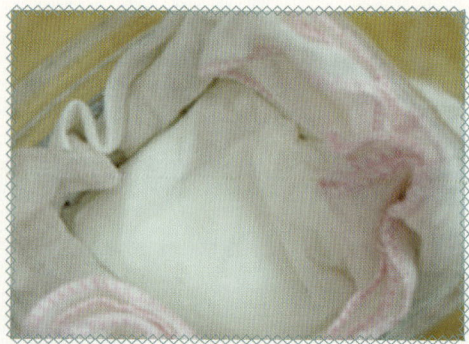

 **Tips**
헝겊을 두껍게 넣으면 오염 물질이 잘 걸러지지만 물이 천천히 내려갑니다.

❻ 잘게 부순 숯을 넣고 ❺의 과정을 반복합니다.

❼ 굵은 모래를 넣고 ❺의 과정을 반복합니다.

❽ 자갈을 넣고 ❺의 과정을 반복합니다. 자갈은 크기가 작은 것부터 차례로 넣습니다.

돌멩이를 넣을 때에는 비교적 작은 크기부터 평평하게 넣는 것이 좋습니다.

❾ 완성된 간이 정수기입니다.

페트병은 세울 수 있는 작은 통을 사용해 정수된 물이 아래로 흘러나오도록 합니다.

 ## 스크래치로 오염된 물과 정수한 물을 비교하는 프로그램 만들어 보기

❶~❺ '염도에 따라 판다의 얼굴 표정 바꾸기' 활동에서의 순서와 같습니다. 단, 혼동이 될 수 있으니 변수 이름을 '오염된값'으로 바꾸어서 사용합니다.

❻ [스크립트]-[연산]에서 ◯/◯ 을 가져와 왼쪽은 [데이터&블록]에 ☑ 합 블록을, 오른쪽은 숫자 5를 입력합니다.

 스크래치로 오염된 물과 정수된 물을 비교하여
오염된 물은 'scream-male1' 소리가 나고 정수한 물은
'laugh-male2' 소리가 나게 해 보기

scream-male1

laugh-male2

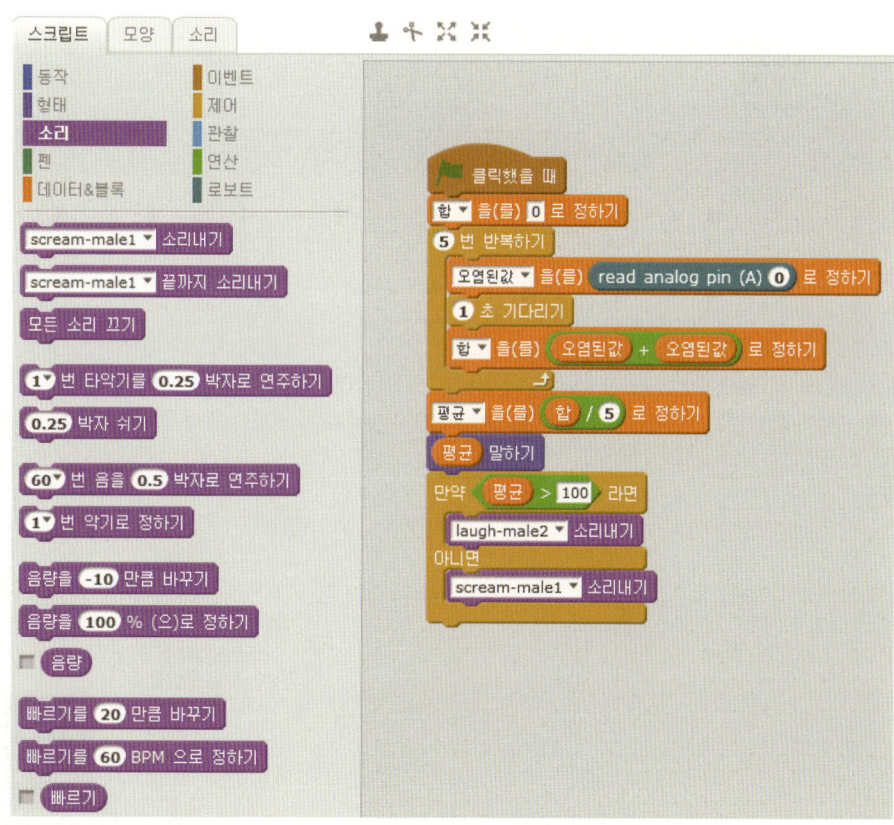

Tips

소리는 ① 클릭, ② 클릭, ③ 클릭하여 가져올 수 있습니다.

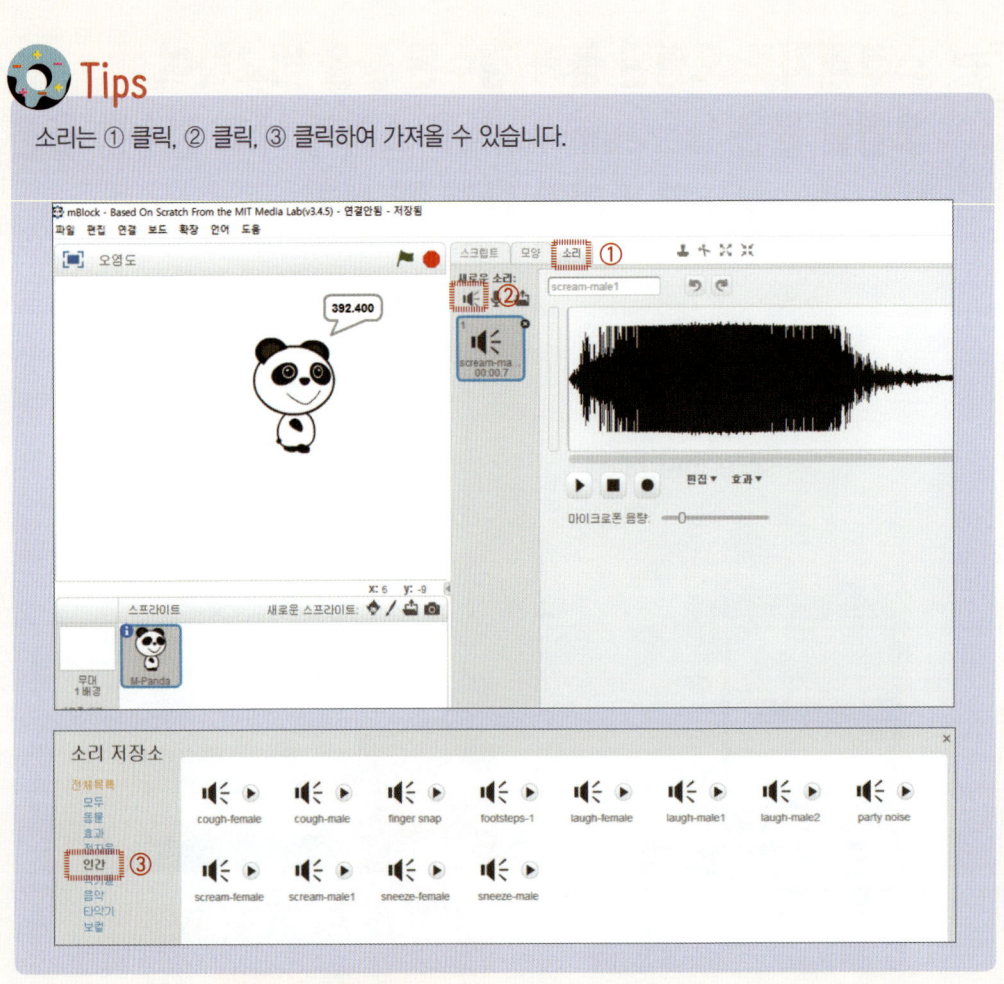

간이 정수기 만들기

( )학교 ( )학년 ( )반 이름 ( )

1. 오염된 물을 측정하기 위해 염도 센서를 만든다고 할 때 보기의 기호를 사용하여 회로도를 연결해 보세요.

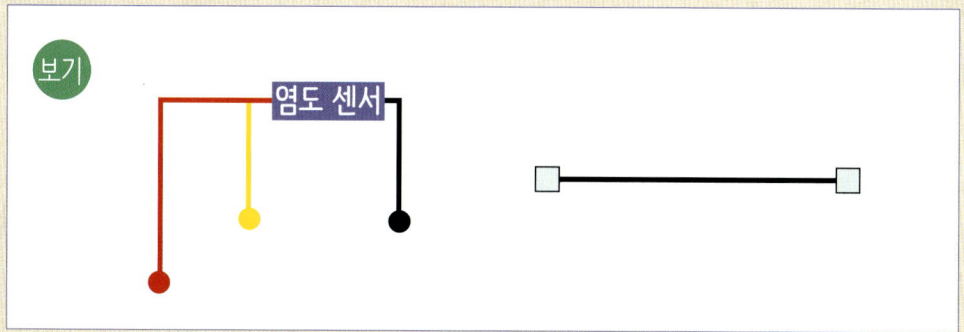

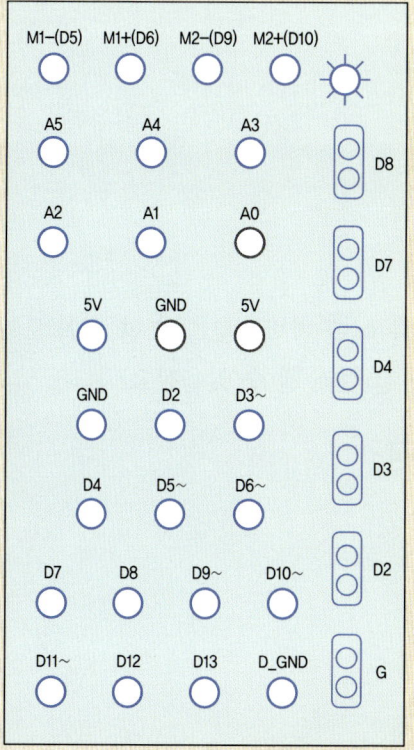

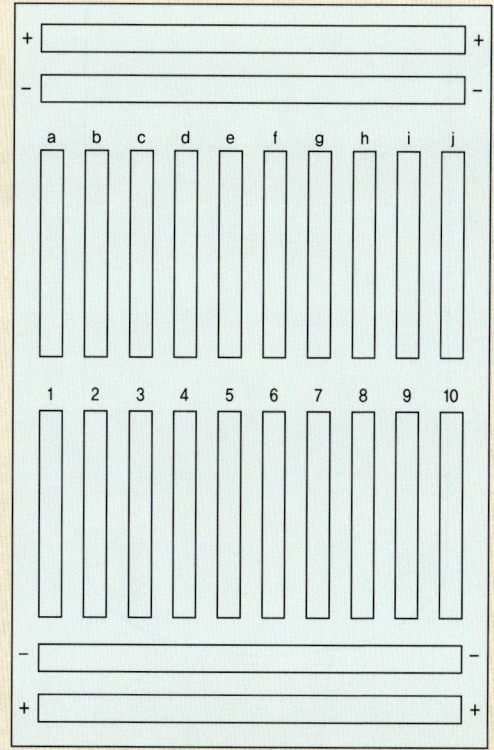

❷ 앞의 '염도 센서를 만들어 염도 측정하기' 활동을 생각해 보세요. 염도 센서는 염도가 높아지면 숫자가 (   )지고 염도가 낮아지면 숫자가 (   )졌습니다. 염도 센서를 오염도 센서로 사용할 수 있을까요? 사용할 수 있다면 그 이유는 무엇일까요?

❸ 모둠별로 성능이 뛰어난 간이 정수기를 만들어 보세요.

(1) 우리만의 간이 정수기 설계하기

- 어떤 재료를 넣으면 정수기의 성능이 더 좋아질까요?

- 재료를 어떤 방법으로 넣으면 오염 물질을 더 잘 걸러 낼 수 있을까요?

(2) 역할을 정하여 정해진 시간 동안 간이 정수기를 만들어 보세요.

① 간이 정수기 만들기	② 프로그래밍
③ 기록	④

역할	맡은 사람

4 간이 정수기로 오염된 물을 걸러 보세요.

(1) 깨끗한 물(정수기 물이나 생수)을 오염도 센서로 값을 측정해 보세요.

　　　　　　측정값 _____

(2) 깨끗한 물에 샴푸나 세제를 넣고 잘 섞은 후 오염도 센서로 값을 측정해 보세요.

1회	2회	3회	4회	5회

(3) 간이 정수기로 정수한 물을 오염도 센서로 값을 측정해 보세요.

1회	2회	3회	4회	5회

(4) 앞서 학습한 '염도에 따라 판다 얼굴 표정 바꾸기'에서 만든 스프라이트를 실행해 보고 오염도에 따라 작동하는지 확인해 보세요.

　　　　　　확인 결과　　○　　×

5 모둠별로 간이 정수기를 만들어 오염된 물을 정수하고, 오염된 물의 측정값을 비교하여 성능이 좋은 정수기를 찾아보세요.

(1) 간이 정수기의 조건

> (   )mL의 오염된 물을 (   )분 동안 (   )mL 이상 정수할 것

(2) 간이 정수기의 성능이 가장 뛰어난 모둠을 찾아보세요.

모둠	측정값

 열두 살의 앱 개발자 토마스 슈어즈

토마스 슈어즈(Thomas Suarez)는 12살에 앱을 만들었습니다. 그는 아주 어릴 때부터 컴퓨터를 만지기를 좋아했으며 컴퓨터 기술들에 푹 빠져 지냈습니다. 토마스 슈어즈는 2010년 앱을 출시하여 주위의 사람들을 놀라게 했습니다. 그가 만든 첫 번째 앱은 사람들의 운세를 지구의 색깔로 점쳐 주는 점쟁이 앱으로, 지구 운세(Earth Fortune)라는 아이패드용 앱이었습니다. 그리고 가장 성공했으며 자신이 가장 좋아하는 버스틴 지버(Bustin Jieber) 앱을 개발했는데, 팝 가수 저스틴 비버(Justin Bieber)의 이름을 살짝 유머 있게 바꾼 앱이었습니다. 이 앱은 학교 친구들이 저스틴 비버를 싫어한다는 것에 착안하여 저스틴 비버의 얼굴을 한 두더지를 잡는 게임이었습니다.

그는 2011년 10월 테드(TED) 강연에서 다음과 같이 말했습니다.

> 제가 앱을 처음 출시했을 때 많은 분들이 어떻게 했는지 질문을 하셨습니다. 대개 그러한 질문을 하시는 분들도 앱을 만들고 싶어 하는 분들입니다. 많은 어린이들이 게임을 좋아하기도 하지만 스스로 게임을 만들고 싶어 합니다. 하지만 쉽지 않은 일이죠. 왜냐하면 대부분의 어린이들이 프로그래밍을 배우러 어디로 가야 할지를 모르기 때문입니다. 축구를 배우고 싶으면 축구 팀에 가입하면 되고, 바이올린을 배우고 싶으면 레슨을 받으면 됩니다. 그런데 앱을 만들려면 어떻게 해야 할까요? 저는 이렇게 했습니다. 기본적인 틀을 알기 위해 파이썬, 자바 같은 여러 프로그래밍 언어들로 프로그래밍을 했습니다. 그때 애플이 아이폰을 출시하였고, 그 아이폰에는 아이폰 앱을 프로그램하고 만들 수 있는 아이폰 소프트웨어 개발 키트라는 툴이 있었습니다. 이것이 저에게 새로운 기회의 문을 열어 주었습니다. 이 소프트웨어 개발 키트를 가지고 놀다가 작은 두 개의 테스트 앱을 만들게 되었던 것입니다.

토마스 슈어즈는 더 많은 앱과 게임을 만들고 싶어 합니다. 앱을 만들기 위해 다른 회사와 함께 일해 보고 싶어 합니다. 그리고 안드로이드 개발에 참여해 보고 싶어 하며, 다른 어린이들과 지식을 같이 나누고 싶어 합니다. 토마스 슈어즈는 가족은 물론이고 선생님, 심지어는 앱스토어 관계자 분들로부터도 관심과 격려를 받고 있습니다. 학교에서는 앱 클럽을 만들어 친구들과 경험을 공유하고 있습니다.

(출처: https://www.ted.com/)

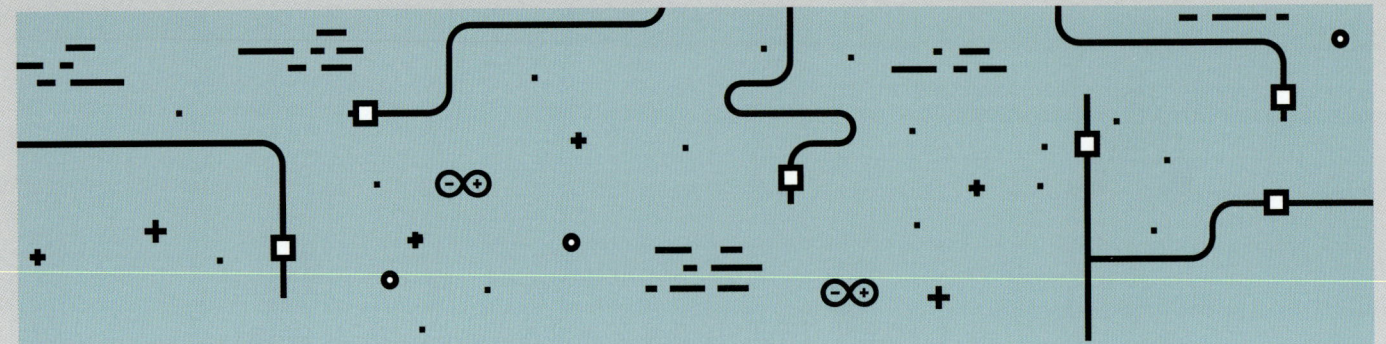

PROJECT 5

아두이노와 스크래치로 메이커 되기

아두이노로 만드는 라인트레이서 로봇

⊕ 활동 목표

아두이노를 이용하여 라인트레이서 로봇을 만들고 선을 자동으로 따라가는 로봇을 만들 수 있다.

⊖ 활동 내용

- 아두이노 라인트레이서 로봇을 조립해 보기
- 라인 감지 센서의 원리 알기
- 자동으로 선을 따라가도록 로봇을 프로그래밍해 보기

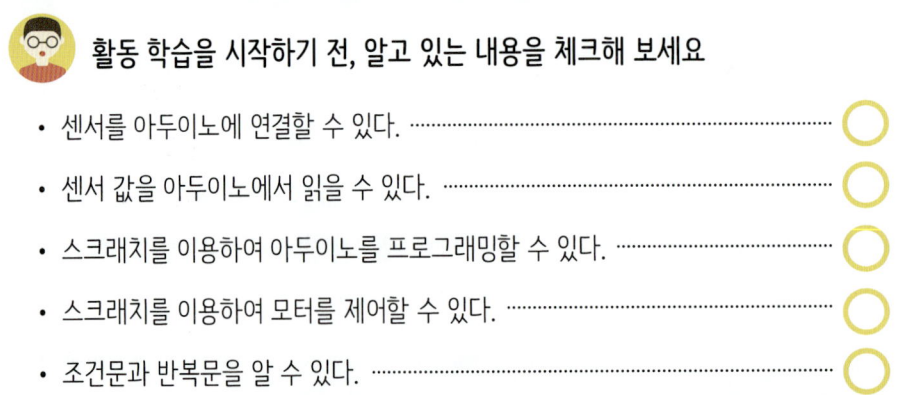

활동 학습을 시작하기 전, 알고 있는 내용을 체크해 보세요

- 센서를 아두이노에 연결할 수 있다. ○
- 센서 값을 아두이노에서 읽을 수 있다. ○
- 스크래치를 이용하여 아두이노를 프로그래밍할 수 있다. ○
- 스크래치를 이용하여 모터를 제어할 수 있다. ○
- 조건문과 반복문을 알 수 있다. ○

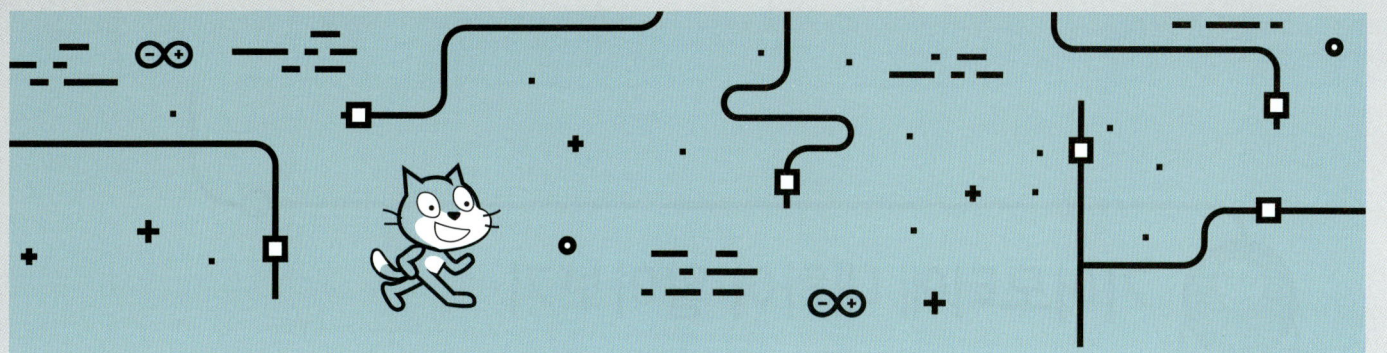

　로봇은 우리 생활에서 점점 더 그 중요성이 커지고 있습니다. 이번 단원에서는 기초적인 로봇을 만들어 보고 모둠 구성원들끼리 경쟁을 해 보겠습니다.
　먼저, 로봇을 구성하는 여러 가지 부품과 제어하는 방법을 알아봅니다. 여기에서는 로봇을 움직이는 데 필요한 기어모터, 라인트레이싱을 위한 센서에 대해 알아봅니다.
　그리고 장애물을 피하여 목적지에 도달하는 로봇을 만들어 봅니다. 여기에서는 근접 센서를 이용해 장애물을 피하고 목적지를 감지하는 방법을 알아본 후 모둠 구성원들과 함께 경기장을 만들어 경기를 해 봅니다.
　마지막으로 검은색 줄을 따라 한 바퀴를 도는 라인트레이싱 로봇을 만들어 봅니다. 친구들과 함께 직접 경기장을 만들고 프로그래밍을 하여 어떤 로봇이 가장 빠른 시간 내에 경기장을 도는지 시합을 통해 알아봅니다.

기어모터에 대하여 알아보기

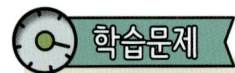

모터의 종류를 알아보고 아두이노를 이용하여 기어모터를 조정해 봅시다.

아두이노에 연결할 수 있는 모터로는 DC 모터, 서보모터, 스텝모터, 기어모터가 있습니다. 먼저 아두이노에 기어모터를 연결하여 조정하는 방법을 알아보겠습니다.

DC 모터 　　　　　　　서보모터 　　　　　　　 기어모터

📎 무엇을 준비해야 하나요?

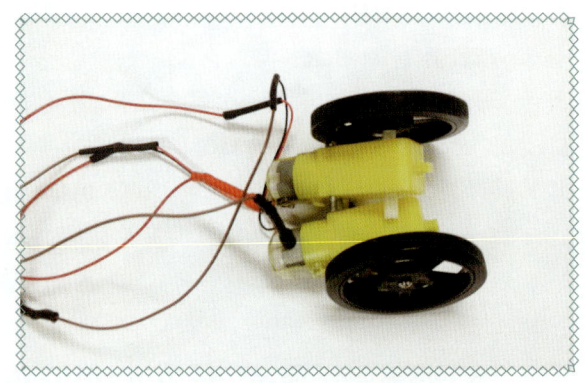

바퀴가 달린 기어모터

어떻게 연결하나요?

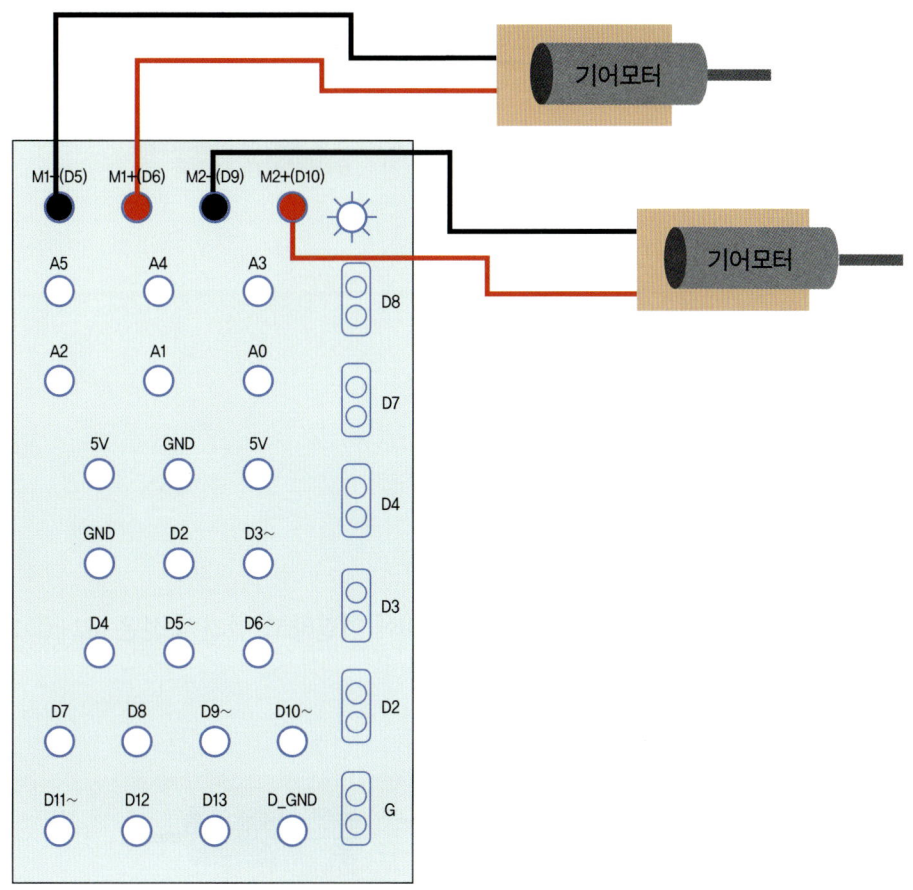

완성이 되면?

PROJECT 5 아두이노로 만드는 라인트레이서 로봇

자석 확장 보드에 연결해 보기

❶ 기어모터의 검은색 선은 M1-(D5)에 연결하고, 빨간색 선은 M1+(D6)에 연결합니다.

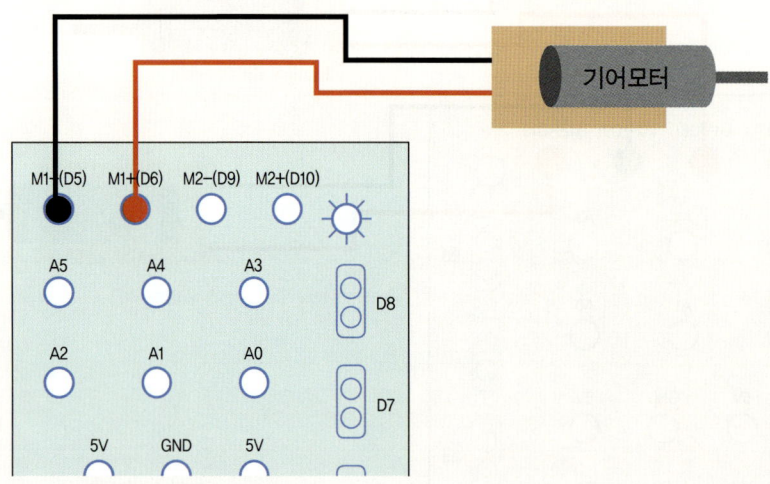

❷ 또 하나의 기어모터의 검은색 선은 M2-(D9)에 연결하고, 빨간색 선은 M2+(D10)에 연결합니다.

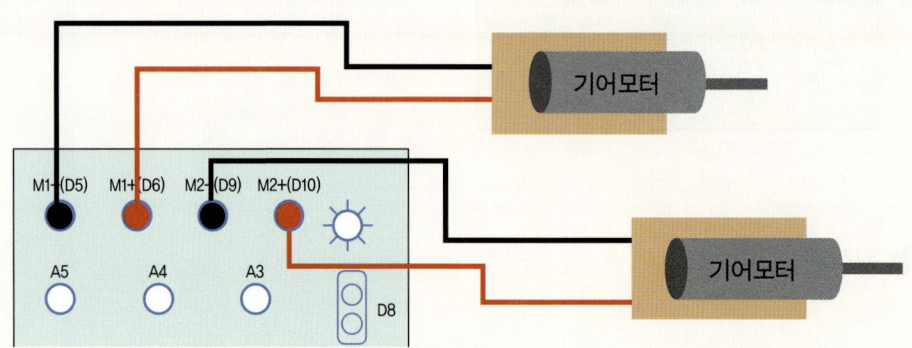

Tips

기어모터는 M1-(D5), M1+(D6)로 연결되어 있지만, 실제로는 아두이노 D5번 포트와 D6번 포트를 이용해 제어합니다. 간단하게 M1-(D5), M1+(D6)는 아두이노 D5번 포트와 D6번 포트의 모터 버전 포트라고 생각하면 됩니다.

 **모터 시계 방향으로 회전하는 블록 프로그래밍하기**

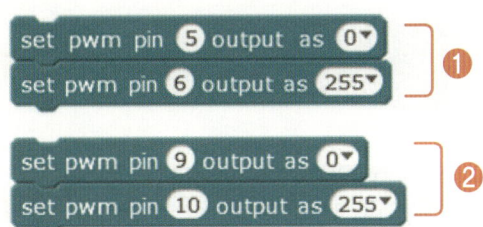

❶ [로봇]에서 `set pwm pin 5 output as 0` 블록을 가지고 옵니다. 이 블록을 복사하여 숫자를 바꿔 `set pwm pin 6 output as 255` 블록을 만들어 붙입니다. 이 블록을 더블클릭하여 첫 번째 모터를 회전시켜 봅니다.

❷ ❶에서 만든 블록을 복사하여 숫자를 바꾼 후에 더블클릭해 봅니다. 두 번째 모터가 돌아가는지 확인해 봅니다.

 **Tips**

- 모터가 돌아가지 않을 때는 손으로 약간 돌려 줍니다.

- USB 전원에 연결하여 모터를 돌리기에는 전력이 약할 수 있습니다. 이때는 9V 건전지 스냅을 연결하여 작동시켜 봅니다. 굉장한 속도로 돌아가는 모터를 확인할 수 있을 것입니다.

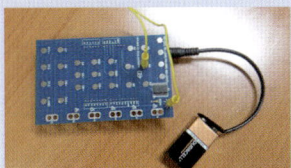

👉 모터 반시계 방향으로 회전하는 블록 프로그래밍하기

`set pwm pin 5 output as 255`
`set pwm pin 6 output as 0` ❶

`set pwm pin 9 output as 255`
`set pwm pin 10 output as 0` ❷

❶ [로봇]에서 `set pwm pin 5 output as 0` 블록을 가지고 옵니다. 숫자를 바꿔서 `set pwm pin 5 output as 255` 블록을 만듭니다. 이 블록을 복사하여 숫자를 바꿔서 `set pwm pin 6 output as 0` 블록을 만듭니다. 두 개의 블록을 붙인 후에 더블클릭합니다. 반시계 방향으로 돌아가는 첫 번째 모터를 확인할 수 있습니다.

❷ ❶에서 만든 블록을 복사한 후에 숫자를 바꿔서  블록을 만들어 더블클릭해 봅니다. 반시계 방향으로 돌아가는 두 번째 모터를 확인할 수 있습니다.

기어모터 제어하기

( )학교 ( )학년 ( )반 이름 ( )

1 다음 모터의 특징을 조사하고 사용되는 곳을 찾아보세요.

모터	특징	사용되는 곳
DC 모터		
서보모터		
기어모터		

2 모터를 시계 방향으로 회전시키려고 합니다. 전선을 그려 넣어 아두이노 확장 보드와 연결해 보세요.

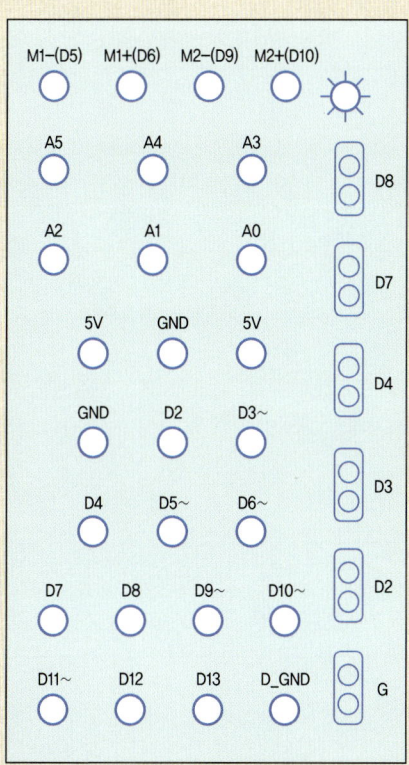

PROJECT **5** 아두이노로 만드는 라인트레이서 로봇 223

❸ ❷에서처럼 모터를 연결하고 다음 블록을 실행해 본 후 결과를 적어 보세요.

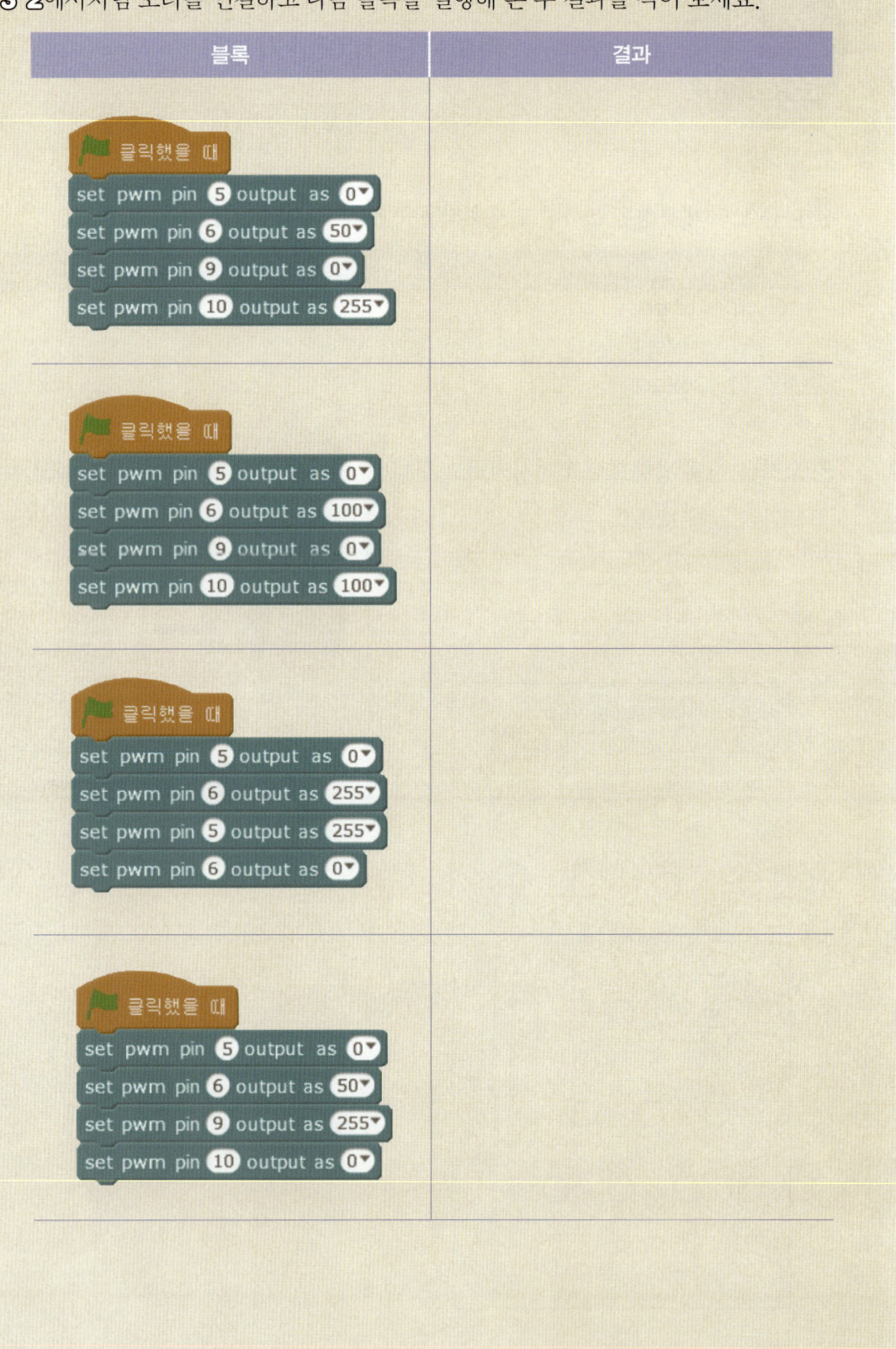

라인 감지 센서(적외선 센서)와 아날로그 거리 센서 알아보기

> **학습문제**
> 회피 로봇에 사용되는 감지 센서와 라인트레이서 센서를 위한 라인 감지 센서(적외선 센서)에 대하여 알아보고, 스크래치 프로그래밍을 이용해 제어해 봅시다.

무엇을 준비해야 하나요?

❶

❷

❸

❶ 라인 감지 센서(적외선 센서 어레이)
❷ 아날로그 거리 센서
❸ 검은색 테이프

어떻게 연결하나요?

PROJECT 5 아두이노로 만드는 라인트레이서 로봇

자석 확장 보드에 연결해 보기

❶ 라인 감지 센서의 빨간색 선은 5V에, 검은색 선은 GND에, 초록색 선에 연결된 Left 센서는 13번 포트에, 노란색 선에 연결된 Center 센서는 12번 포트에 연결합니다. 마지막으로 Right 센서에 연결된 파란색 선은 11번 포트에 연결합니다.

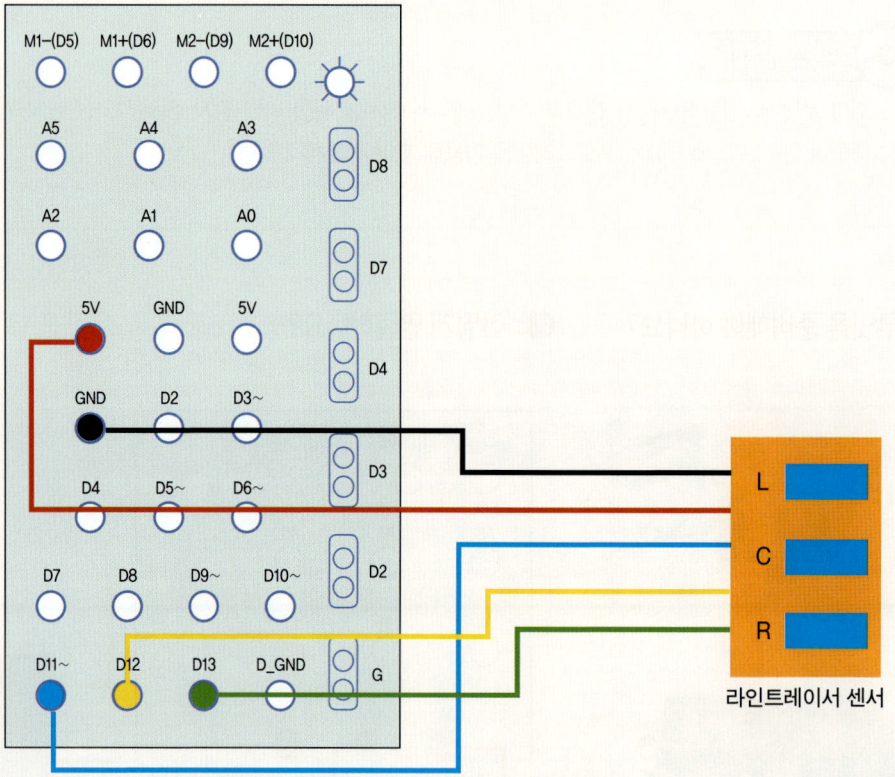

❷ 거리 센서의 노란색 선은 A0 포트에, 빨간색 선은 5V에, 검은색 선은 GND에 연결합니다.

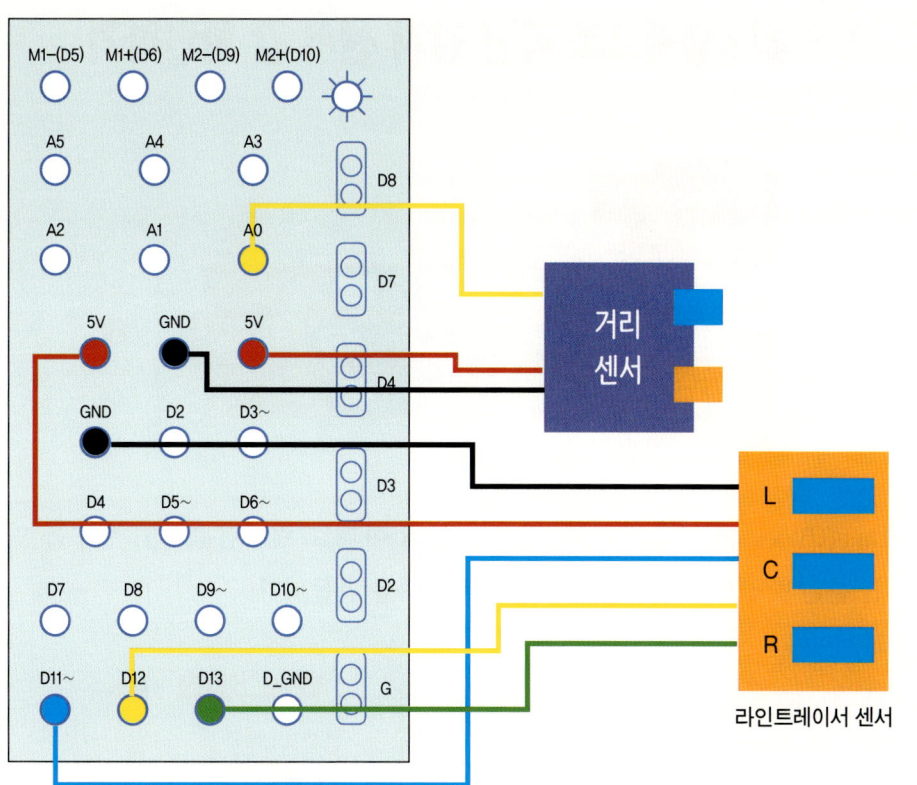

👉 스크래치 블록으로 거리 센서 값 확인하기

[형태]에서 `Hello! 말하기` 블록을 가지고 옵니다. [로보트]에서 `read analog pin (A) 0` 블록을 가지고 와서 `Hello! 말하기` 안에 넣습니다. [제어]에서 `1 초 기다리기` 블록을 가지고 와서 숫자를 '0.1'로 바꿉니다.

스크래치 블록으로 라인 감지 센서 값 확인하기

❶ [Data&Blocks]에서 `변수 만들기` 단추를 눌러 아래 그림처럼 [LEFT] 변수를 만듭니다. 같은 방법으로 [RIGHT], [CENTER] 변수를 만듭니다.

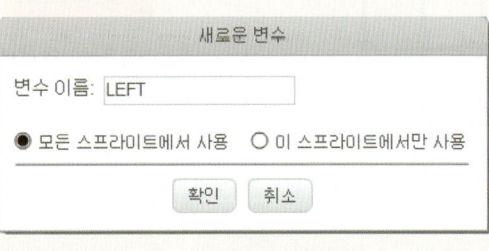

[Data&Blocks]에서 `RIGHT ▼ 을(를) 0 로 정하기` 블록을 가지고 옵니다. [로봇]에서 `read digital pin 9` 블록을 가지고 와서 '9'를 '11'로 바꿉니다. 이 블록을 `RIGHT ▼ 을(를) 0 로 정하기` 블록 안에 넣어 `RIGHT ▼ 을(를) read digital pin 11 로 정하기` 블록을 만듭니다. `RIGHT ▼ 을(를) read digital pin 11 로 정하기` 블록을 복사하여 [RIGHT]를 [CENTER]로 바꾸고 '11'을 '12'로 바꿉니다. 같은 방법으로 블록을 복사하여 [RIGHT]를 [LEFT]로 바꾸고 '11'을 '13'으로 바꾸어 아래처럼 블록을 만듭니다.

로봇을 위한 거리 센서와 라인 감지 센서 알아보기

( )학교 ( )학년 ( )반 이름 ( )

1. 거리 센서를 연결하고 다음 블록으로 실험을 해 보세요. 아래 그림처럼 센서와 손바닥과의 거리를 측정하고 그때의 센서 값을 측정해서 적어 보세요.

 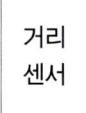 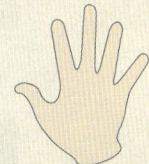

거리	센서 값	거리	센서 값
60cm		20cm	
50cm		10cm	
40cm		5cm	
30cm		3cm	

2. 센서 값은 거리가 멀어질수록 (작아진다, 커진다) 가까워질수록 (작아진다, 커진다)

3. 라인트레이서용 선 감지 센서를 이용하여 다음 실험을 해 보세요. 실험을 위해 검은색 테이프를 평평한 곳에 붙입니다. 센서와 바닥의 검은색 테이프 거리는 2cm 이하로 합니다. 블록을 이용하여 'LEFT', 'CENTER', 'RIGHT' 변수의 값을 조사해 적어 보세요.

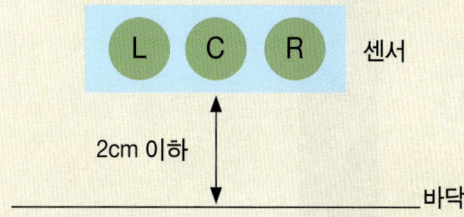

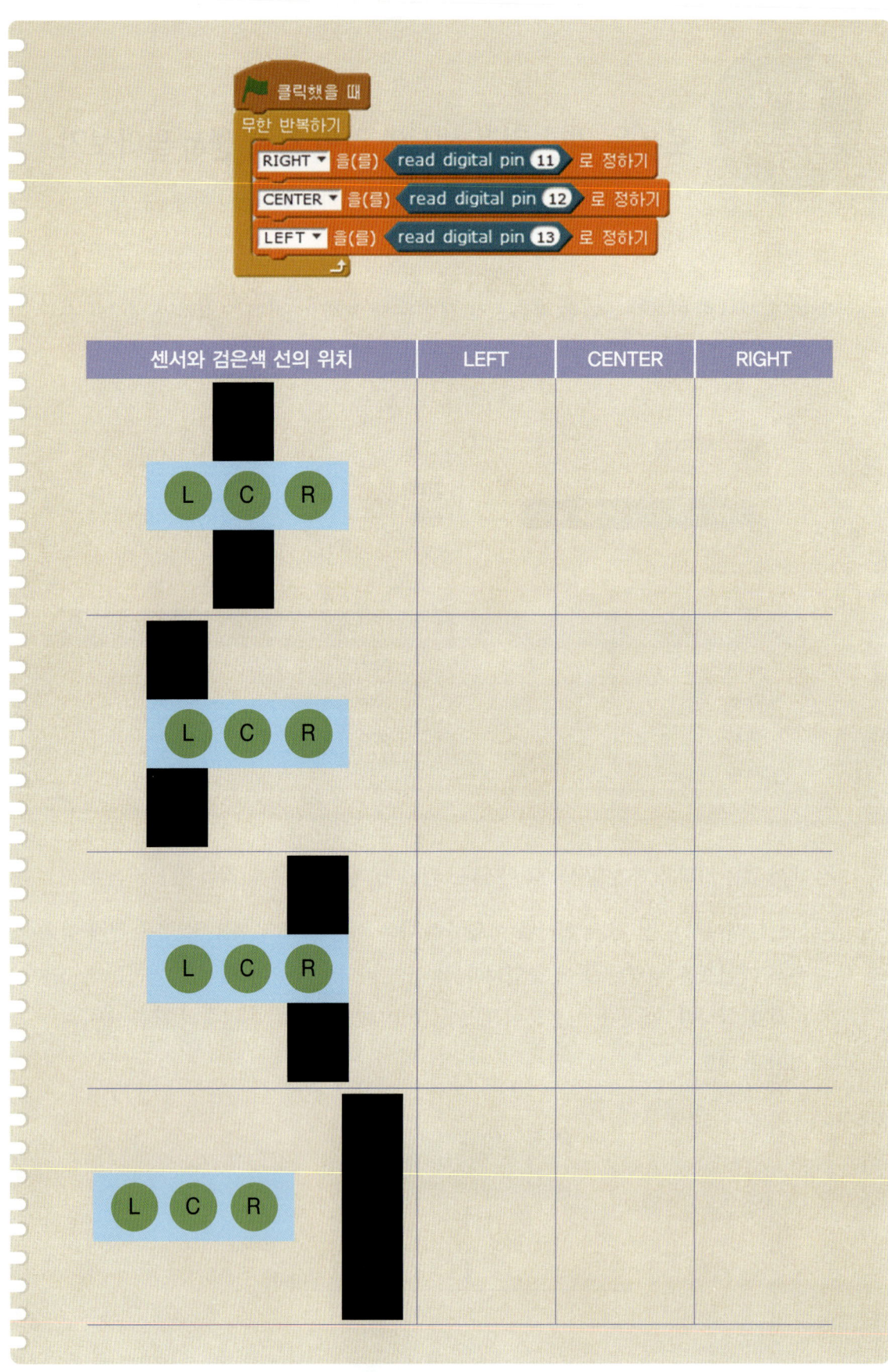

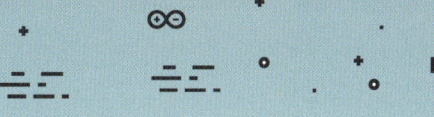

라인 감지 센서(적외선 센서)와 디지털 거리 센서 알아보기

학습문제

회피 로봇에 사용되는 적외선 디지털 센서와 라인트레이서 센서를 위한 라인 감지 센서(적외선 센서)에 대하여 알아보고, 스크래치 프로그래밍을 이용해 제어해 봅시다.

무엇을 준비해야 하나요?

❶

❷

❸

어떻게 연결하나요?

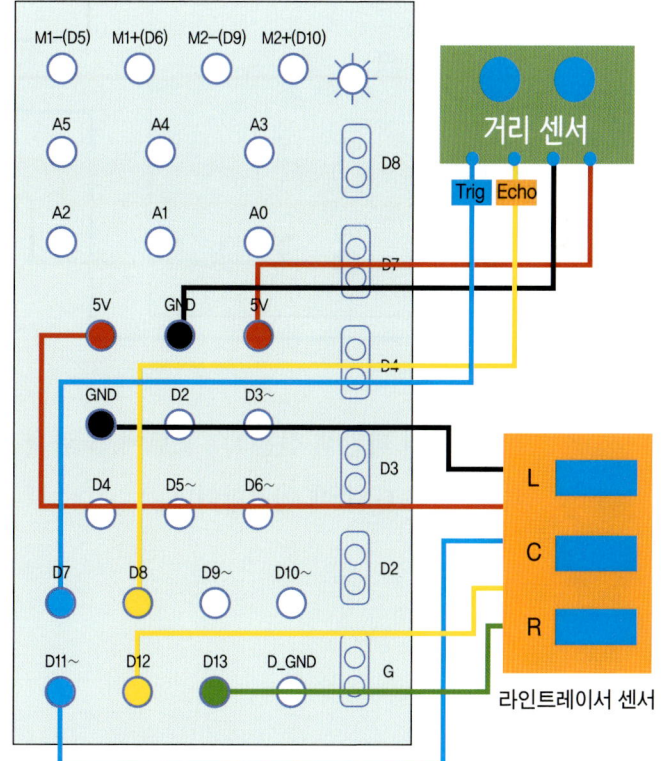

❶ 라인 감지 센서(적외선 센서 어레이)
❷ 아날로그 거리 센서
❸ 검은색 테이프

PROJECT 5 아두이노로 만드는 라인트레이서 로봇 231

자석 확장 보드에 연결해 보기

❶ 라인 감지 센서의 빨간색 선은 5V에, 검은색 선은 GND에, 초록색 선에 연결된 Left 센서는 13번 포트에, 노란색 선에 연결된 Center 센서는 12번 포트에 연결합니다. 마지막으로 Right 센서에 연결된 파란색 선은 11번 포트에 연결합니다.

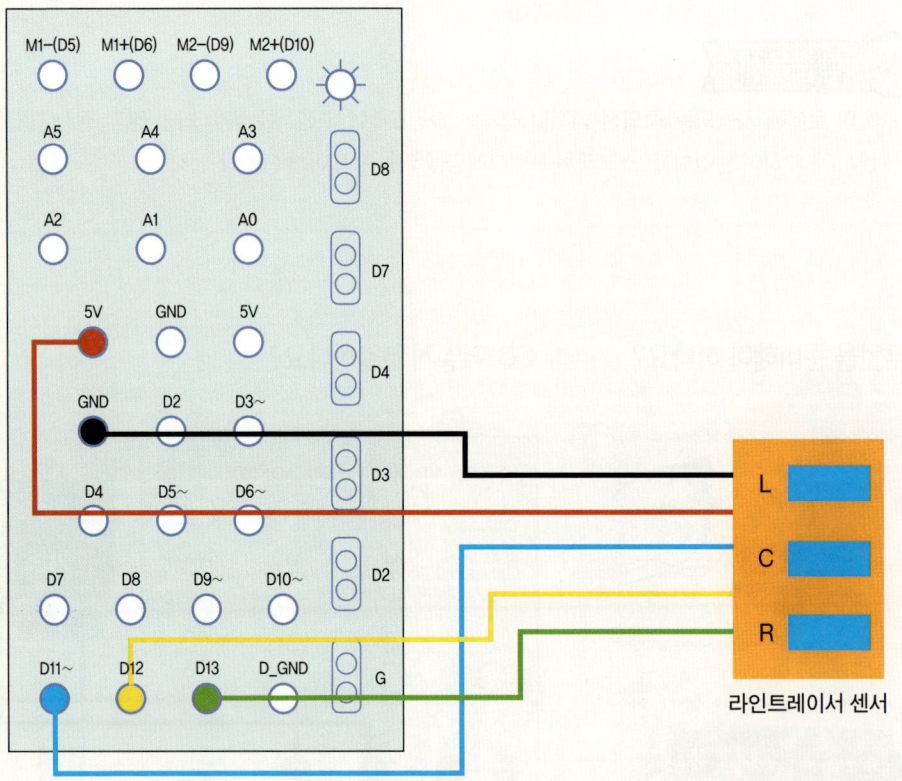

❷ 거리 센서의 파란색 선은 D7 포트에, 노란색 선은 D8 포트에, 빨간색 선은 5V에, 검은색 선은 GND에 연결합니다.

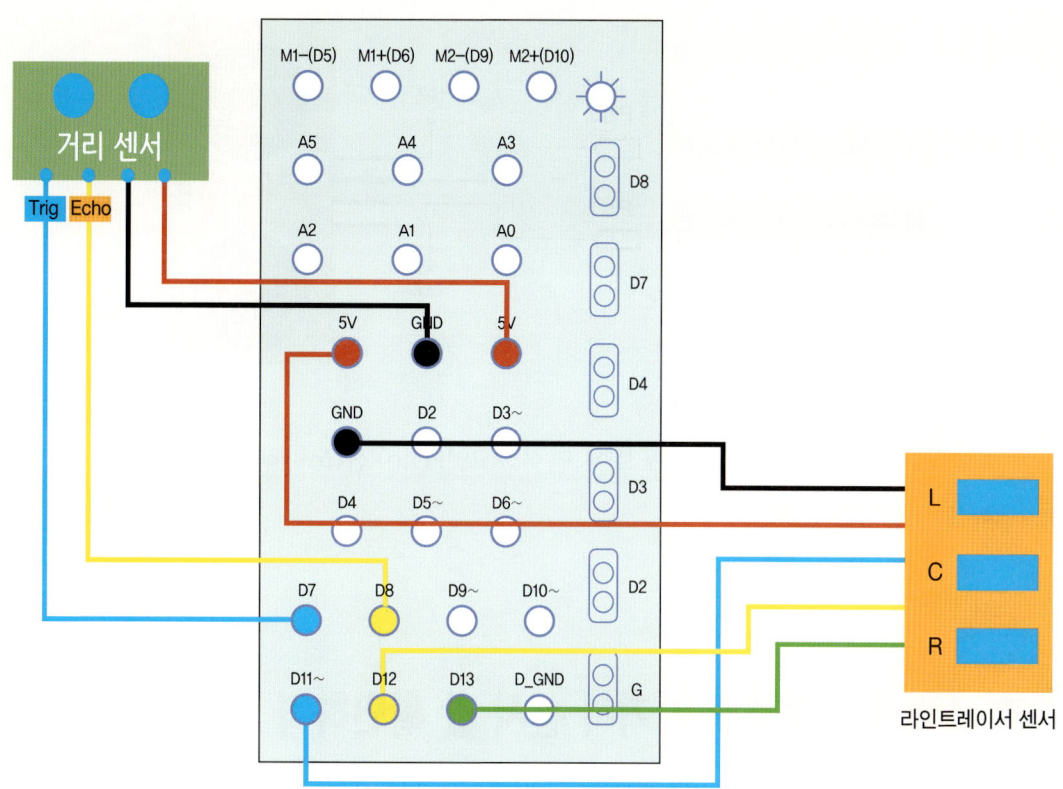

거리 센서는 4개의 연결선을 가지고 있습니다. 그중에서 중요한 것은 초음파를 발사하는 'Trig' 핀과 반사된 초음파를 감지하는 'Echo' 핀이 있습니다. 아래 그림은 거리 센서가 초음파에 의해 거리를 측정하는 원리를 나타내고 있습니다. 'Echo' 핀을 통해 거리를 측정한다는 것을 기억하세요.

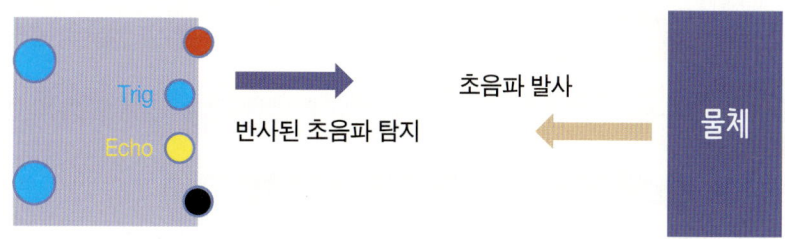

그러므로 D7번 핀을 통해 초음파를 발사하고 D8번 포트를 이용해 값을 읽어 오면 거리를 측정할 수 있습니다.

PROJECT 5 아두이노로 만드는 라인트레이서 로봇   233

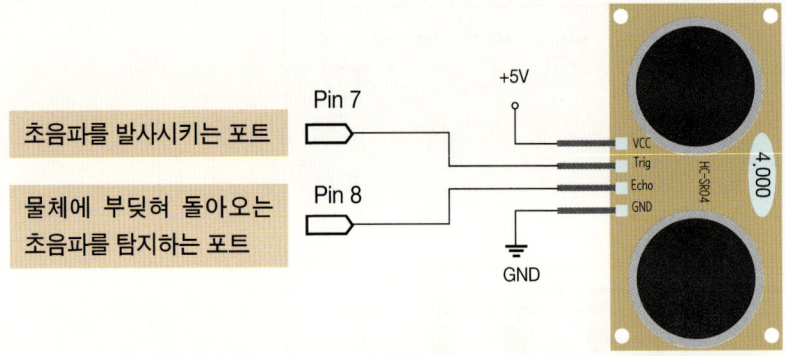

'Trig' 선(파란색 선)은 D7번 포트에 연결하고, 'Echo' 선(노란색 선)은 D8번 포트에 연결합니다.

👉 스크래치 블록으로 거리 센서 값 확인하기

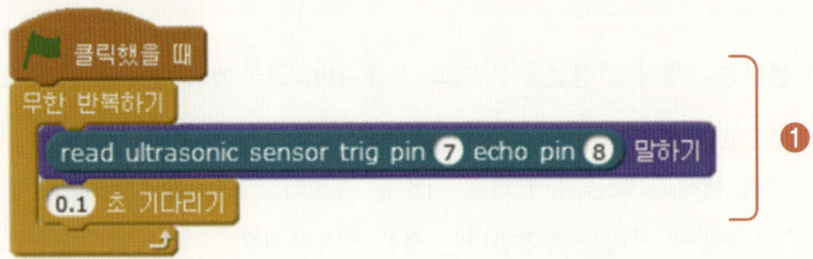

① [이벤트]에서 `클릭했을 때` 블록을 가져옵니다. 이 블록을 [제어]에서 가져온 `무한 반복하기` 블록과 결합합니다. [형태]에서 `Hello! 말하기` 블록을 가지고 옵니다. [로보트]에서 `read ultrasonic sensor trig pin 13 echo pin 12` 블록을 가지고 와서 trig pin 값을 '13'에서 '7'로 바꾸고, echo pin 값을 '12'에서 '8'로 바꿉니다. 바꾼 후에 블록을 `Hello! 말하기` 블록 안에 넣습니다. [제어]에서 `1 초 기다리기` 블록을 가지고 와서 숫자를 '0.1'로 바꿉니다. 🏁을 클릭하여 프로그램을 실행시켜 봅니다. 거리가 cm 단위로 측정됩니다.

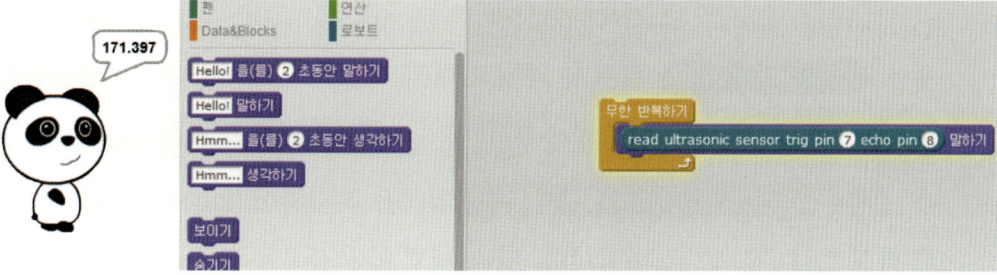

스크래치 블록으로 라인 감지 센서 값 확인하기

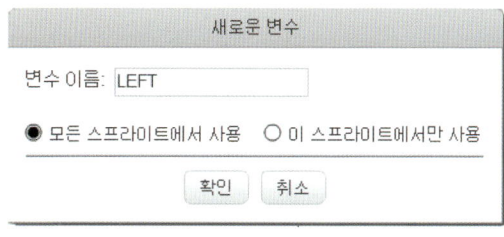

❶ [Data&Blocks]에서 변수만들기 단추를 눌러 아래 그림처럼 [LEFT] 변수를 만듭니다. 같은 방법으로 [RIGHT], [CENTER] 변수를 만듭니다.

[Data&Blocks]에서 `RIGHT▼ 을(를) 0 로 정하기` 블록을 가지고 옵니다. [로보트]에서 `read digital pin 9` 블록을 가지고 와서 '9'를 '11'로 바꿉니다. 이 블록을 `RIGHT▼ 을(를) 0 로 정하기` 안에 넣어 `RIGHT▼ 을(를) read digital pin 11 로 정하기`을 만듭니다. `RIGHT▼ 을(를) read digital pin 11 로 정하기` 블록을 복사하여 [RIGHT]를 [CENTER]로 바꾸고 '11'을 '12'로 바꿉니다. 같은 방법으로 블록을 복사하여 [RIGHT]를 [LEFT]로 바꾸고 '11'을 '13'으로 바꾸어 아래처럼 블록을 만듭니다.

```
RIGHT▼ 을(를) read digital pin 11 로 정하기
CENTER▼ 을(를) read digital pin 12 로 정하기
LEFT▼ 을(를) read digital pin 13 로 정하기
```

복잡해 보이지만 설명대로 따라하면 쉽게 할 수 있어요.

로봇을 위한 디지털 거리 센서와 라인 감지 센서 알아보기

(　　　　)학교 (　)학년 (　)반 이름(　　　　)

1 디지털 거리 센서의 핀의 역할을 알아보세요.

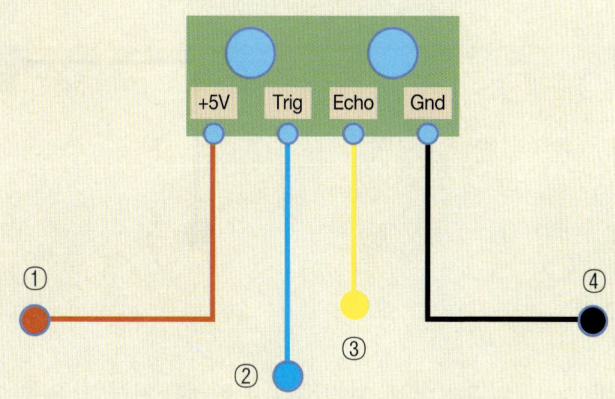

핀	역할
①	
②	
③	
④	

2 Trig 핀을 7번에, Echo 핀을 8번에 연결한다고 할 때, 회로 연결 그림을 그려 보세요.

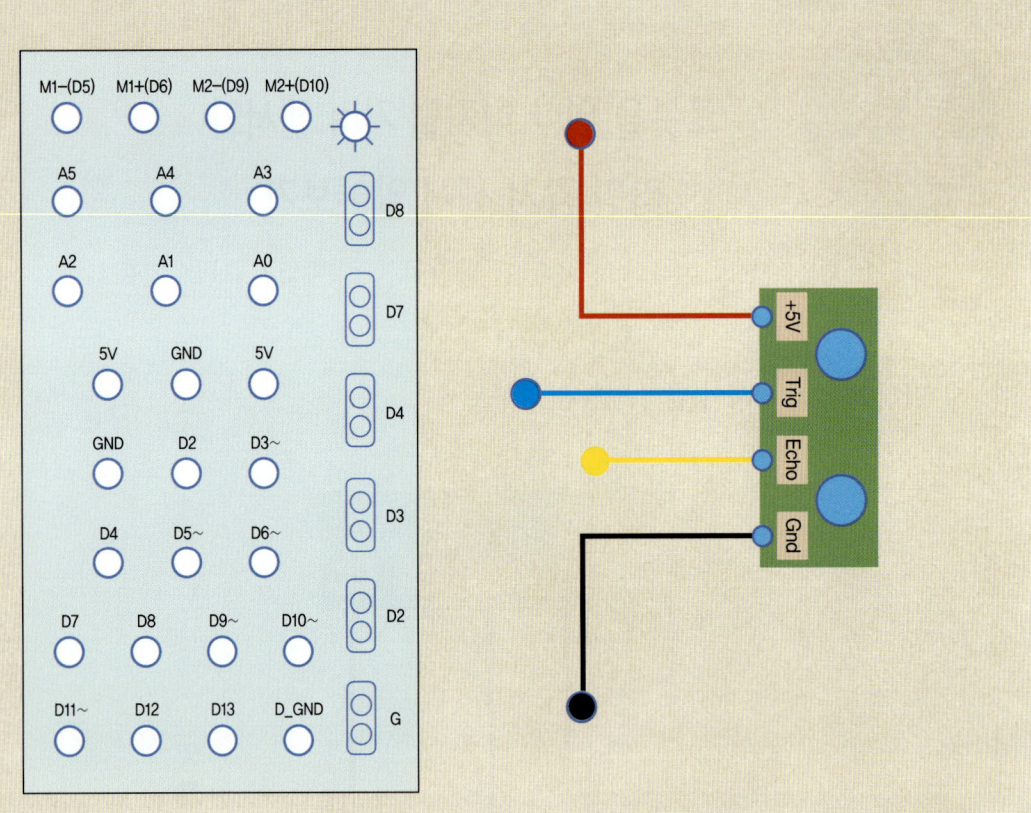

3 Trig 핀을 7번에, Echo 핀을 8번에 연결한다고 할 때, 거리 값을 확인하는 프로그램을 만들려고 합니다. 빈칸에 알맞은 숫자를 적어 보세요.

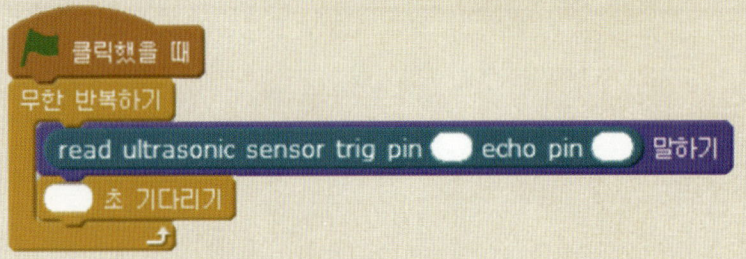

4 거리 센서를 연결하고 실험을 해 보세요. 아래 그림처럼 센서와 손바닥과의 거리를 측정하고 그때의 센서의 값을 측정해서 적어 보세요.

| 거리 센서 | 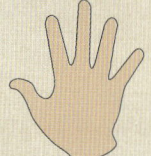 |

거리	센서 값	거리	센서 값
60cm		20cm	
50cm		10cm	
40cm		5cm	
30cm		3cm	

센서 값의 최소 오차	
센서 값의 최대 오차	
센서 값의 오차의 범위	

5 라인트레이서용 선 감지 센서를 이용하여 다음 실험을 해 보세요. 실험을 위해 검은색 테이프를 평평한 곳에 붙이도록 합니다. 센서와 바닥의 검은색 테이프는 2cm 이하로 합니다. 아래 블록을 이용하여 'LEFT', 'CENTER', 'RIGHT' 변수의 값을 조사하여 적어 보세요.

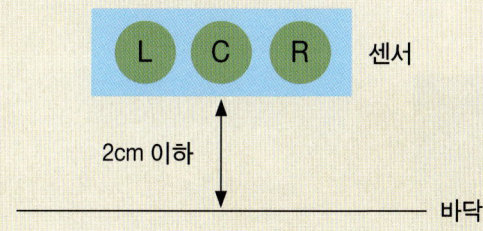

센서와 검은색 선의 위치	LEFT	CENTER	RIGHT

로봇을 조립하고
회피 로봇 프로그램 만들기

아두이노 로봇을 조립하고 회피 로봇 프로그램을 만들어 봅시다.

아두이노를 이용해 라인트레이서 로봇을 만들어 봅니다. 필요한 부품을 확인하고 로봇 플랫폼에 센서와 바퀴를 달아 봅니다.

무엇을 준비해야 하나요?

❶ 로봇 조립 부품 ❷ 롱노우즈
❸ 로봇 조립 십자드라이버

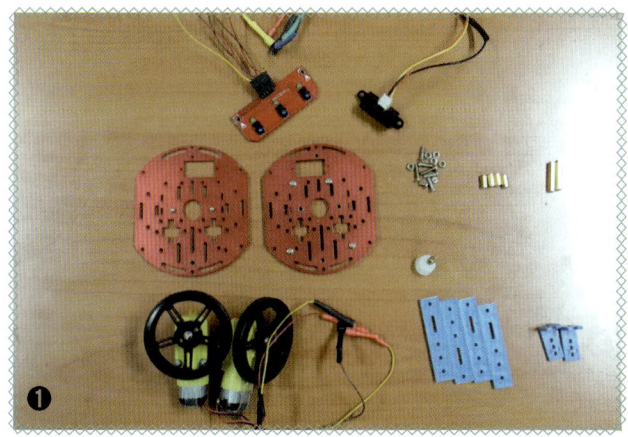

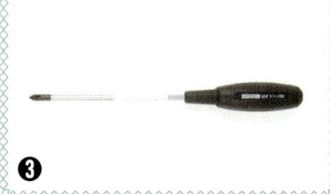

PROJECT 5 아두이노로 만드는 라인트레이서 로봇　241

🔌 아날로그 거리 센서를 연결하는 경우, 어떻게 연결하나요?

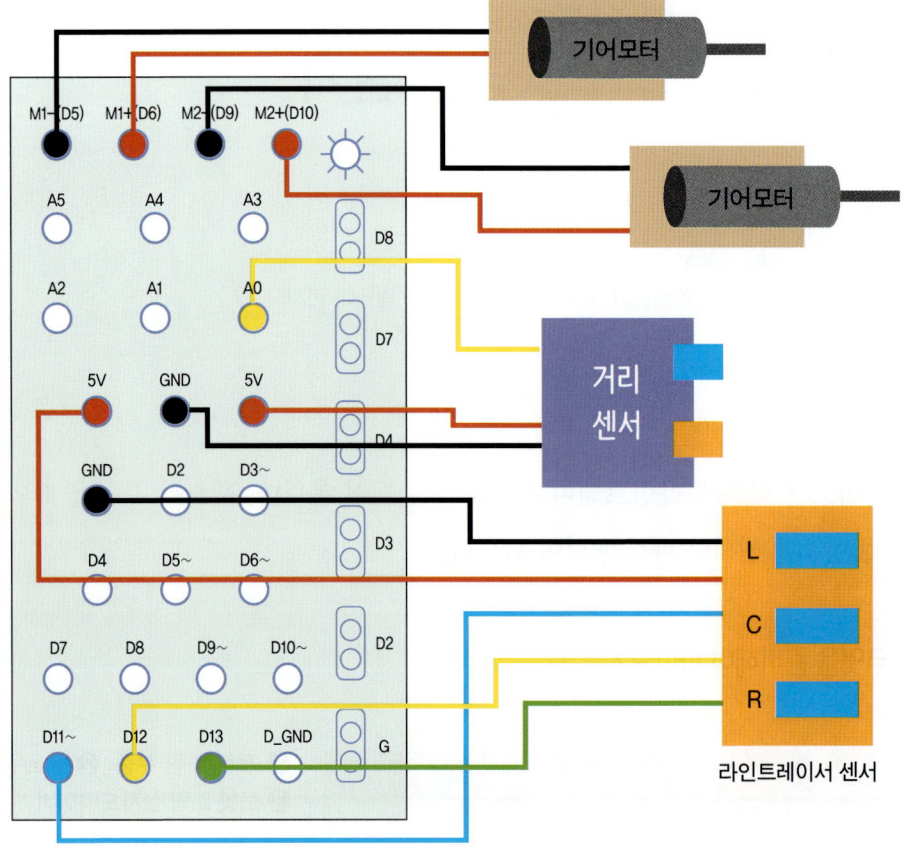

🔌 완성이 되면?

아날로그 거리 센서로 만든 경우

디지털 거리 센서를 연결하는 경우, 어떻게 연결하나요?

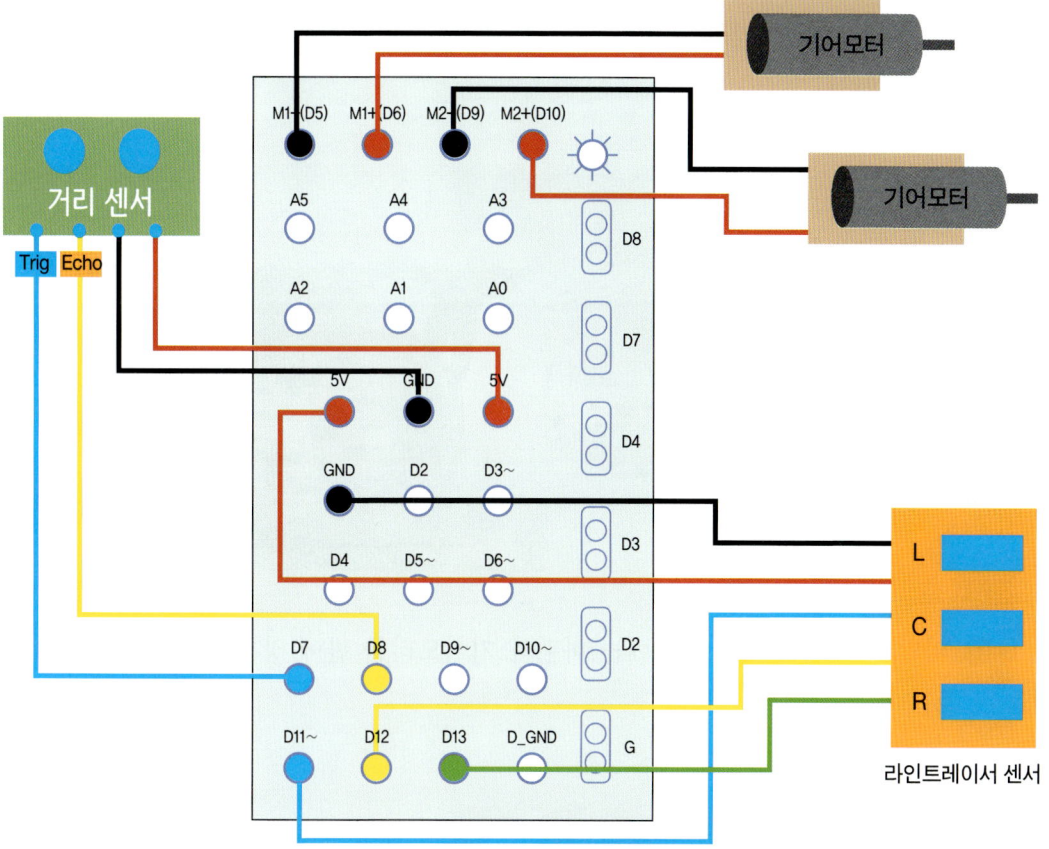

완성이 되면?

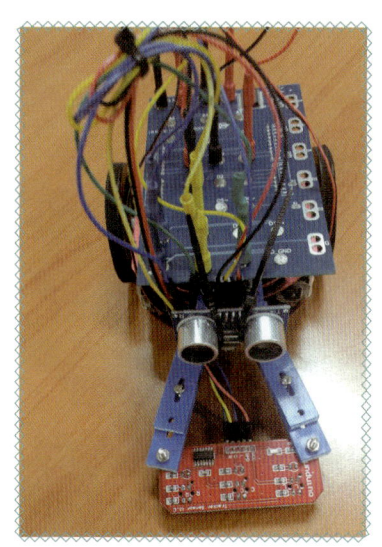

디지털 거리 센서로 만든 경우

👉 로봇을 조립해 보기

❶ 두 개의 플레이트 중에서 한 개를 골라 아래쪽에 균형을 맞추는 바퀴를 답니다. 바퀴를 고정시키기 위해서 반대쪽 너트를 끼우고 롱노우즈를 이용해 너트를 돌려서 조입니다.

❷ 바닥에 바퀴를 조립한 후에는 바퀴와 기어모터를 판에 장착합니다. '홈'에 맞춰 끼우면 장착됩니다.

❸ 나머지 바퀴도 같은 방법으로 끼웁니다. 모터의 앞쪽이 바닥 바퀴 쪽으로 가게 끼웁니다.

❹ 상판으로 끼우기 전에 아두이노 고정을 위한 상판 나사를 장착합니다.

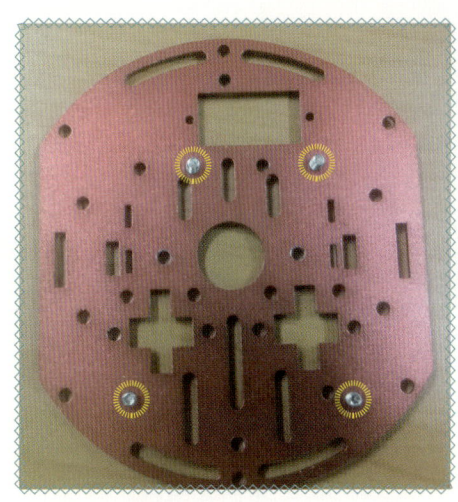

노란색 원에 나사 다리가 위쪽으로 가도록 나사를 끼웁니다. 아두이노를 고정하기 위해서는 반드시 노란색 원에 나사를 끼워야 합니다.

❺ 모터의 홈에 맞게 상판을 끼웁니다. 끼운 후에는 나사를 나사 구멍에 넣고 드라이버로 고정시킵니다.

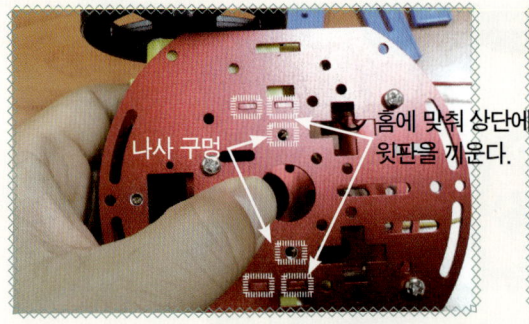 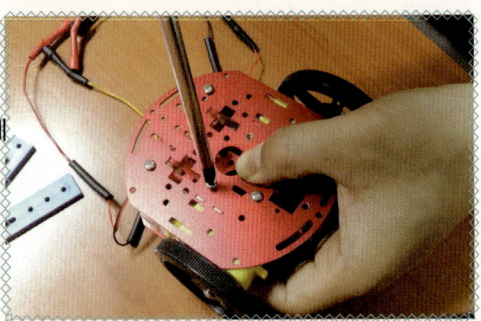

❻ 라인트레이서용 적외선 센서를 장착합니다.

라인트레이서용 센서, 플라스틱 막대 4개, 볼트, 너트를 준비합니다.

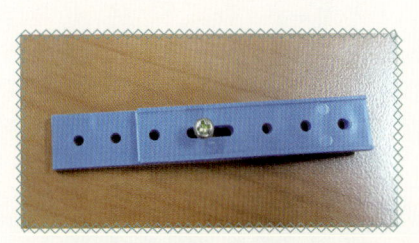 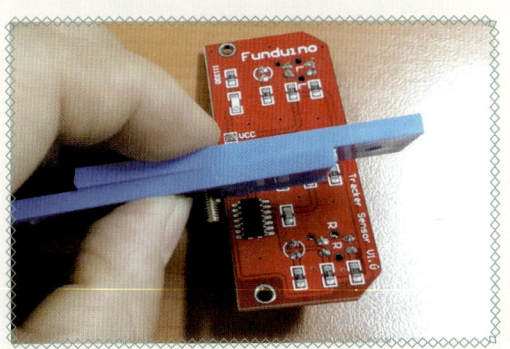

두 개의 플라스틱 막대를 나사를 이용하여 끼우고 센서 뒷면의 나사 구멍에 끼웁니다.

센서의 앞쪽에서 너트를 이용하여 고정시킵니다.

라인트레이서 센서에 플라스틱을 장착한 모습입니다.

플라스틱 막대를 로봇 플랫폼 밑판에 나사를 이용해 연결합니다.

플랫폼의 밑판의 아래쪽에서 볼트를 이용하여 센서를 고정시킵니다.

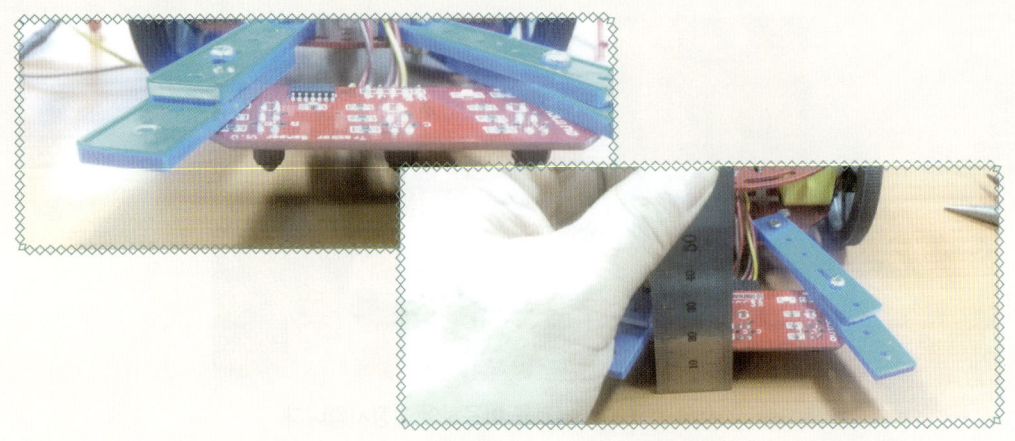

라인트레이서용 센서가 바닥에서 너무 멀리 떨어지면 검은색 면을 인식할 수 없습니다. 바닥에서 1.5cm 정도 떨어지는 것이 좋습니다.

❼-① 아날로그 거리 센서를 로봇 플랫폼에 장착합니다.

거리 센서, 나사, 고정 플라스틱 구조물을 준비합니다.

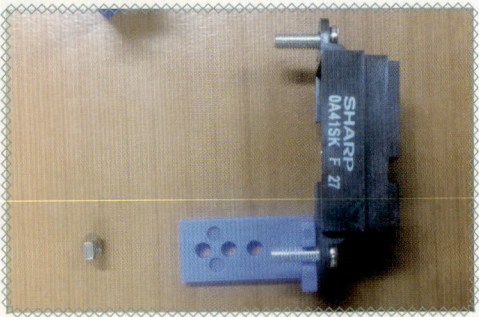

플라스틱 구조물과 센서를 나사를 이용해 연결합니다.

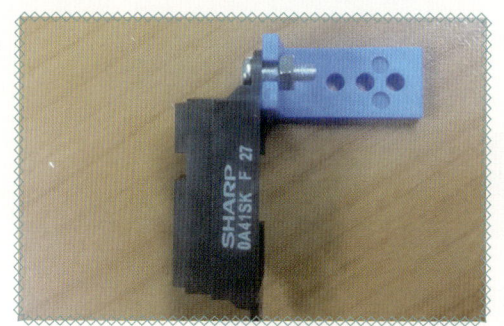 

두 개의 플라스틱 구조물을 볼트를 이용해 센서에 고정시킵니다.

거리 센서를 나사를 이용해 플랫폼 윗판에 끼웁니다.

나사를 끼운 후에 윗판의 밑면에서 볼트를 이용하여 거리 센서를 고정시킵니다.

❼-② 디지털 거리 센서를 고정시킵니다.

디지털 거리 센서와 준비물

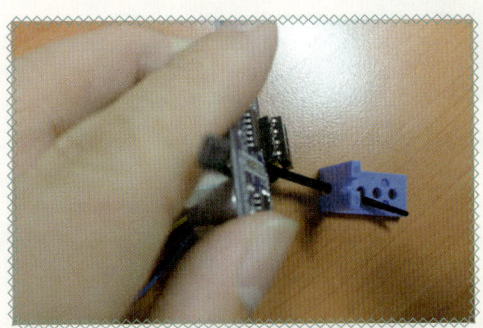
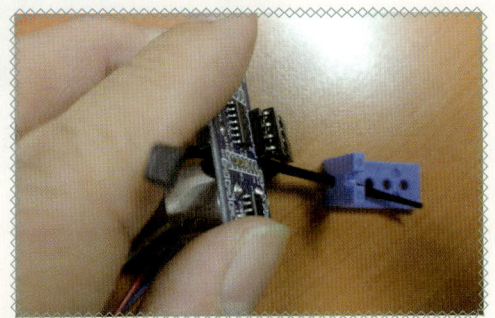

케이블 타이를 센서와 구조물의 구멍에 끼워 묶습니다.

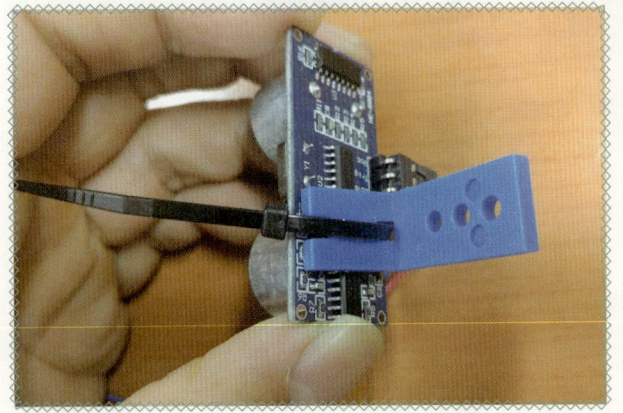

같은 방법으로 나머지 한 개의 구조물도 케이블 타이를 이용해 센서에 묶습니다.

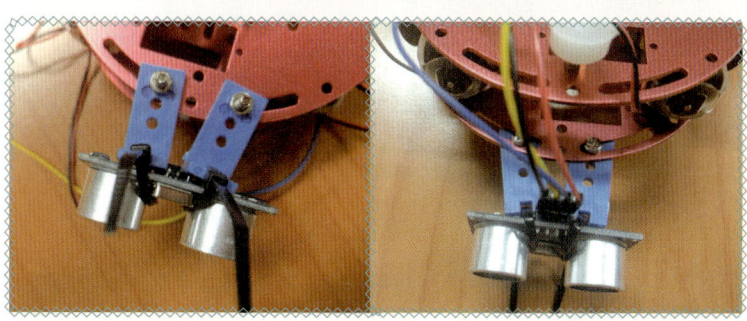

나사를 이용해 상판에 앞에서 만든 센서를 고정시킵니다.

❽ 상판에 아두이노를 고정합니다.

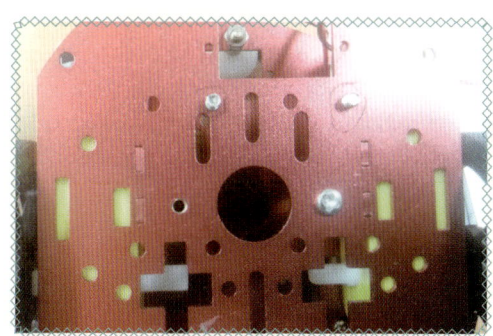 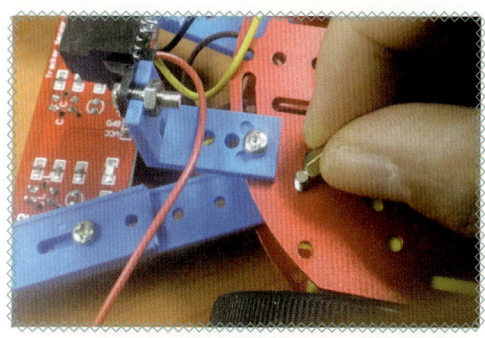

윗판의 나사를 이용해 4개의 기둥을 세웁니다. 기둥을 세우는 이유는 아두이노를 고정시키는 것과 아두이노 기판이 금속에 닿아 전기가 흐르는 것을 막기 위해서입니다.

PROJECT 5 아두이노로 만드는 라인트레이서 로봇

세운 기둥의 위치와 일치하게 아두이노를 올려 놓습니다.
아두이노는 아두이노 우노에 있는 4개의 구멍과 맞도록 만들어져 있습니다.

아두이노를 기둥 위 아두이노 나사 구멍에 맞춰 올리고 나사를 이용해 고정시킵니다.

나사를 이용해 고정시킨 모습입니다.

모터, 센서를 연결하기 위한 자석 확정 보드를 아두이노에 장착합니다.

❾-① 아두이노에 모터, 아날로그 거리 센서를 센서 연결 방법을 참고하여 연결합니다.

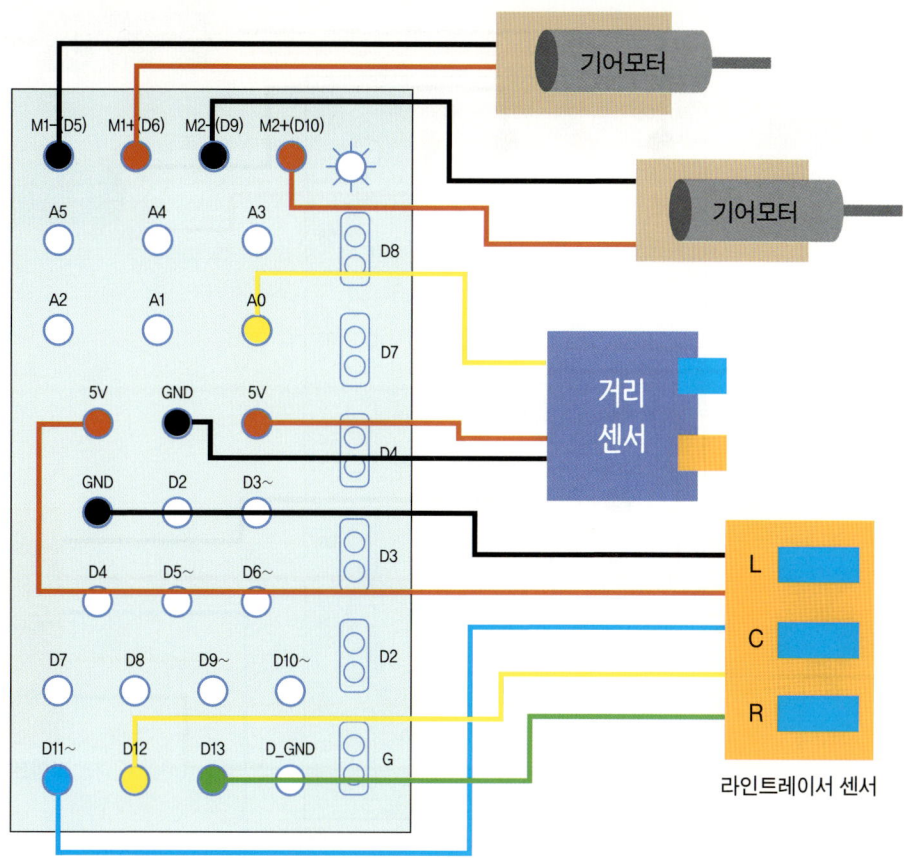

❾-② 아두이노에 모터, 디지털 거리 센서를 센서 연결 방법을 참고하여 연결합니다.

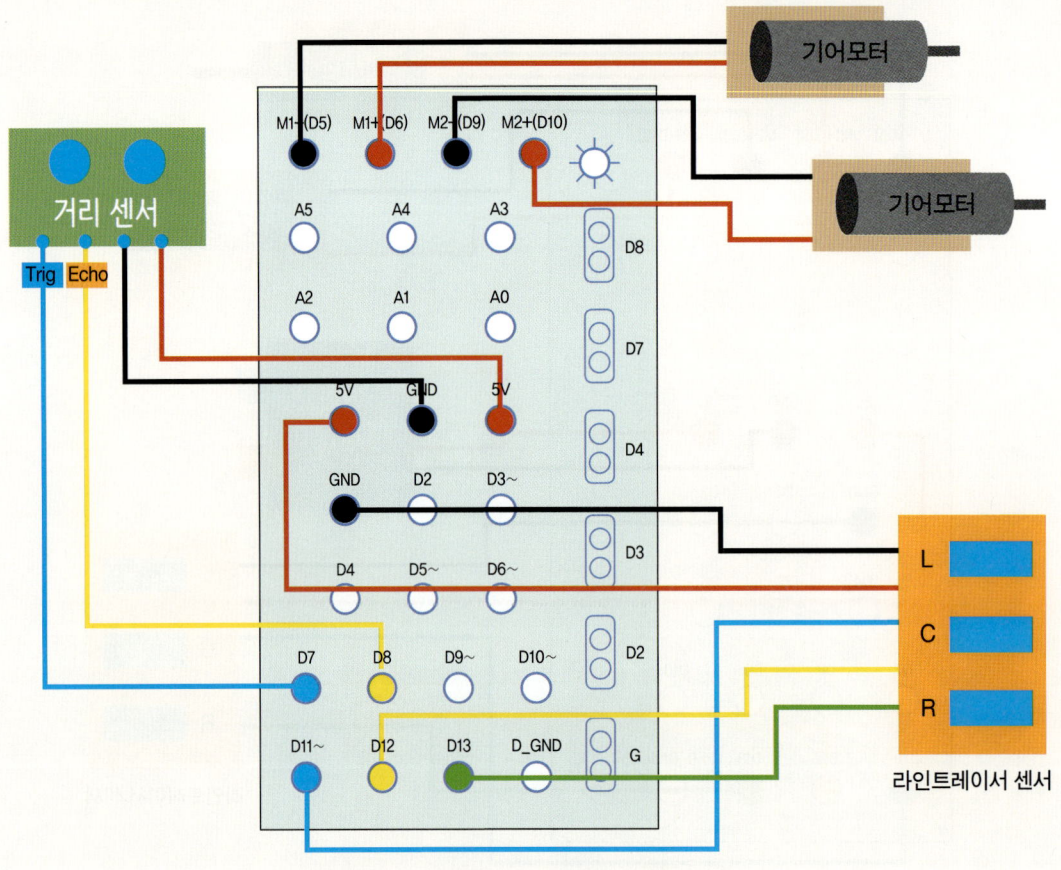

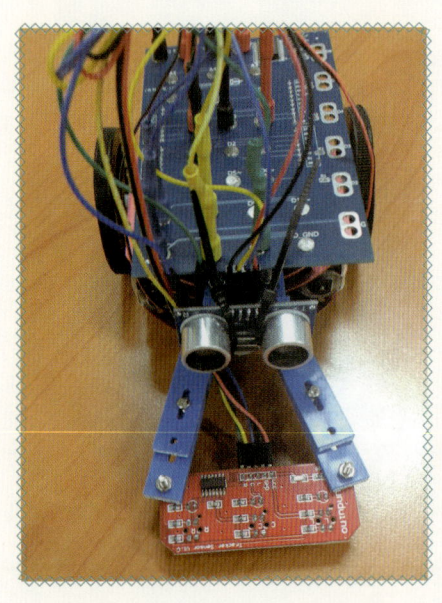

자석 브레드 보드에 연결해 보기

❶ 첫 번째 기어모터 검은색 선은 M1-(D5) 포트에 연결합니다. 빨간색 선은 M1+(D6) 포트에 연결합니다.

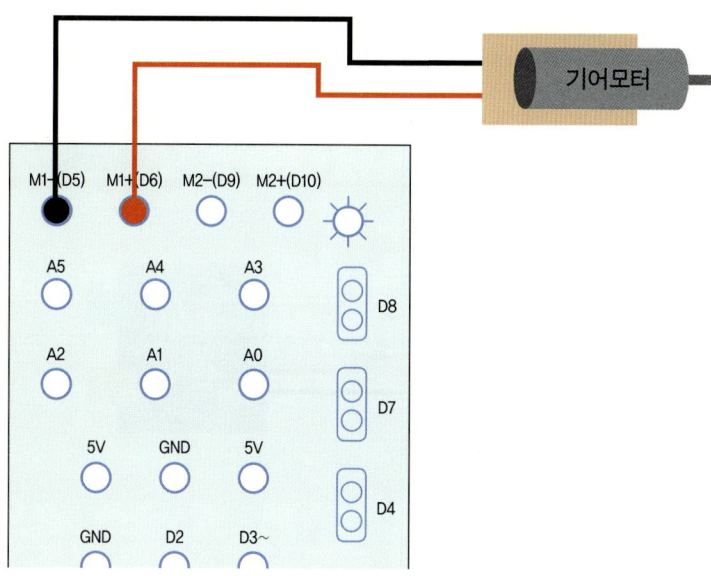

❷ 두 번째 기어모터 검은색 선은 M2-(D9) 포트에 연결합니다. 빨간색 선은 M2+(D10) 포트에 연결합니다.

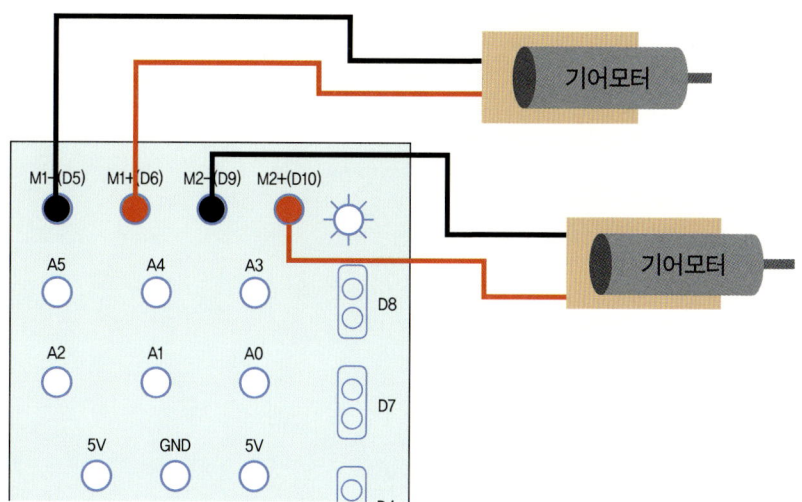

❸-① 아날로그 거리 센서를 연결합니다. 검은색 선은 GND 핀에, 빨간색 선은 5V 핀에, 노란색 선은 A0~A5 중에서 A0 핀에 연결합니다.

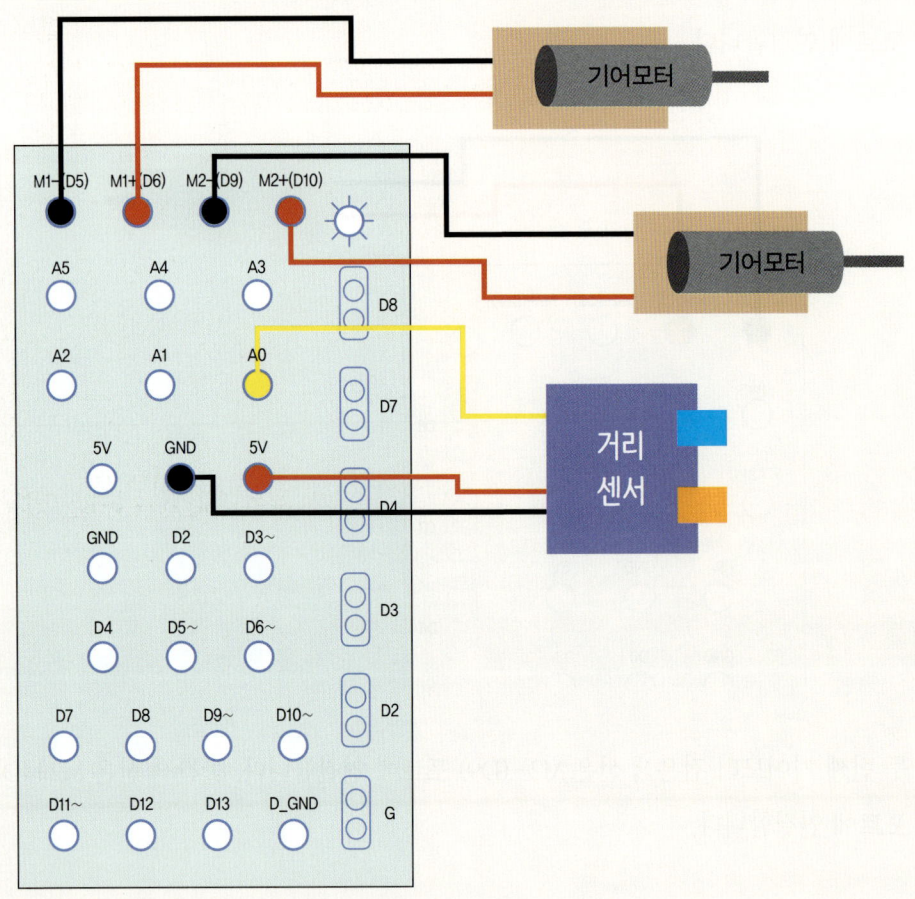

❸-② 디지털 거리 센서의 경우에는 4개의 핀과 연결해야 합니다. 검은색 선은 GND 핀에, 빨간색 선은 5V 핀에, 파란색 선은 D7 핀에, 노란색 선은 D8 핀에 연결합니다.

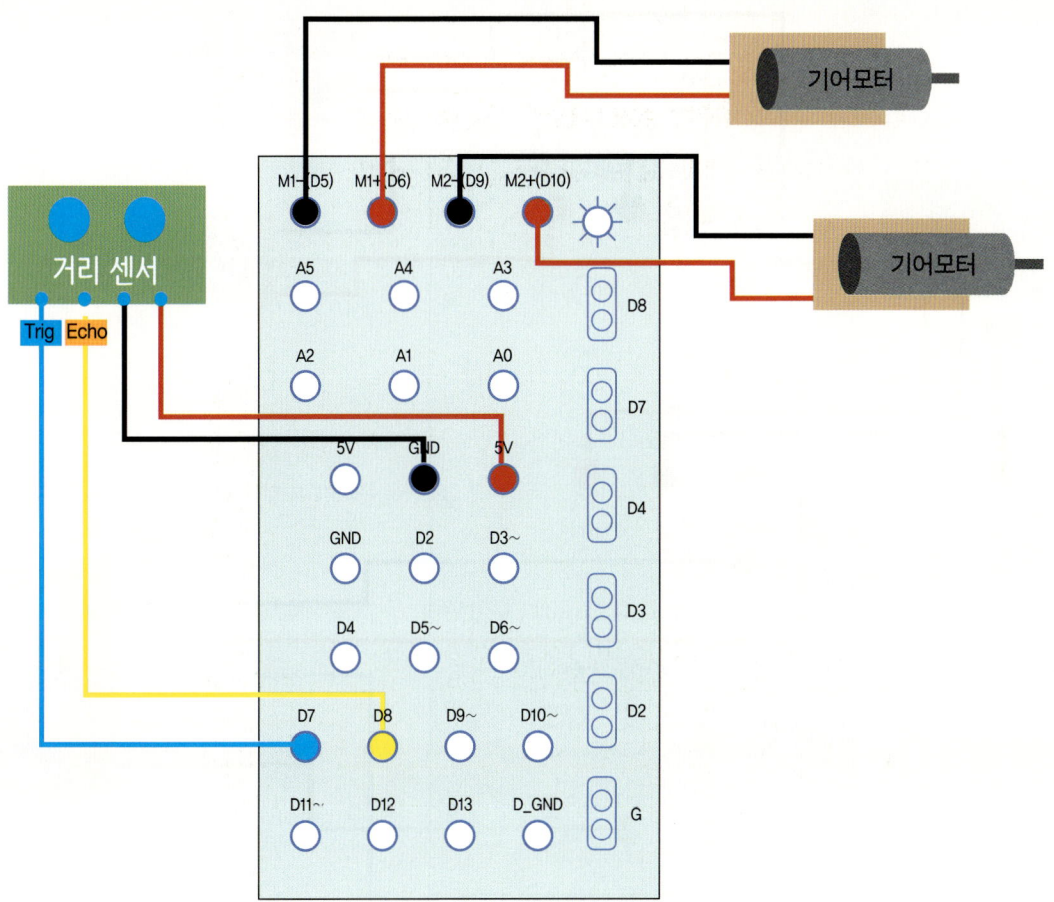

❹ 라인트레이서 센서를 연결합니다. 라인트레이서 센서는 모두 5개의 선을 가지고 있습니다. 검은색 선은 GND 핀에, 빨간색 선은 5V 핀에, 파란색 선은 D11핀에, 노란색 선은 D12 핀에, 초록색 선은 D13 핀에 연결합니다.

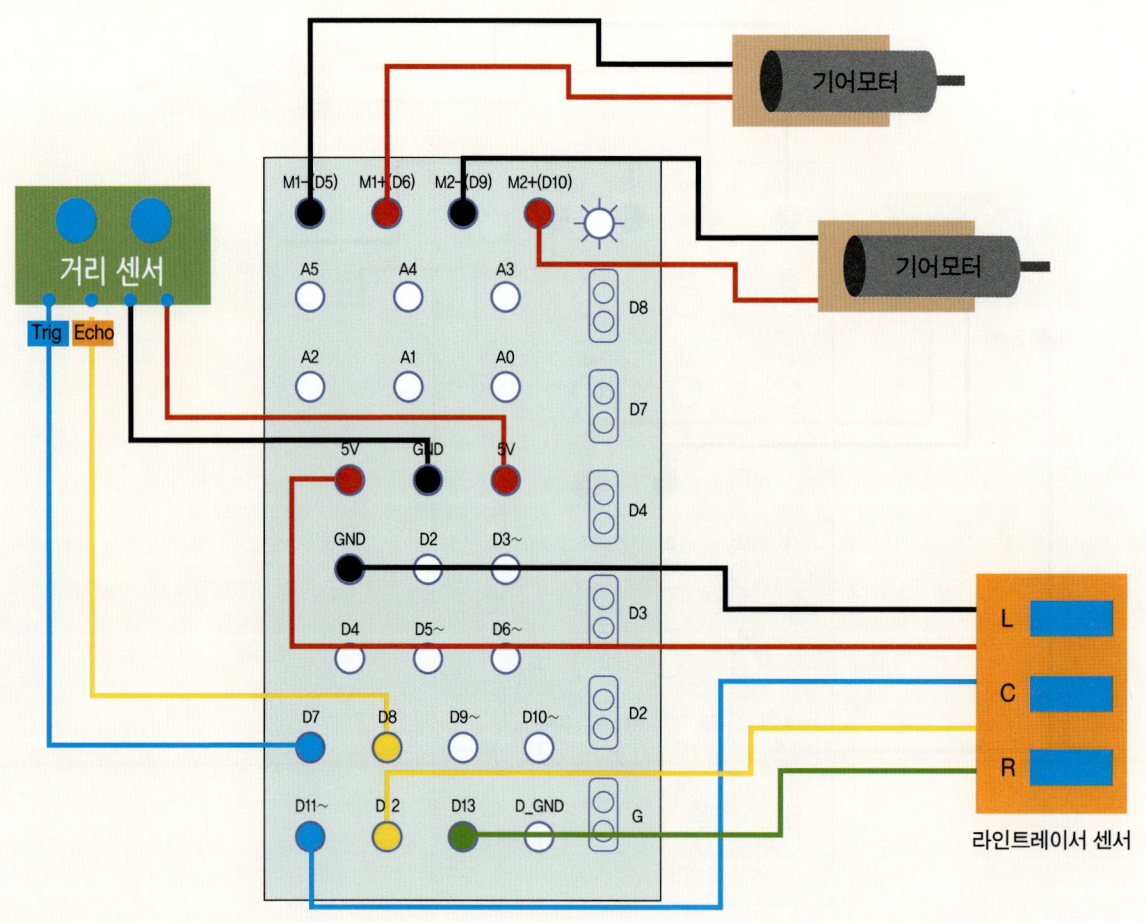

장애물 회피 로봇을 위한 경기장 만들기

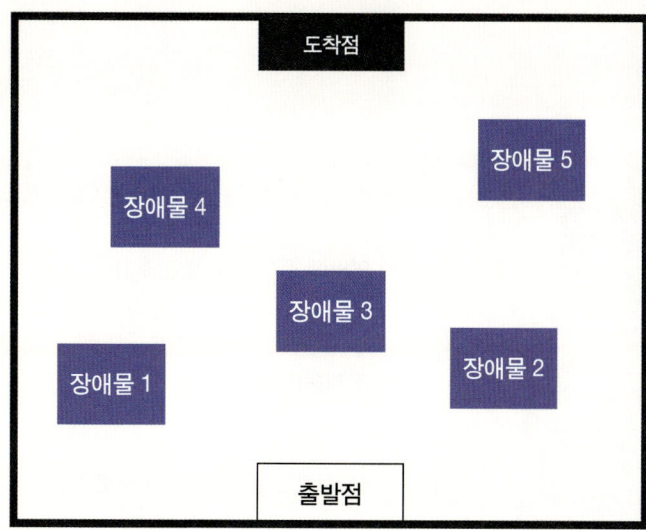

장애물 회피 방법

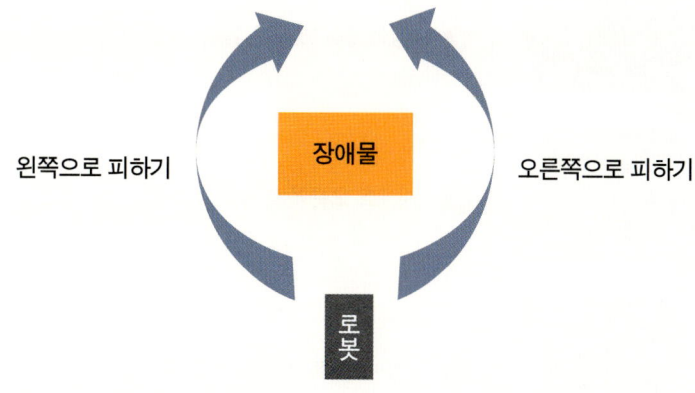

아날로그 센서로 장애물 오른쪽으로 피해서 전진하는 프로그램 만들기

❶ 검은색 영역에 들어섰을 때 멈추기

❷ 검은색 영역에 들어섰을 때 멈추기

❸ 장애물이 없으면

❹ 장애물이 없으면 0.2초씩 앞으로 전진

❺ 0.2초 전진 후 멈춤

❻ 장애물이 있으면 뒤로 0.4초 후진

❼ 0.4초 오른쪽 방향으로 회전

❽ 0.2초 왼쪽 방향으로 회전

❾ 멈춤

❶ 스크립트 [제어]에서 [무한 반복하기] 블록을 가지고 옵니다. [제어]에서 [만약 ~라면 아니면] 블록을 가지고 와서 [무한 반복하기] 블록 안에 넣습니다. [연산]에서 [=] 블록을 가지고 옵니다. [로봇]에서 read digital pin 9 블록을 가지고 와서 pin 번호를 '11'로 바꿉니다. [=] 블록 안에 숫자 '1'과 pin 번호를 '11'로 바꾼 read digital pin 9 블록을 넣어서 1 = read digital pin 11 을 만듭니다. 같은 방법으로 1 = read digital pin 12 , 1 = read digital pin 13 을 만듭니다. [연산]에서 [그리고] 블록을 두 개 가지고 옵니다. 두 개의 [그리고] 블록을 결합하여 [그리고 그리고] 블록을 만듭니다. 아래 그림처럼 위에서 만든 블록들을 결합합니다.

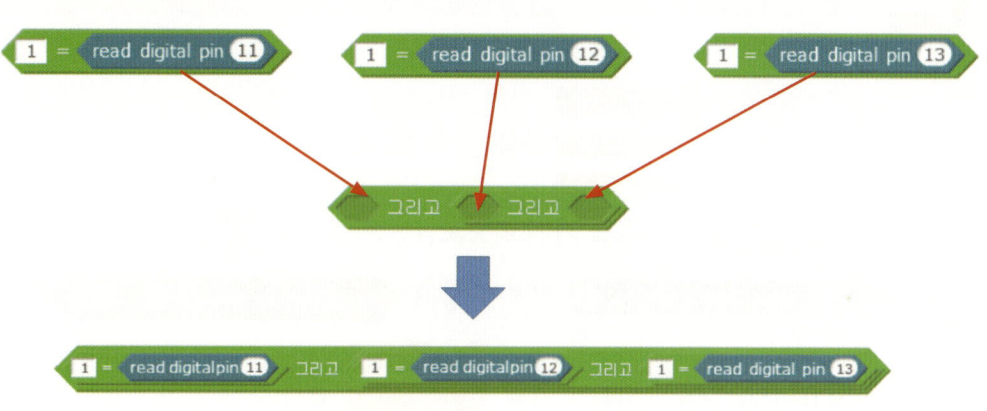

이렇게 만든 블록을 [만약 ~라면 아니면] 블록 안에 넣어 아래 그림과 같은 블록을 만듭니다.

❷ 다음으로 모터를 멈추는 코드 블록을 만들어 봅니다. ❶ 블록이 참이 되면 검은색 영역에 들어온 것이므로 모터를 멈추어야 합니다.

[로보트]에서 `set pwm pin 5 output as 0` 블록을 가지고 옵니다. 이 블록을 복사하여 pin 번호를 바꾸어 `set pwm pin 6 output as 0`, `set pwm pin 9 output as 0`, `set pwm pin 10 output as 0` 블록을 만듭니다. 이렇게 만든 블록을 결합하여 아래 그림과 같은 블록을 만듭니다.

❸ 스크립트 [제어]에서 `만약 ~라면 아니면` 블록을 가지고 옵니다. [로보트]에서 `read analog pin (A) 0` 블록을 가지고 오고, [연산]에서 `> ` 블록을 가지고 와서 `read analog pin (A) 0` 블록을 넣어 `read analog pin (A) 0 < 180` 블록을 만듭니다. 이렇게 만든 블록을 `만약 ~라면 아니면` 블록 안에 넣어서 `만약 read analog pin (A) 0 < 180 라면 아니면` 블록을 만들어 ❶에서 만든 `만약 ~라면 아니면` 블록 안에 넣습니다.

❹, ❺ 장애물이 없는 경우의 스크립트 블록을 만들어 봅니다. 장애물이 없는 경우는 0.2초 동안 전진합니다. 계속 전진하면 거리 센서나 라인트레이서 센서가 인식할 수 있는 시간이 없기 때문에 잠깐씩 전진하게 합니다. [로보트]에서

`set pwm pin 5 output as 0` 블록을 가지고 옵니다. `as 0` 다음에 숫자를 150으로 바꿉니다. '150'보다 크게 할 수 있지만 너무 빠른 속도로 이동하면 센서가 인식하기도 전에 로봇이 이동할 수 있기 때문에 너무 크게 하지 않습니다. 이 블록을 3번 더 복사하여 아래 그림처럼 블록을 조립하여 바퀴를 앞으로 굴립니다.

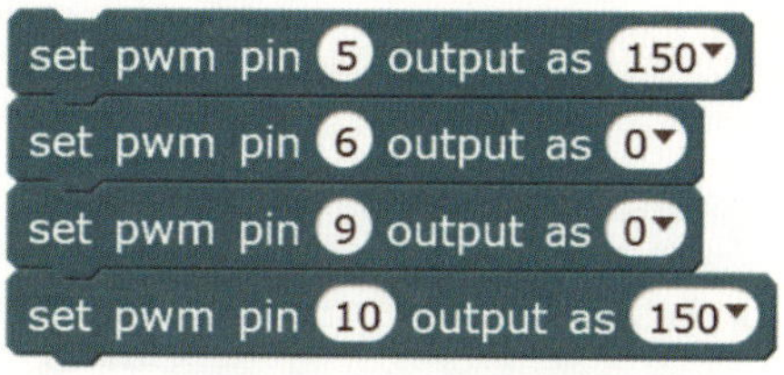

```
set pwm pin 5 output as 150
set pwm pin 6 output as 0
set pwm pin 9 output as 0
set pwm pin 10 output as 150
```

다음으로 `0.1 초 기다리기` 블록을 가지고 와서 시간을 '0.2'로 바꿉니다. 앞에서 만든 블록의 가장 위쪽에서 오른쪽 마우스를 눌러 복사한 후에 숫자 '150'을 모두 '0'으로 바꿉니다.

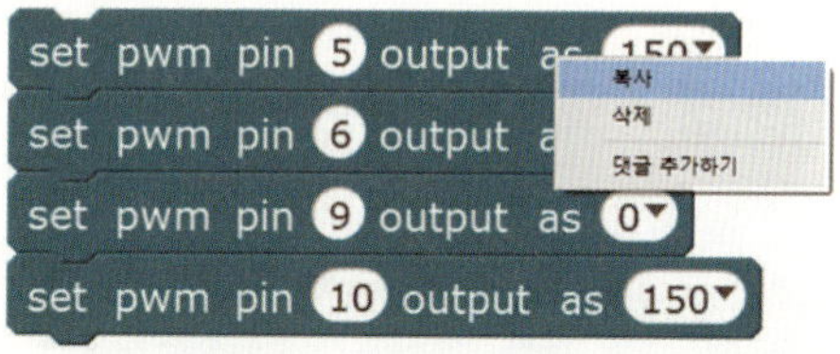

```
set pwm pin 5 output as 150
set pwm pin 6 output as    [복사]
set pwm pin 9 output as 0  [삭제]
set pwm pin 10 output as 150  [댓글 추가하기]
```

복사한 블록과 [기다리기] 블록을 합쳐서 아래 그림과 같은 블록을 만듭니다.

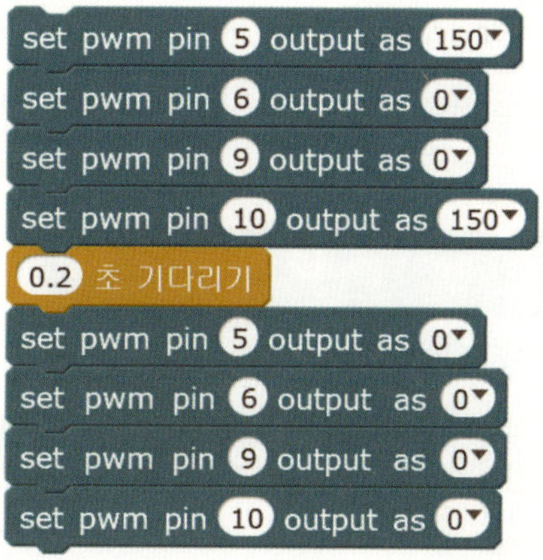

```
set pwm pin 5 output as 150
set pwm pin 6 output as 0
set pwm pin 9 output as 0
set pwm pin 10 output as 150
0.2 초 기다리기
set pwm pin 5 output as 0
set pwm pin 6 output as 0
set pwm pin 9 output as 0
set pwm pin 10 output as 0
```

이렇게 만든 블록을 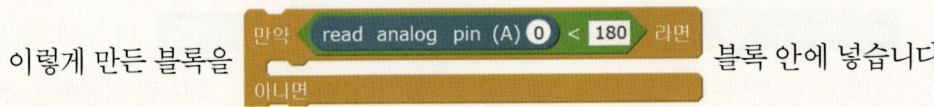 블록 안에 넣습니다.

❻ 다음으로 장애물을 만났을 때 오른쪽으로 피해서 돌아 나가는 코드 블록을 만들어 봅니다. 먼저 뒤로 후진하는 코드 블록을 만들어 봅니다. ❹, ❺에서 만들었던 방법을 참고하여 모터를 반대 방향으로 회전시켜 0.4초 동안 후진합니다.

```
set pwm pin 5 output as 0
set pwm pin 6 output as 150
set pwm pin 9 output as 150
set pwm pin 10 output as 0
0.4 초 기다리기
```

❼ ❻에서 만들 블록을 아래 그림처럼 똑같이 복사하여 숫자를 바꿔서 블록을 만듭니다.

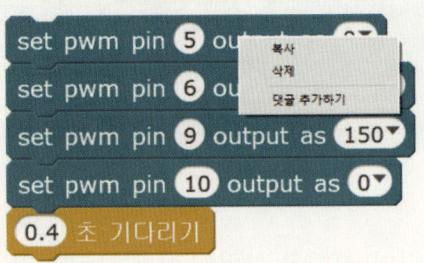

이렇게 만든 블록은 아래 그림과 같이 만들어 ❻에서 만든 블록에 붙입니다. 이 블록은 오른쪽 바퀴만 돌려서 오른쪽 방향으로 0.4초 동안 이동하게 합니다.

```
set pwm pin 5 output as 0
set pwm pin 6 output as 0
set pwm pin 9 output as 0
set pwm pin 10 output as 150
0.4 초 기다리기
```

❽ ❼에서 만든 방법과 똑같이 앞에서 만든 블록을 복사하여 블록을 만듭니다. 이렇게 만든 블록은 아래 그림과 같습니다.

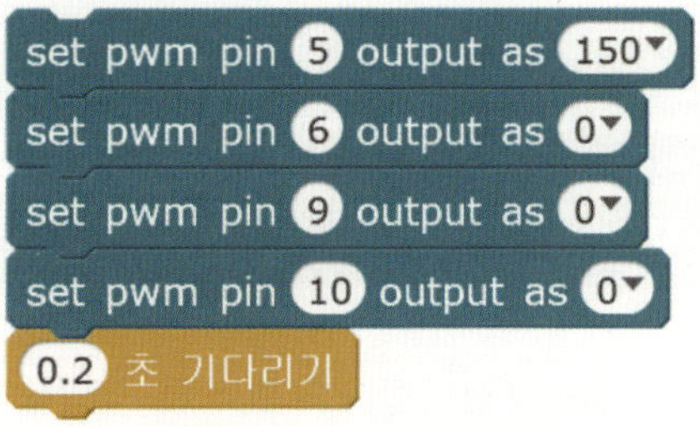

```
set pwm pin 5 output as 150
set pwm pin 6 output as 0
set pwm pin 9 output as 0
set pwm pin 10 output as 0
0.2 초 기다리기
```

❾ ❽에서 만든 방법과 똑같이 앞에서 만든 블록을 복사하여 블록을 만듭니다. 만든 후에 숫자를 모두 '0'으로 바꿔서 모터를 멈춥니다. 멈추는 이유는 센서의 입력 값에 따라 다시 전진을 하거나 후진을 하기 위해서입니다.

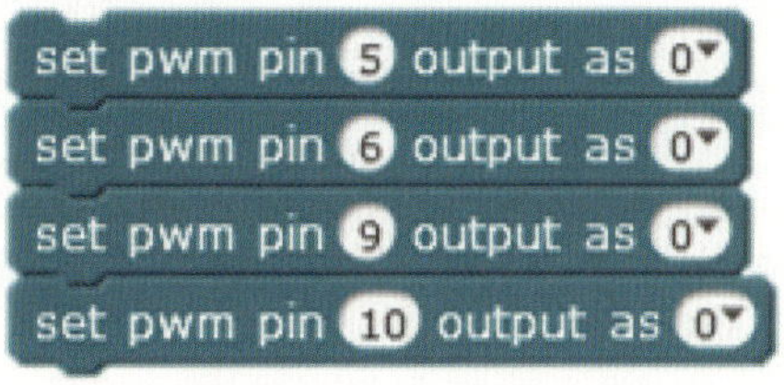

```
set pwm pin 5 output as 0
set pwm pin 6 output as 0
set pwm pin 9 output as 0
set pwm pin 10 output as 0
```

디지털 센서로 장애물을 오른쪽으로 피해서 전진하는 프로그램 만들기

Arduino Program
무한 반복하기
- 거리 ▼ 을(를) read ultrasonic sensor trig pin 7 echo pin 8 로 정하기 ❶
- 만약 0 = read digital pin 11 또는 0 = read digital pin 13 또는 0 = read digital pin 12 라면
  - set pwm pin 5 output as 0 ▼
  - set pwm pin 6 output as 0 ▼
  - set pwm pin 9 output as 0 ▼
  - set pwm pin 10 output as 0 ▼

  검은색 선에 한 개의 센서라도 닿았을 때 멈추기 ❷

- 아니면
  - 만약 거리 < 15 그리고 거리 = 0 아니다 라면
    - set pwm pin 5 output as 0 ▼
    - set pwm pin 6 output as 150 ▼
    - set pwm pin 9 output as 150 ▼
    - set pwm pin 10 output as 0 ▼
    - 0.4 초 기다리기
    - set pwm pin 5 output as 0 ▼
    - set pwm pin 6 output as 0 ▼
    - set pwm pin 9 output as 0 ▼
    - set pwm pin 10 output as 150 ▼
    - 0.4 초 기다리기
    - set pwm pin 5 output as 150 ▼
    - set pwm pin 6 output as 0 ▼
    - set pwm pin 9 output as 0 ▼
    - set pwm pin 10 output as 0 ▼
    - 0.2 초 기다리기
    - set pwm pin 5 output as 0 ▼
    - set pwm pin 6 output as 0 ▼
    - set pwm pin 9 output as 0 ▼
    - set pwm pin 10 output as 0 ▼

    장애물 회피하기 ❸

  - 아니면
    - set pwm pin 5 output as 120 ▼
    - set pwm pin 6 output as 0 ▼
    - set pwm pin 9 output as 0 ▼
    - set pwm pin 10 output as 120 ▼
    - 0.2 초 기다리기
    - set pwm pin 5 output as 0 ▼
    - set pwm pin 6 output as 0 ▼
    - set pwm pin 9 output as 0 ▼
    - set pwm pin 10 output as 0 ▼

    0.2초마다 전진하기 ❹

❶ 거리 변수를 만들어 거리 센서 값을 저장합니다.

거리 센서 값을 만들 변수를 만듭니다. [Data&Blocks]에서 [변수 만들기]를 눌러 변수 이름을 '거리'로 만듭니다.

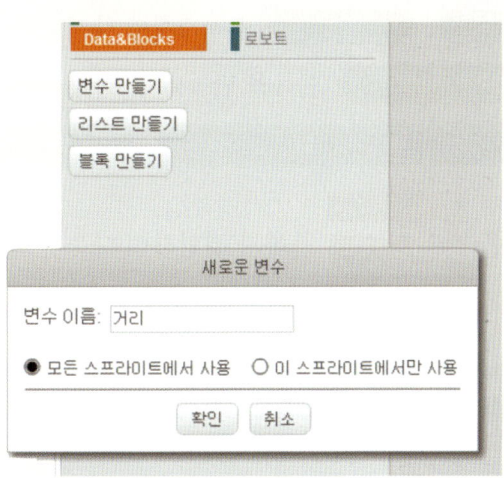

[로봇]에서 Arduino Program 블록을 가지고 옵니다. [제어]에서 무한 반복하기 블록을 가져옵니다. 앞의 두 개의 블록을 결합합니다. [Data&Blocks]에서 거리▼ 을(를) 0 로 정하기 블록을 가지고 옵니다. [로봇]에서 read ultrasonic sensor trig pin 13 echo pin 12 블록을 가지고 와서 '13'을 '7'로 바꾸고 '12'를 '8'로 바꿉니다. 이렇게 바꾼 블록을 거리▼ 을(를) 0 로 정하기 블록과 결합하여 다음과 같이 만듭니다.

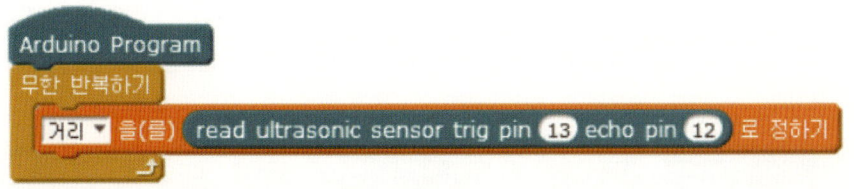

❷ 검은색 선에 로봇이 도착했을 때 로봇을 멈추게 합니다.

[제어]에서 만약 라면 아니면 블록을 가지고 옵니다. [연산]에서 ▭=▭ 블록을 가지고

오고, [로보트]에서 `read digital pin 9` 블록을 가지고 와서 pin '9'를 '10'으로 바꾸어서 결합하여 `0 = read digital pin 10` 블록을 만듭니다. 이 블록을 복사하여 숫자를 바꾸어서 `0 = read digital pin 11` 블록과 `0 = read digital pin 12` 블록을 만듭니다. [연산]에서 `또는`, `또는` 블록 2개를 가지고 옵니다. 이 두 개의 블록을 결합하여 `또는 또는` 블록을 만듭니다. 이 블록에 앞에서 만든 3개의 블록을 넣어 `0 = read digital pin 10 또는 0 = read digital pin 11 또는 0 = read digital pin 12` 블록을 만듭니다. 이 블록을  블록과 결합하여 다음과 같이 만듭니다.

[로보트]에서 `set pwm pin 5 output as 0` 블록을 가지고 옵니다. 이 블록을 3번 더 복사하여 pin 번호를 6, 9, 10으로 바꿉니다. 이렇게 핀 번호를 바꾸어 만든 블록은 다음과 같습니다.

이 블록을 앞에서 [만약] 블록 안에 넣습니다. 이렇게 만든 블록은 다음과 같습니다.

이렇게 만든 블록을 ❶에서 만든 블록과 결합하여 다음과 같은 블록을 최종 완성합니다.

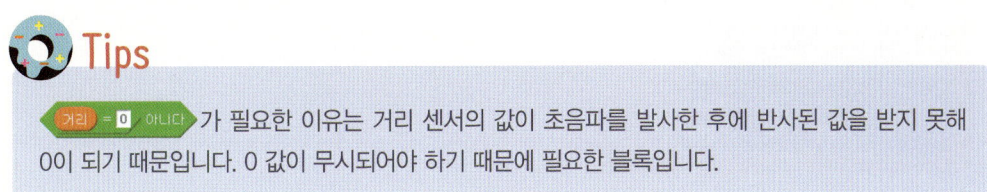

❸ [제어]에서 만약 라면 블록을 가지고 옵니다. [연산]에서 그리고, =, < 블록들을 가지고 옵니다. [Data&Blocks]에서 변수 만들기 거리 를 가지고 와서 =, < 블록들과 결합하여 거리 < 15 거리 = 0 블록을 만듭니다. [연산]에서 아니다 블록을 가지고 와서 거리 = 0 블록과 결합하여 거리 = 0 아니다 블록을 만듭니다. 이렇게 만든 블록을 그리고 블록과 결합하여 거리 < 15 그리고 거리 = 0 아니다 블록을 만듭니다. 이 블록을 만약 라면 블록과 결합하여 만약 거리 < 15 그리고 거리 = 0 아니다 라면 블록을 만듭니다. 나머지 과정은 앞 페이지의 ❻,❼,❽,❾ 과정과 같습니다.

Tips

거리 = 0 아니다 가 필요한 이유는 거리 센서의 값이 초음파를 발사한 후에 반사된 값을 받지 못해 0이 되기 때문입니다. 0 값이 무시되어야 하기 때문에 필요한 블록입니다.

장애물 회피 로봇 경기하기(아날로그 센서)

( )학교 ( )학년 ( )반 이름( )

1. 아래 코드는 장애물을 만났을 때 오른쪽으로 피하는 블록 프로그래밍입니다. 주어진 '문제'를 해결해 보세요.

〈문제〉
0.1초 동안에 모터가 움직이는 것을 '→'로 생각하고 모터의 움직임만큼 화살표를 그려 보세요.

❷ 장애물 회피 로봇의 경기장을 만들어 보세요.

1. 경기장의 크기는 가로 1m 50cm, 세로 1m 50cm로 합니다.
2. 경기장 벽의 높이는 13cm로 합니다.
3. 도착점의 크기는 가로 15cm, 세로 15cm 크기의 검은색 종이를 붙이는 것으로 합니다.
4. 장애물의 크기는 가로 15cm, 세로 15cm, 높이 20cm 이하로 합니다.
5. 출발점은 적당한 크기의 X 마크로 표시합니다.
6. 경기 방식은 X 마크에서 출발하여 검은색 도착점에 도착할 때까지 걸리는 시간을 재는 것으로 하고, 가장 시간이 적게 걸리는 로봇을 우승 로봇으로 합니다.
7. 도착점을 지나치면 안 되고 5초 이상 머물러야 도착하는 것으로 인정합니다.

❸ 경기에 참가한 로봇의 기록을 적어 보세요.

로봇 이름	시간	로봇 이름	시간

장애물 회피 로봇 경기하기(디지털 센서)

(   )학교 (   )학년 (   )반 이름 (   )

1. 다음 코드는 바닥에 검은색 선이 있을 때 멈추는 코드입니다. 검은색 선을 감지하는 센서가 D11, D12, D13 포트에 연결되어 있다고 할 때, ❶번과 ❷번 코드의 공통점과 차이점을 알아보세요.

❶

만약 [0] = read digital pin [11] 또는 [0] = read digital pin [13] 또는 [0] = read digital pin [12] 라면
　set pwm pin [5] output as [0]
　set pwm pin [6] output as [0]
　set pwm pin [9] output as [0]
　set pwm pin [10] output as [0]

❷

만약 [0] = read digital pin [13] 그리고 [0] = read digital pin [12] 그리고 [0] = read digital pin [11] 라면
　set pwm pin [5] output as [0]
　set pwm pin [6] output as [0]
　set pwm pin [9] output as [0]
　set pwm pin [10] output as [0]

공통점	
차이점	

2 다음 코드는 15cm 이내의 장애물을 감지하는 코드 블록입니다. 이 코드 블록에서 거리 센서의 값이 0이 아닌 것을 검사하는 이유는 무엇인지 써 보세요.

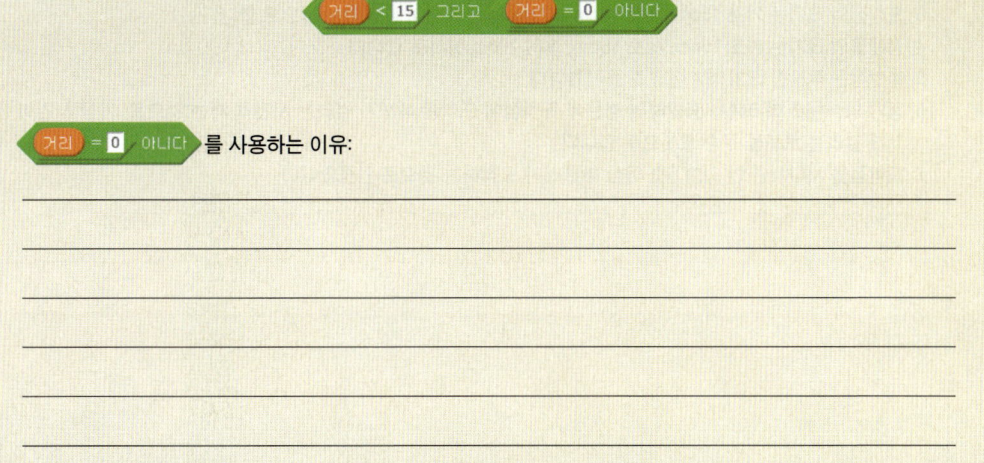

를 사용하는 이유:
_____
_____
_____
_____
_____

3 아래 코드는 장애물을 만났을 때 오른쪽으로 피하는 블록 프로그래밍입니다. 주어진 '문제'를 해결해 보세요.

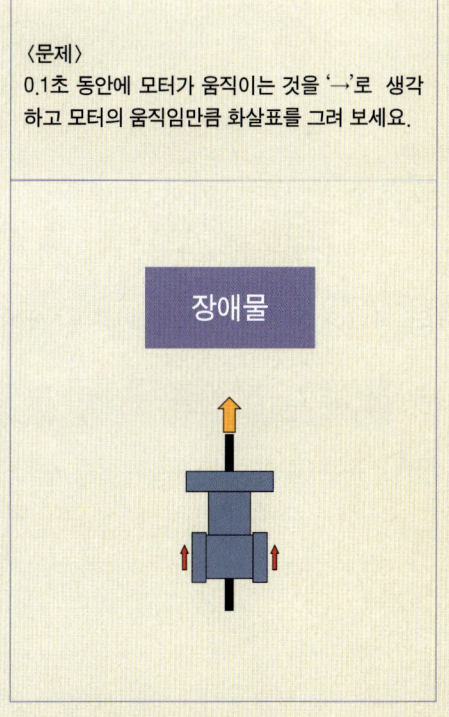

〈문제〉
0.1초 동안에 모터가 움직이는 것을 '→'로 생각하고 모터의 움직임만큼 화살표를 그려 보세요.

❹ 장애물 회피 로봇 경기장을 만들어 보세요.

1. 경기장의 크기는 가로 1m 50cm, 세로 1m 50cm로 합니다.
2. 경기장 벽의 높이는 13cm로 합니다.
3. 도착점의 크기는 가로 15cm, 세로 15cm 크기의 검은색 종이를 붙이는 것으로 합니다.
4. 장애물의 크기는 가로 15cm, 세로 15cm, 높이 20cm 이하로 합니다.
5. 출발점은 적당한 크기의 X 마크로 표시합니다.
6. 경기 방식은 X 마크에서 출발하여 검은색 도착점에 도착할 때까지 걸리는 시간을 재는 것으로, 가장 시간이 적게 걸리는 로봇을 우승 로봇으로 합니다.
7. 도착점을 지나치면 안 되고 5초 이상 머물러야 도착하는 것으로 인정합니다.

❺ 경기에 참가한 로봇의 기록을 적어 보세요.

로봇 이름	시간	로봇 이름	시간

라인을 따라 가는 로봇 만들기

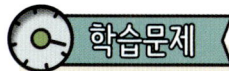

아두이노 로봇을 이용하여 라인을 따라 가는 로봇 프로그래밍을 스크래치를 이용하여 해 봅시다.

아두이노를 이용해 라인트레이서 로봇을 만들어 봅니다. 필요한 부품을 확인하고 로봇 플랫폼에 센서와 바퀴를 달아 봅니다.

🔌 무엇을 준비해야 하나요?

아두이노 로봇

검은색 테이프

PROJECT 5 아두이노로 만드는 라인트레이서 로봇 275

🔌 어떻게 연결하나요?

회피 로봇 만들기와 같습니다.

🔌 완성이 되면?

회피 로봇 만들기와 같습니다.

👉 라인트레이서 로봇을 위한 경기장 만들기

경기장은 아래 그림과 같이 검은색 테이프를 이용하여 만듭니다. 경기장의 크기는 모둠별로 의논해서 만듭니다. 검은색 선의 폭은 20~40cm가 되도록 합니다. 도착점은 검은색 테이프로 표시합니다. 출발점은 따로 만들지 말고 도착점 바로 앞에서 출발시키도록 합니다.

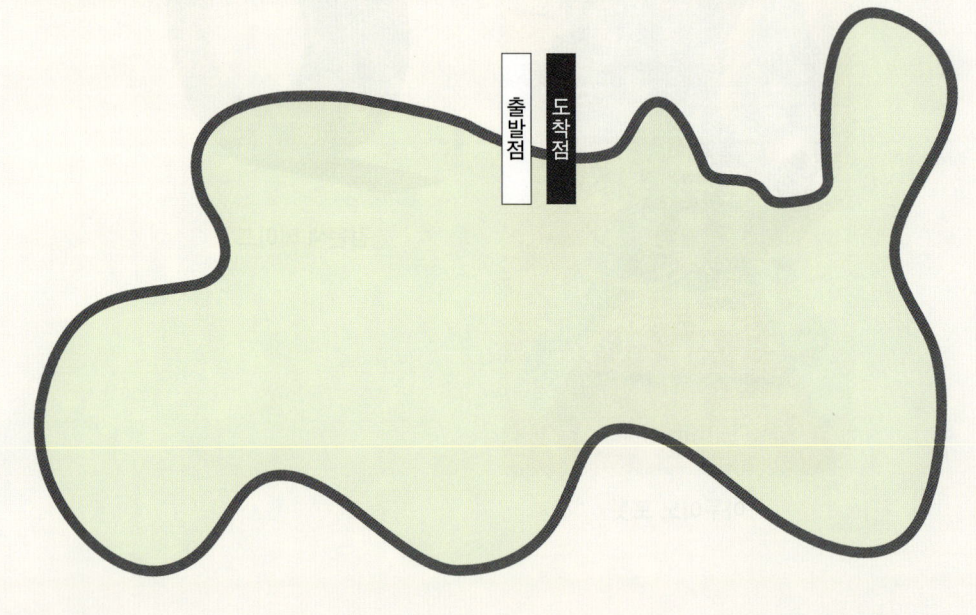

라인을 따라 가는 로봇의 원리

로봇의 작동은 크게 3가지로 나눕니다. 직진, 좌회전, 우회전입니다. 직진은 라인 트레이서 센서 값이 왼쪽, 가운데, 오른쪽 순서대로 1, 0, 1이고, 좌회전은 1, 1, 0이며, 우회전은 0, 1, 1입니다. 직진은 양쪽 바퀴를 같은 속도로 굴리고, 좌회전은 왼쪽 바퀴를 빨리 굴리며, 오른쪽 바퀴를 천천히 굴립니다. 우회전은 왼쪽 바퀴를 천천히 굴리고, 오른쪽 바퀴를 빨리 굴립니다.

라이트레이서 센서 값
- Left 센서 값: 1
- Center 센서 값: 0
- Right 센서 값: 1

라이트레이서 센서 값
- Left 센서 값: 1
- Center 센서 값: 1
- Right 센서 값: 0

라이트레이서 센서 값
- Left 센서 값: 0
- Center 센서 값: 1
- Right 센서 값: 1

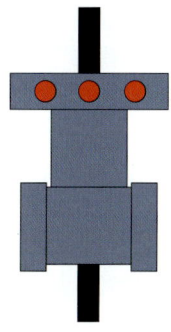

직진: 두 바퀴를 같은 속도로 굴린다.

좌회전: 왼쪽 바퀴를 빨리 굴리고, 오른쪽 바퀴는 천천히 굴린다.

우회전: 왼쪽 바퀴를 천천히 굴리고, 오른쪽 바퀴는 빨리 굴린다.

검은색 라인을 따라 전진하는 프로그램 만들기

```
Arduino Program
무한 반복하기
  만약 < read digital pin 11 = 1 > 그리고 < 0 = read digital pin 12 > 그리고 < 1 = read digital pin 13 > 라면
    set pwm pin 5 output as 0
    set pwm pin 6 output as 150
    set pwm pin 9 output as 150
    set pwm pin 10 output as 0
    0.1 초 기다리기
```
❶ 직진하는 경우

```
  만약 < read digital pin 11 = 0 > 그리고 < 1 = read digital pin 12 > 그리고 < 1 = read digital pin 13 > 라면
    set pwm pin 5 output as 0
    set pwm pin 6 output as 50
    set pwm pin 9 output as 180
    set pwm pin 10 output as 0
    0.1 초 기다리기
```
❷ 우회전하는 경우

```
  만약 < read digital pin 11 = 1 > 그리고 < 1 = read digital pin 12 > 그리고 < 0 = read digital pin 13 > 라면
    set pwm pin 5 output as 0
    set pwm pin 6 output as 180
    set pwm pin 9 output as 50
    set pwm pin 10 output as 0
    0.1 초 기다리기
```
❸ 좌회전하는 경우

```
  만약 < read digital pin 11 = 1 > 그리고 < 1 = read digital pin 12 > 그리고 < 1 = read digital pin 13 > 라면
    set pwm pin 5 output as 0
    set pwm pin 6 output as 0
    set pwm pin 9 output as 0
    set pwm pin 10 output as 0
    0.1 초 기다리기
```
❹ 라인을 벗어나면 멈추게 한다.

❶ 스크립트 [제어]에서 `만약 ~라면` 블록을 가지고 옵니다. [연산]에서 `□ = □` 블록을 가지고 옵니다. [로보트]에서 `read digital pin 9` 블록을 가지고 와 숫자를 바꿔서 `read digital pin 11 = 1` 블록을 만듭니다. 이 블록을 두 번 복사하여 숫자를 바꿔서 `0 = read digital pin 12`, `1 = read digital pin 13` 블록을 만듭니다. [연산]에서 `그리고` 블록을 두 개 가지고 와서 결합하여 `그리고 그리고` 블록을 만듭니다. 이 블록의 각각의 칸에 `read digital pin 11 = 1`, `0 = read digital pin 12`, `1 = read digital pin 13` 을 넣어

서 아래처럼 블록을 만듭니다.

이렇게 만든 블록을 [만약~라면] 블록의 빈칸에 넣어 아래처럼 블록을 만듭니다.

앞의 회피 로봇에서 만들었던 방법을 참고하여 아래처럼 블록을 만듭니다. 0.1초 기다리는 이유는 0.1초 동안만 전진하기 위해서입니다. 기본적으로 계속 움직이는 것이 아니라 약간씩 움직이며 센서 값을 확인하는 것이 기본 작동 방식입니다.

이렇게 만든 블록을 이용하여 아래처럼 전진하는 블록을 만듭니다.

❷ ❶에서 만든 블록을 아래 그림처럼 복사합니다.

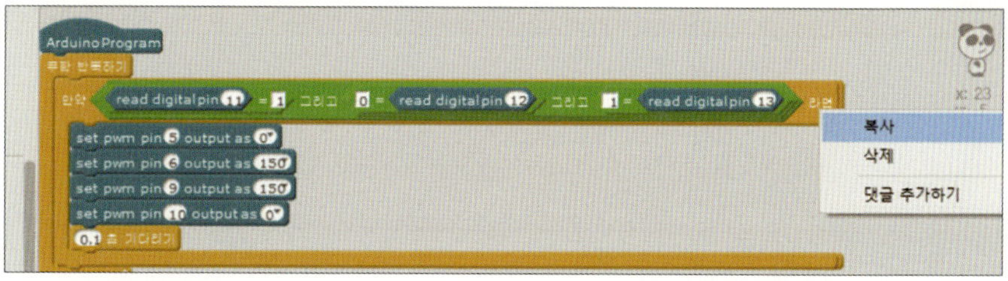

복사한 후에 숫자만 바꾸어서 다음과 같이 블록을 만들어 ❶에서 만든 블록에 이어서 붙입니다.

❸ ❷에서 만든 블록을 복사하여 숫자만 바꾸어서 다음과 같이 블록을 만들어 ❷에서 만든 블록에 이어 붙입니다.

❹ ❸에서 만든 블록을 복사하여 숫자만 바꾸어서 다음과 같이 블록을 만들어 ❸에서 만든 블록에 이어 붙입니다.

라인트레이서 로봇 경기하기

( )학교 ( )학년 ( )반 이름 ( )

1 라인트레이서 로봇의 부품이 아두이노에 그림과 같이 연결되어 있을 때 센서 값과 모터의 움직임을 정리해 보세요.

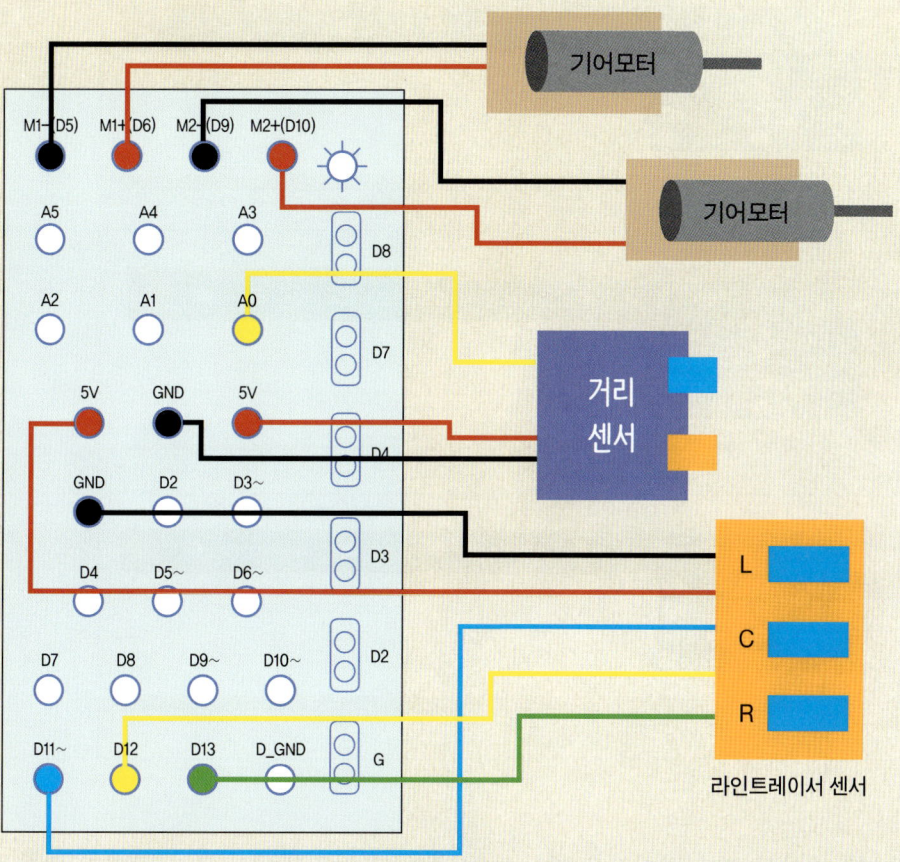

라인트레이서 센서

라인트레이서 센서 L	라인트레이서 센서 C	라인트레이서 센서 R	오른쪽 모터	왼쪽 모터	로봇의 상태 (로봇의 위치)
1	0	1			
0	1	1			
1	1	0			
1	1	1			

❷ ①처럼 로봇이 연결되었을 때 다음 블록의 작동을 설명해 보세요.

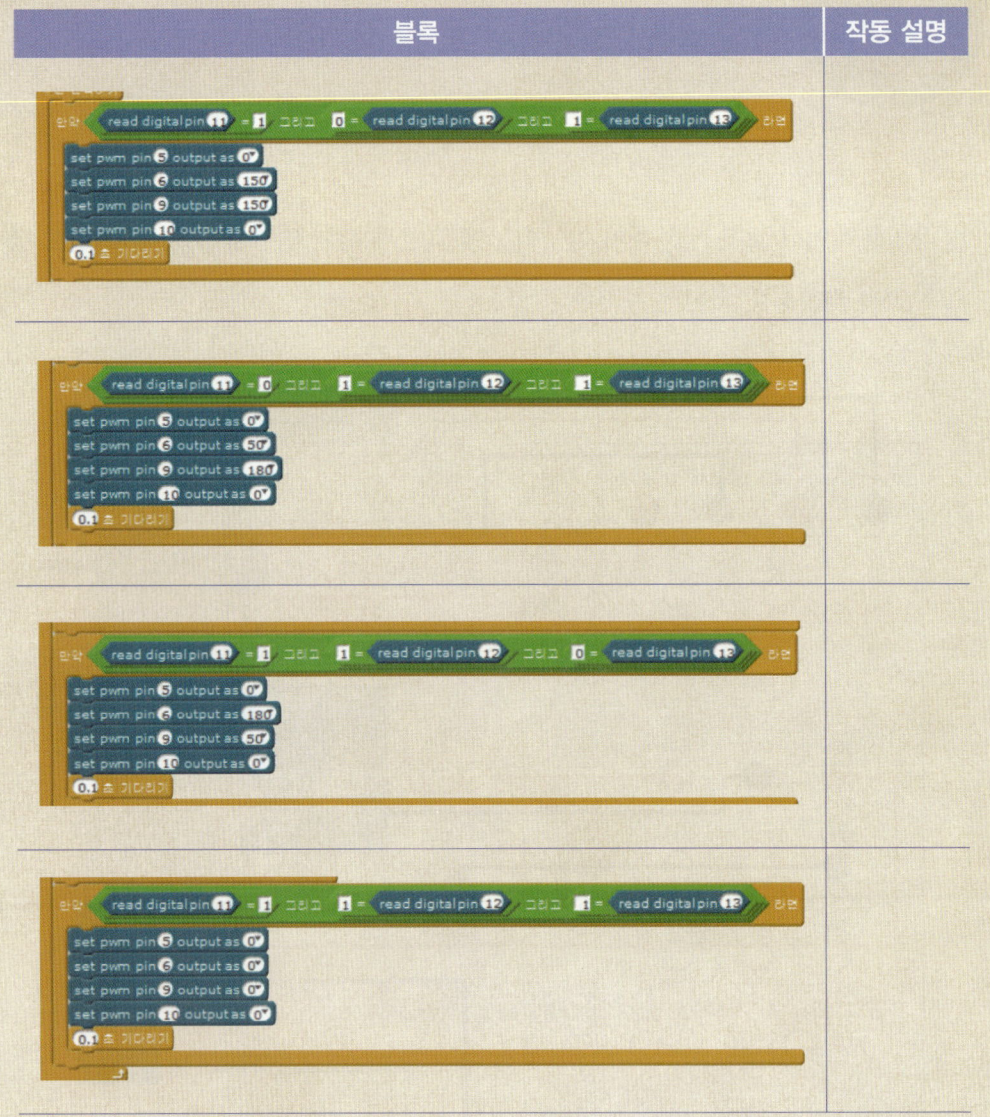

❸ 라인트레이서 로봇 경기장을 만들어 보세요. 라인트레이서 로봇 경기장 제작을 위한 각종 규격을 정해 보세요.

구분	규격(cm)	구분	규격(cm)
경기장의 전체 길이		검은색 선의 폭	

4 라인트레이서 로봇 경기를 위한 대회 규칙을 정해 보세요.

> 1. 경기 방식은 출발점에서 출발하여 검은색 도착점에 도착할 때까지 걸리는 시간을 재는 것으로, 가장 시간이 적게 걸리는 로봇을 우승 로봇으로 한다.
> 2. 도착점을 지나치면 안 되고 5초 이상 머물러야 도착하는 것으로 인정한다.

경기에 참가한 로봇의 기록을 적어 보세요.

로봇 이름	시간	로봇 이름	시간

5 라인트레이서 로봇 경기 대회에 참여한 느낌을 말해 보세요.

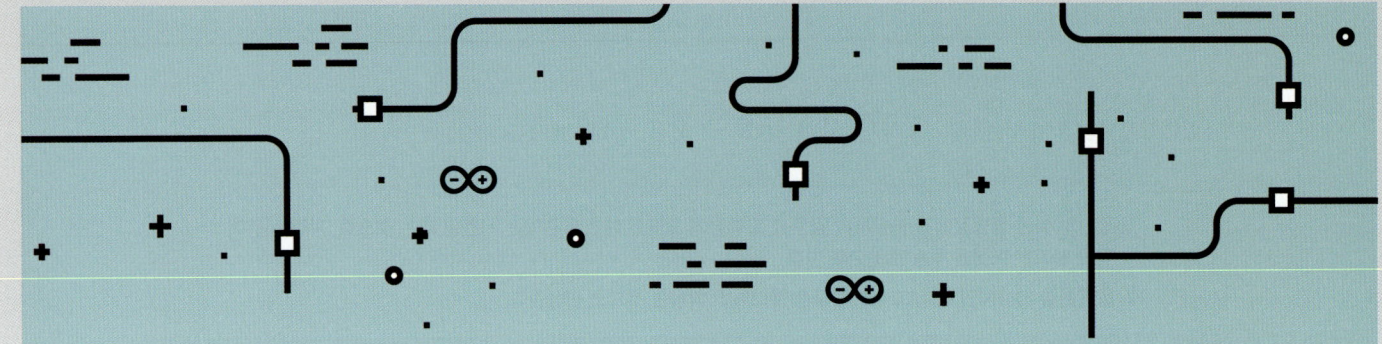

아두이노와 스크래치로 메이커 되기

스크래치와 스마트폰으로 아두이노 프로그래밍하기

⊕ 활동 목표

스크래치 프로그래밍으로 아두이노와 스마트폰이 명령과 데이터를 주고받는 프로그래밍을 할 수 있다.

⊖ 활동 내용

- 아두이노와 스마트폰의 통신 명령 알아보기
- 스크래치 프로그래밍으로 아두이노를 스마트폰으로 제어하는 프로그램 만들기
- 스크래치 프로그래밍으로 아두이노 센서 값을 스마트폰으로 전송하기

 활동 학습을 시작하기 전, 알고 있는 내용을 체크해 보세요

- 스크래치에서 순서대로 실행하는 프로그램 과정을 이해하고 있다. ○
- 변수를 만들어서 값을 저장하여 사용하는 방법을 알고 있다. ○
- 스크래치에서 반복 구조를 이해하여 지정된 횟수의 명령을 수행할 수 있다. ○

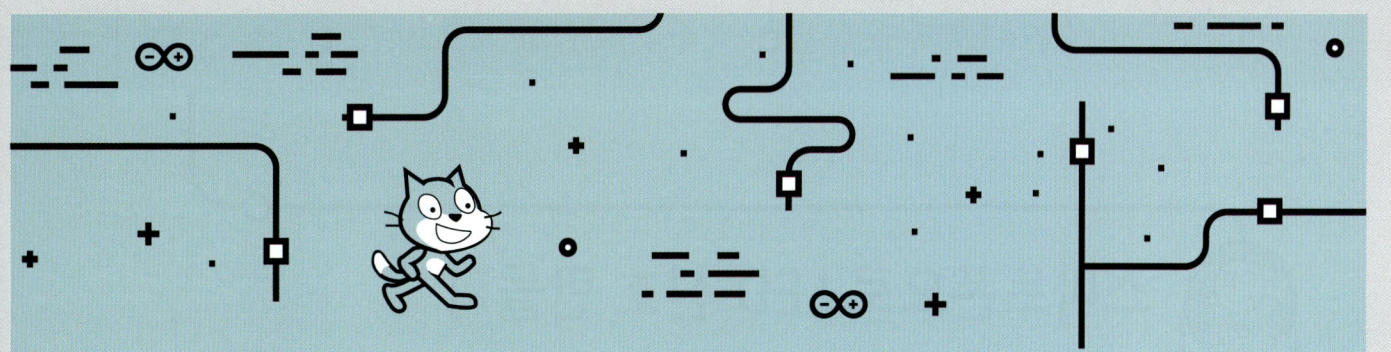

대화는 사람이 살아가는 세상에 매우 중요한 요소입니다. 대화가 부족하면 오해가 쌓여 다툼이 일어납니다. 만약 기계가 서로 대화할 수 있다면 어떤 일을 할 수 있을까요? 이러한 생각에서 발전한 것이 바로 IoT(Internet of Things)입니다. 이번 단원에서는 스크래치 프로그래밍을 이용하여 스마트폰과 아두이노가 서로 대화하는 프로젝트를 만들어 봅니다.

스마트폰으로 LED 신호 만들기

학습 문제

스크래치로 아두이노에 LED 신호를 만드는 프로그래밍을 업로드하고 스마트폰을 이용해 원하는 신호가 나타나게 해 봅시다.

앞에서 우리는 아두이노를 이용하여 LED를 켜고 끄는 스크래치 프로그램을 만들어 보았습니다. 이번에는 스크래치로 스마트폰과 통신하는 프로그램을 만들어 업로드하고, 이를 통해 LED 신호를 만드는 프로젝트를 진행해 보겠습니다.

먼저 아두이노에 레이저를 연결하는 방법을 알아보겠습니다.

무엇을 준비해야 하나요?

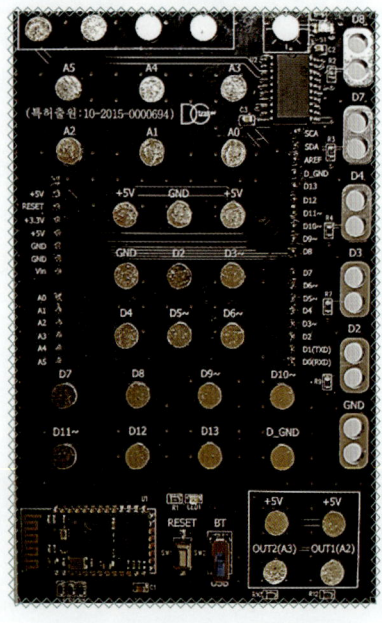
블루투스 아두이노 확장 보드

빨간색, 주황색, 초록색 LED 각 1개

어떻게 연결하나요?

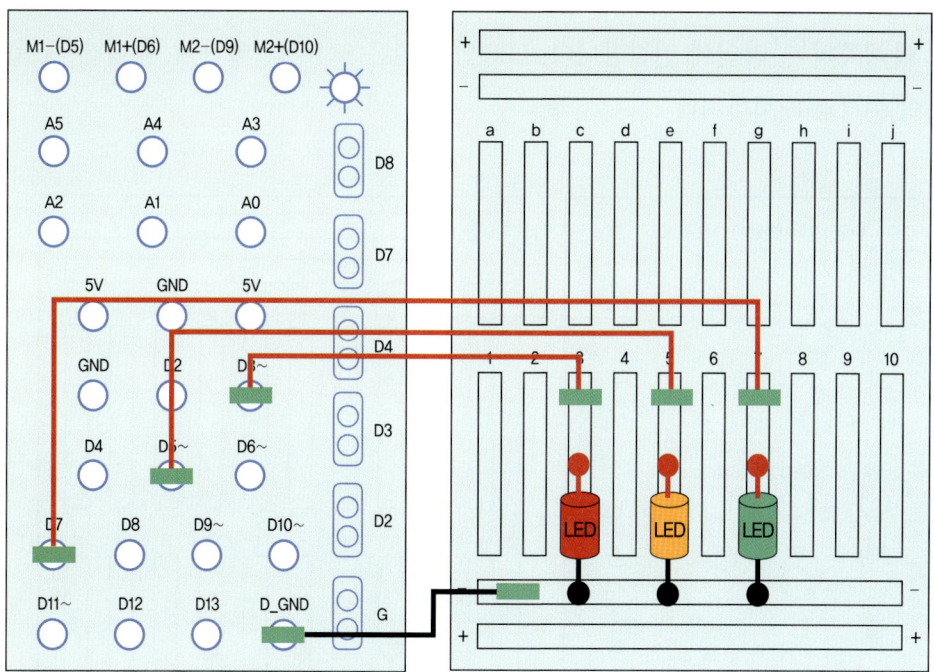

완성이 되면?

PROJECT 6 스크래치와 스마트폰으로 아두이노 프로그래밍하기

 ## 자석 브레드 보드에 연결해 보기

❶ 3개의 LED의 빨간색 선을 3, 5, 7번 라인에 연결하고, 검은색 선은 자석 브레드 보드 아래쪽의 '−' 라인에 연결합니다. LED의 색깔은 3번부터 빨간색, 주황색, 초록색의 순서로 배치합니다.

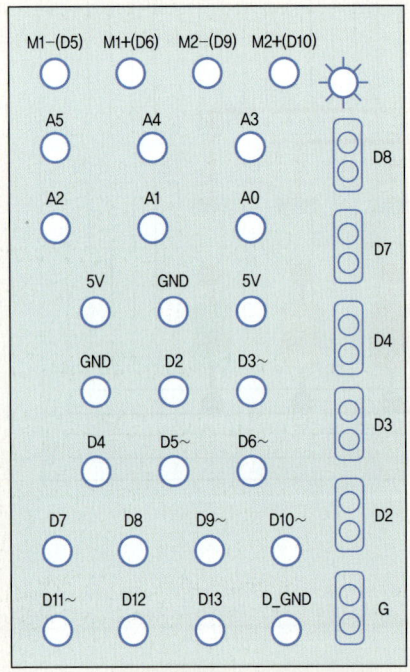
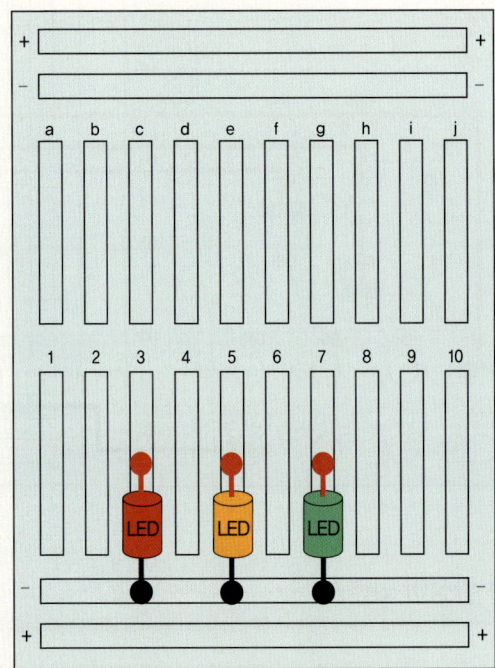

❷ 자석선을 이용하여 확장 보드의 D3 포트와 자석 브레드 보드의 3번 라인, D5 포트와 자석 브레드 보드의 5번 라인, D7 포트와 자석 브레드 보드의 7번 라인에 각각 연결합니다.

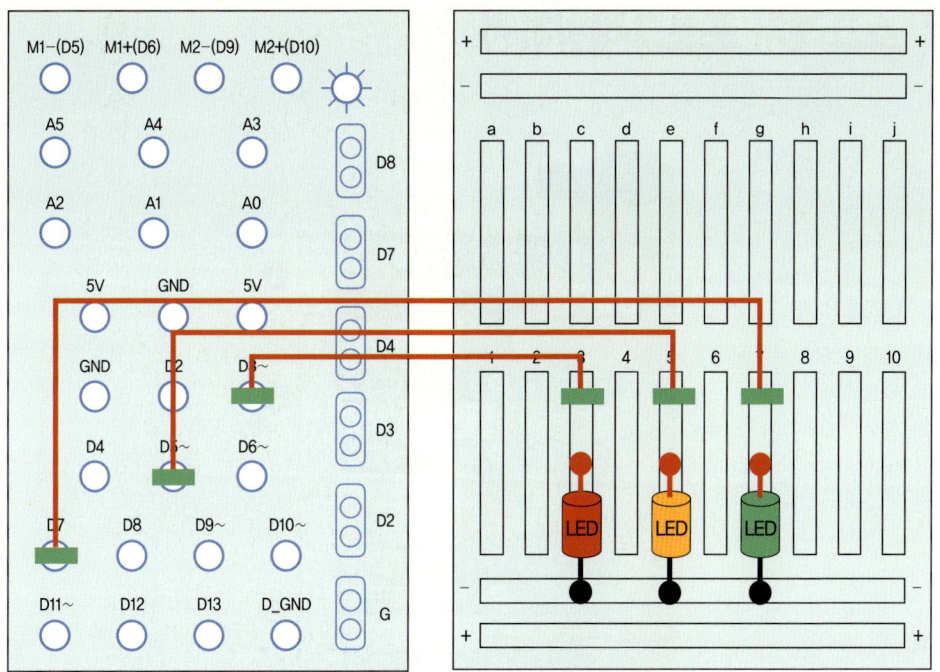

❸ 마지막으로 확장 보드의 D_GND 포트와 자석 브레드 보드의 '−'라인을 연결합니다.

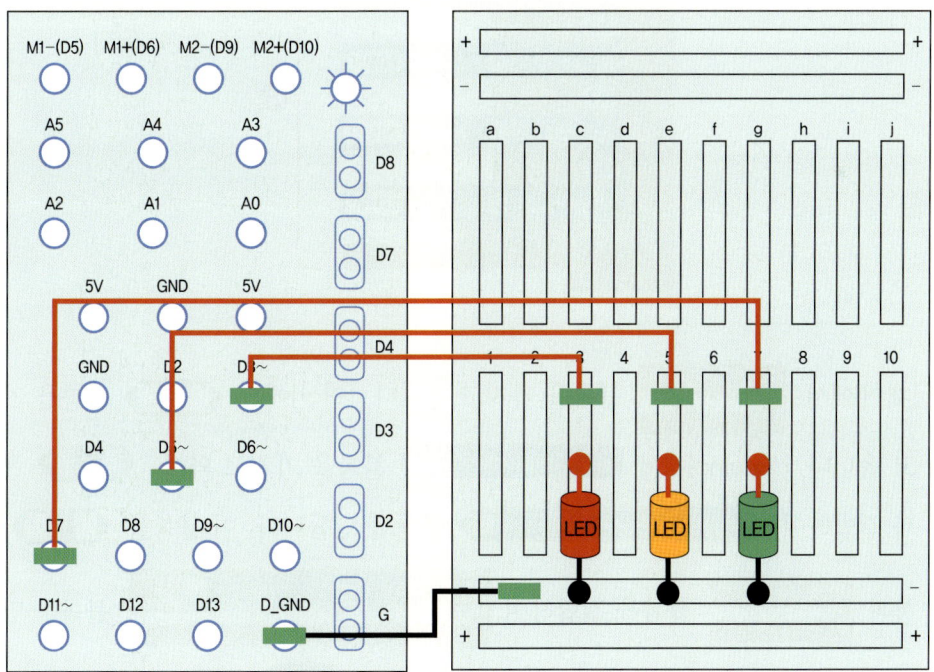

스크래치 프로그래밍하기

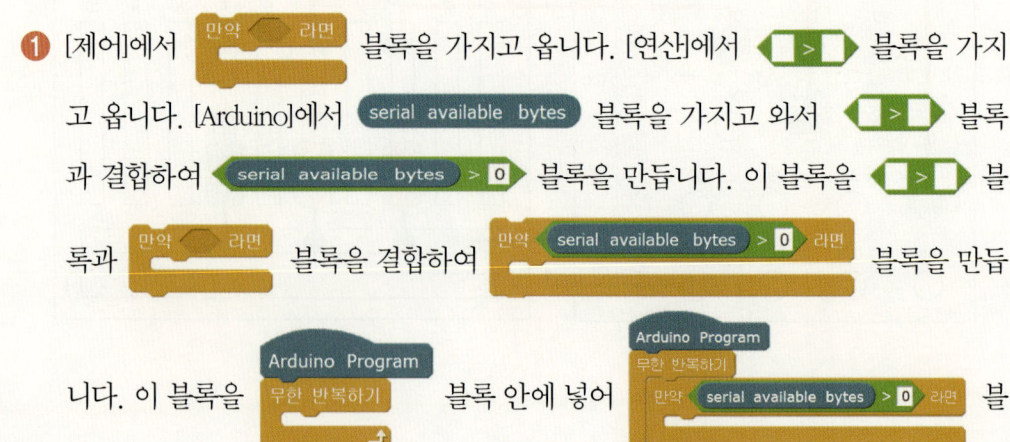

❶ [제어]에서 `만약 ~라면` 블록을 가지고 옵니다. [연산]에서 `> ` 블록을 가지고 옵니다. [Arduino]에서 `serial available bytes` 블록을 가지고 와서 `> ` 블록과 결합하여 `serial available bytes > 0` 블록을 만듭니다. 이 블록을 `> ` 블록과 `만약 ~라면` 블록을 결합하여 `만약 serial available bytes > 0 라면` 블록을 만듭니다. 이 블록을 `무한 반복하기` 블록 안에 넣어 블

록을 만듭니다. 아래 그림처럼 [데이터&블록]을 클릭하고 [변수 만들기]를 클릭합니다. 변수 이름은 'ch'로 합니다.

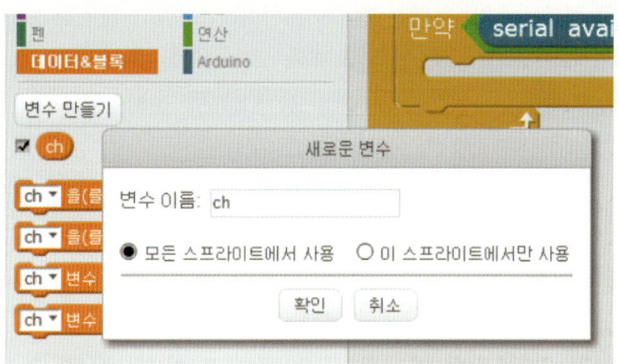

[데이터&블록]에서 ch를(를) ☐로 정하기 블록을 가지고 옵니다. [Arduino]에서 serial available bytes 블록을 가지고 와서 ch를(를) ☐로 정하기 블록과 결합하여 ch를(를) serial read byte 로 정하기 블록을 만듭니다. 이렇게 만든 블록을 결합하여

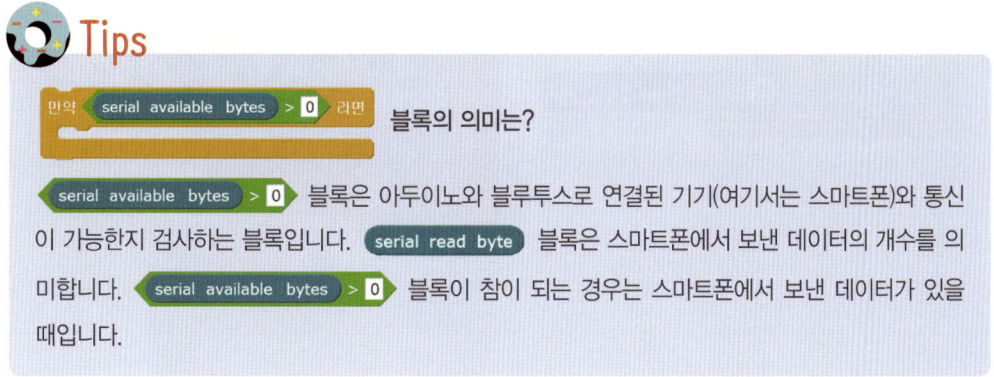

블록을 만듭니다.

Tips

만약 serial available bytes > 0 라면 블록의 의미는?

serial available bytes > 0 블록은 아두이노와 블루투스로 연결된 기기(여기서는 스마트폰)와 통신이 가능한지 검사하는 블록입니다. serial read byte 블록은 스마트폰에서 보낸 데이터의 개수를 의미합니다. serial available bytes > 0 블록이 참이 되는 경우는 스마트폰에서 보낸 데이터가 있을 때입니다.

Tips

`ch 을(를) serial read byte 로 정하기` 블록의 의미는?

`serial read byte` 블록은 스마트폰에서 보내온 데이터를 담고 있는 블록입니다. 보내온 데이터는 순서대로 한 글자씩 읽어서 `serial read byte` 블록 안에 담아 둡니다.

`ch 을(를) serial read byte 로 정하기` 블록은 `serial read byte` 블록에 들어 있는 데이터를 변수 'ch'에 넣는 명령 블록입니다.

❷ [제어]에서 `만약 ~ 라면` 블록을 가지고 옵니다. [연산]에서 `□ = □` 블록을 가지고 옵니다. [데이터&블록]에서 `ch` 블록을 가지고 와서 `□ = □` 블록과 결합하여 `ch = '1'` 블록을 만듭니다. 이 블록을 결합하여 `만약 ch = '1' 라면` 블록을 만듭니다. 이 블록과 `set digital pin 3 output as HIGH`, `0.5 초 기다리기`, `set digital pin 3 output as LOW` 블록을 결합하여 아래와 같은 블록을 만들어 ❶에서 만든 블록과 결합하여 최종 블록을 만듭니다. 이 블록은 스마트폰에서 숫자 '1'을 보내면 3번에 연결된 LED를 0.5초 동안 켜고 끕니다.

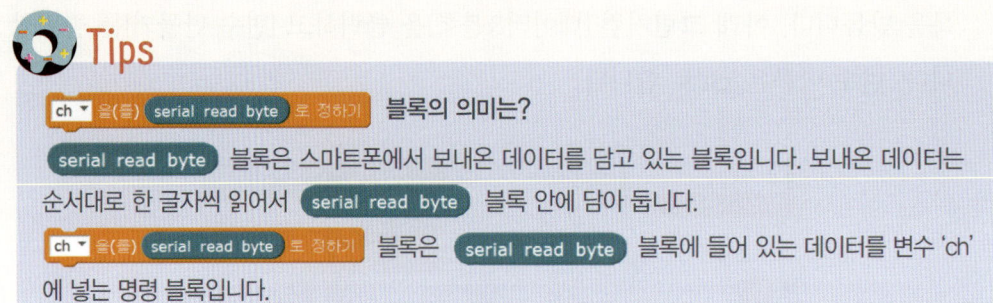

Tips

`ch = '1'` 블록의 의미는?

`ch` 에는 스마트폰에서 보낸 한 개의 문자가 들어가게 됩니다. 스마트폰에서 보낸 데이터가 문자이므로 숫자 1을 보내도 문자 1, 즉 '1'이 됩니다. 그러므로 문자 '1'과 비교하기 위해 숫자 1에 '1'을 해 주어야 합니다.

❸ 그림처럼 ☐ 부분에 오른쪽 마우스를 클릭하여 복사합니다. 복사 후에 코드를 추가하고 숫자 '1'을 '2'로 바꾼 후 코드를 추가하여 코드 블록을 완성합니다.

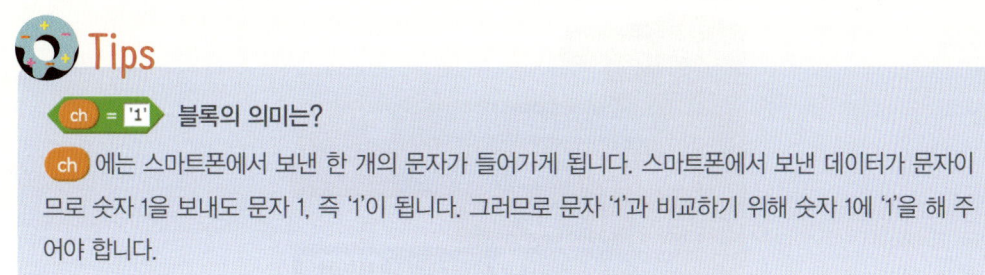

이렇게 완성한 블록은 다음 그림과 같습니다. 블록을 복사하고 숫자를 바꿔서 완성하도록 합니다. 이 코드 블록은 3번과 5번 포트에 연결된 LED를 동시에 0.5초 동안 켜고 끕니다.

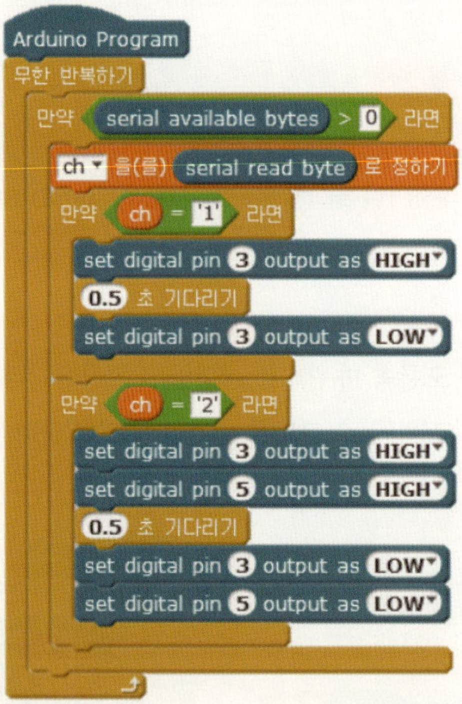

❹ ❸에서와 같은 방법으로 ☐ 부분에 오른쪽 마우스를 클릭하여 복사합니다. 복사 후에 코드를 추가하고 숫자 '2'를 '3'으로 바꾼 다음 코드를 추가하여 코드 블록을 완성합니다.

👉 아두이노에 업로드하기

사전 준비 컴퓨터와 아두이노를 USB선으로 연결합니다. 아두이노와 USB를 이용해 프로그래밍된 결과를 업로드해야 하므로 슬라이드 단추를 USB 쪽으로 옮겨야 합니다.

❶ 아두이노에 업로드하기 위해 [Upload to Arduino] 단추를 클릭합니다. 단추를 클릭하면 컴파일과 업로드가 진행됩니다. 업로드하기 전에 반드시 USB 포트로 연결되어야 합니다.

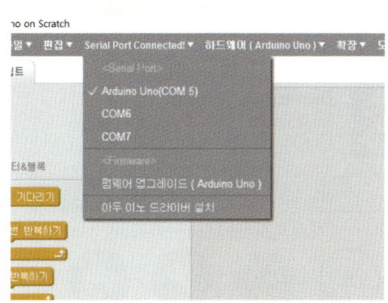 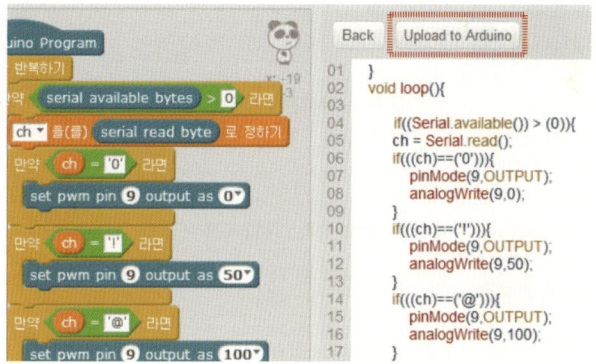

업로드가 완료되면 'Upload Finish … 100%' 메시지가 나옵니다. 숫자가 0%에서 변하지 않으면 잘못된 포트로 연결된 것입니다.

PROJECT 6 스크래치와 스마트폰으로 아두이노 프로그래밍하기

아두이노 연결을 위한 스마트폰 앱 설치하기

❶ 스마트폰에 아두이노와 통신을 위한 앱을 설치합니다. 여기서는 'BT Simple Terminal' 프로그램을 사용하기로 합니다. 프로그램을 스마트폰에 설치합니다.

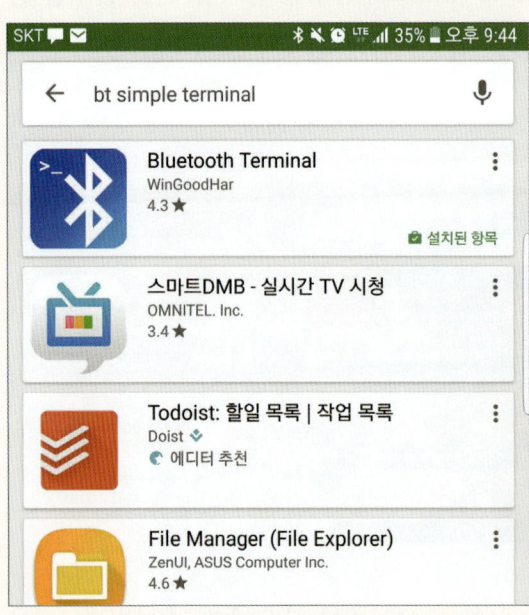
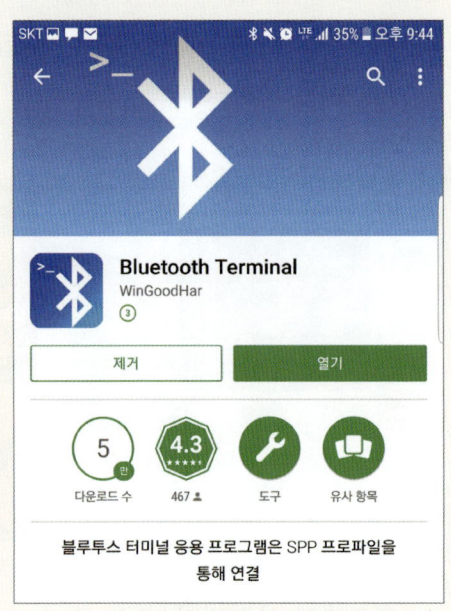

❷ 아두이노에 외부 배터리를 연결하여 전원을 켜고, 스마트폰과 페어링을 합니다. 아두이노에 전원을 넣으면 아두이노의 LED가 계속 깜박입니다. 아두이노에 전원

을 넣고 아두이노의 연결 모드가  'BT'로 되어 있는지 확인합니다. 스마트폰의 블루투스 메뉴에서 기기 검색을 합니다. 그러면 확장 헤더에 붙어 있는 이름을 확인할 수 있습니다.

여기서는 연결 가능한 블루투스 기기 중에서 'Digi_0002'를 선택하여 스마트폰에 기기를 등록합니다. 기기 등록을 선택하면 PIN을 입력하도록 요구합니다. 이때 기본 연결 암호인 '1234'를 입력합니다. 등록에 성공하면 [등록된 디바이스]에서 확인할 수 있습니다.

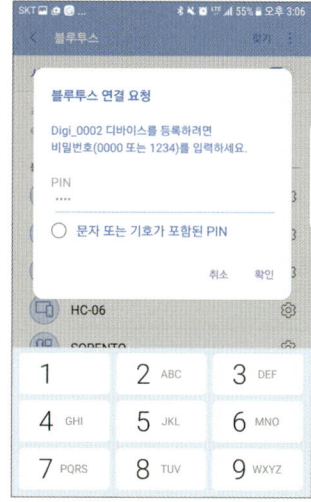 

❸ 방금 설치한 아두이노 통신 앱을 실행합니다. 통신 앱을 실행하면 연결 가능한 기기들이 보입니다. 이때 방금 등록한 'Digi_0002'를 선택합니다. 연결에 성공하면 LED에 불이 켜지게 됩니다. 연결되지 않았을 때는 깜박이고, 연결되면 계속 켜져 있게 됩니다. 연결에 성공하면 통신 화면이 나옵니다.

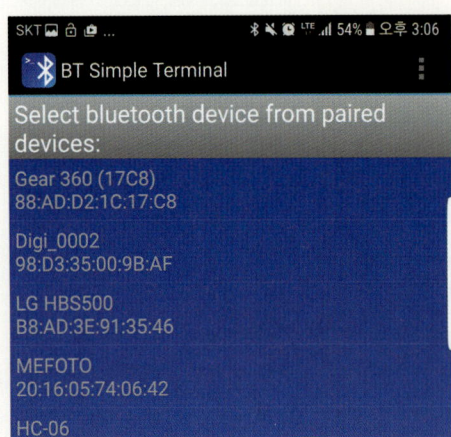 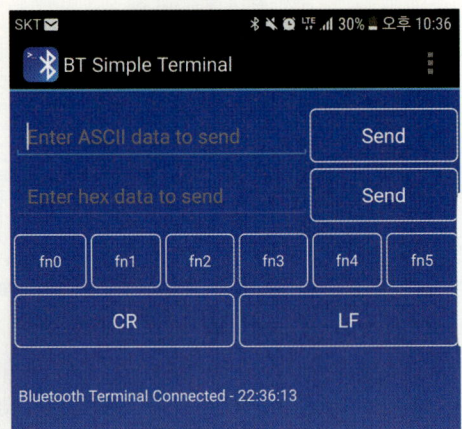

❹ [Enter ASCII data to send] 칸에 숫자를 입력하고 [Send] 단추를 눌러 결과를 확인해 봅니다.

스마트폰으로 LED 신호 보내기

(   )학교 (   )학년 (   )반 이름(   )

1 다음 블록의 의미를 설명해 보세요.

구분	설명
serial available bytes > 0	
ch 을(를) serial read byte 로 정하기	

2 아두이노와 스마트폰의 대화를 위해 순서를 정리해 보세요.

순서	내용
1	아두이노를 컴퓨터에 USB를 이용해 연결한다.
2	
3	
4	
5	
6	
7	
8	
9	
10	
11	

3 스마트폰으로 그림처럼 숫자를 보냈을 때 어떤 일이 일어나는지 기록해 보세요.

숫자 입력 화면	LED가 켜지는 방법

PROJECT 6 스크래치와 스마트폰으로 아두이노 프로그래밍하기

위의 활동을 통해 여러 숫자를 연속으로 보내도, 결국은 (   )임을 알 수 있습니다.

④ LED를 이용해 보내고 싶은 신호를 만들고 이것을 숫자로 기록해 보세요.

보내고 싶은 신호	숫자	보내고 싶은 신호	숫자

스마트폰으로 어두워졌을 때 전등 켜 보기

학습 문제

아두이노 빛 센서 값을 스마트폰으로 읽어 와서, 어두운 정도에 따라 스마트폰으로 밝기를 다르게 조정할 수 있는 프로그램을 만들어 봅시다.

　사물인터넷(IoT: Internet of Things)은 사물과 사물이 인터넷을 통해 연결되어 서로 대화가 가능하도록 하는 기술을 말합니다. 이제는 사물인터넷 기술이 일상생활에 들어와 우리의 삶을 더욱 풍족하게 만들고 있습니다.
　어떻게 이런 일들이 가능할까요?
　이번 활동에서는 아두이노에 연결된 센서 값을 스마트폰으로 확인을 하며 LED 전등을 켜는 프로젝트를 학습해 보도록 합니다. 이를 통해 사물인터넷의 원리를 학습할 수 있습니다.

무엇을 준비해야 하나요?

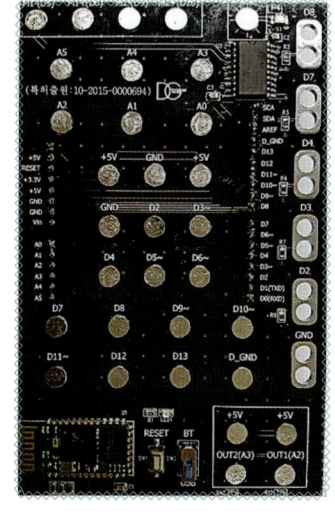
블루투스 아두이노 확장 보드

빨간색 LED 1개

어떻게 연결하나요?

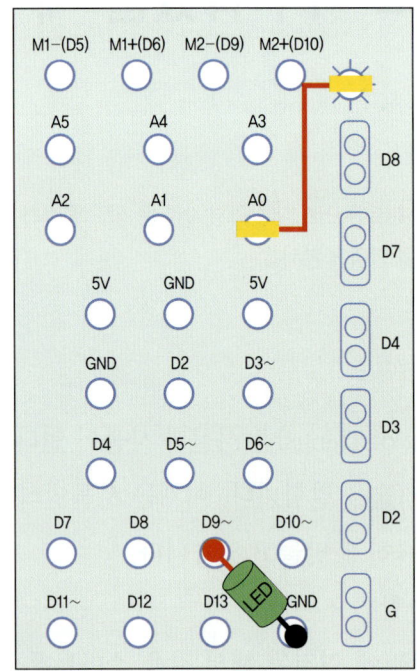

완성이 되면?

자석 확장보드에 연결해 보기

이번에는 브레드 보드를 이용하지 않고 직접 연결해 보겠습니다. 자석 전선 1개를 빛 센서 포트와 A0 포트와 연결합니다. LED는 검은색 선은 D_GND에, 빨간색 선은 D9번 포트에 연결합니다.

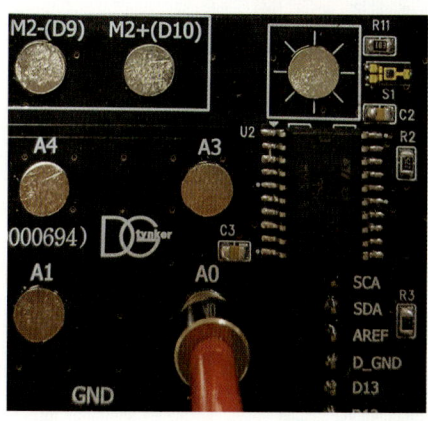
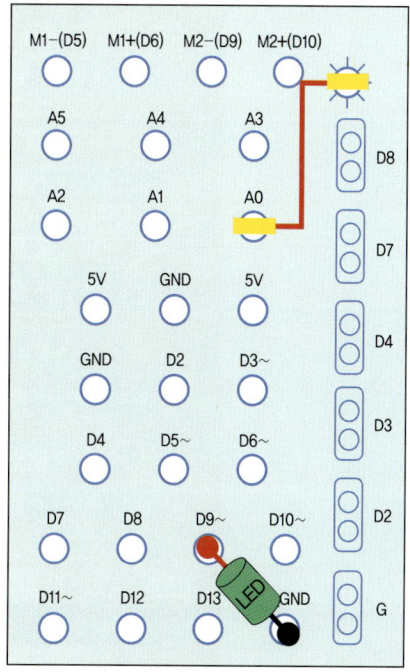

빛 센서 값을 스마트폰으로 보내고, 스마트폰으로 LED 밝기를 조정하는 아두이노 프로그래밍하기

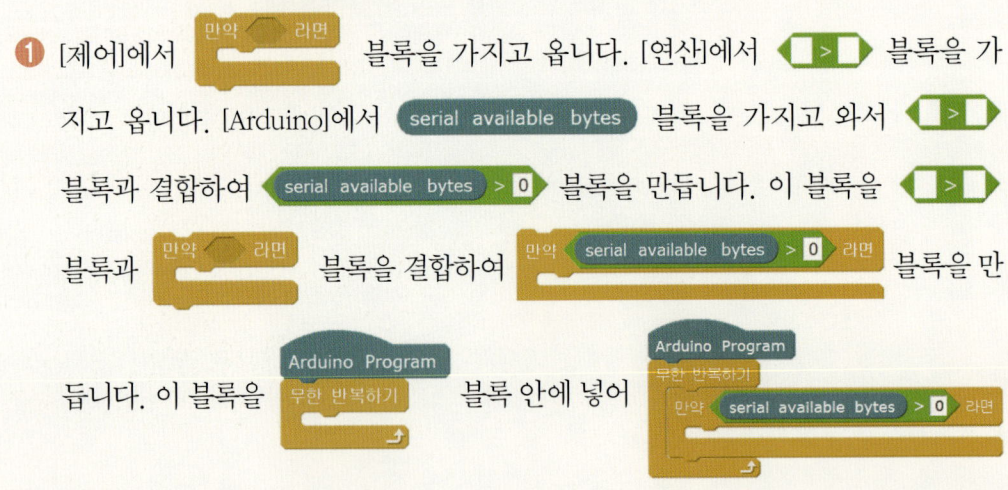

❶ [제어]에서 `만약 ~라면` 블록을 가지고 옵니다. [연산]에서 `> ` 블록을 가지고 옵니다. [Arduino]에서 `serial available bytes` 블록을 가지고 와서 `>` 블록과 결합하여 `serial available bytes > 0` 블록을 만듭니다. 이 블록을 `>` 블록과 `만약 ~라면` 블록을 결합하여 `만약 serial available bytes > 0 라면` 블록을 만듭니다. 이 블록을 `무한 반복하기` 블록 안에 넣어 블록을 만듭니다. 다음 그림처럼 [데이터&블록]을 클릭하고 [변수 만들기]를 클릭

합니다. 변수 이름은 'ch'로 합니다.

[데이터&블록]에서 `ch을(를) □로 정하기` 블록을 가지고 옵니다. [Arduino]에서 `serial read byte` 블록을 가지고 와서 `ch을(를) □로 정하기` 블록과 결합하여 `ch을(를) serial read byte로 정하기` 블록을 만듭니다. 이렇게 만든 블록을 결합하여 블록을 만듭니다.

❷ [제어]에서 `만약 라면` 블록을 가지고 옵니다. [연산]에서 `□=□` 블록을 가지고 옵니다. [데이터&블록]에서 `ch` 블록을 가지고 와서 `□=□` 블록과 결합하여 `ch='0'` 블록을 만들어 `만약 라면` 블록과 결합하여 `만약 ch='0' 라면` 블록을 만듭니다. [Arduino]에서 `set pwm pin 5 output as 0` 블록을 가지고 와서 숫자 pin '5'를 '9'로 바꿉니다. 이 블록을 앞에서 만든 블록과 결합하여 `만약 ch='0' 라면 set pwm pin 9 output as 0` 블록을 만들어 앞에서 만든 블록과 결합하여 다음 그림처럼 만듭니다.

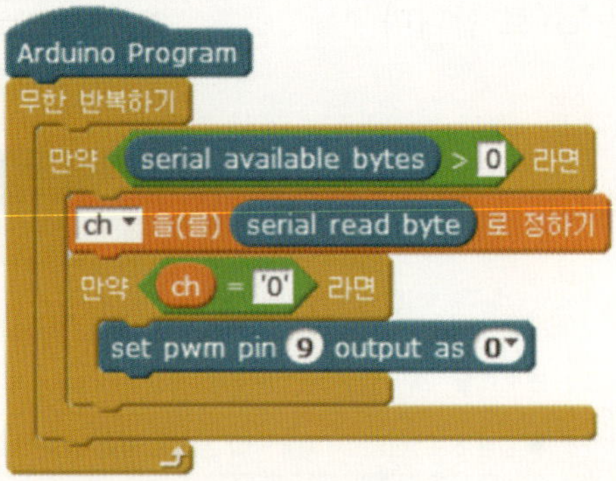

❸ 그림처럼 ☐ 부분을 복사합니다. ☐ 부분에서 오른쪽 마우스를 클릭하면 복사 메뉴가 생깁니다.

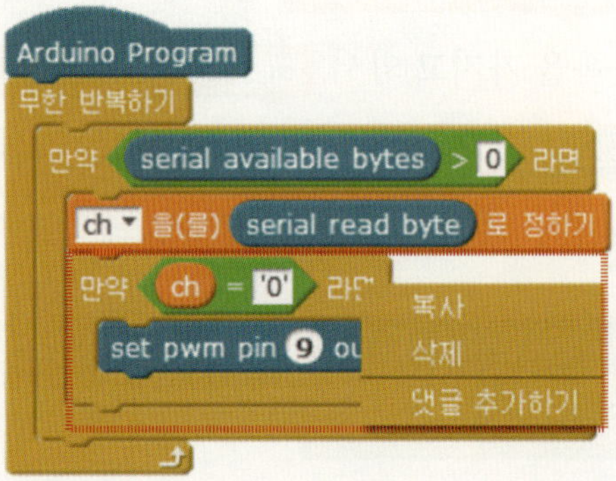

복사한 다음 아래 그림처럼 ☐ 부분을 바꿉니다. '0'을 '!'으로, 숫자 0을 50으로 바꿉니다.

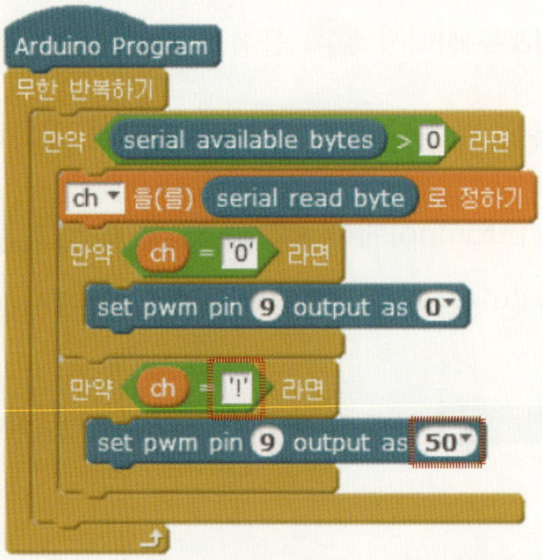

같은 방법으로 블록을 복사하여 문자와 숫자를 바꿔 아래 그림처럼 코드 블록을 만듭니다.

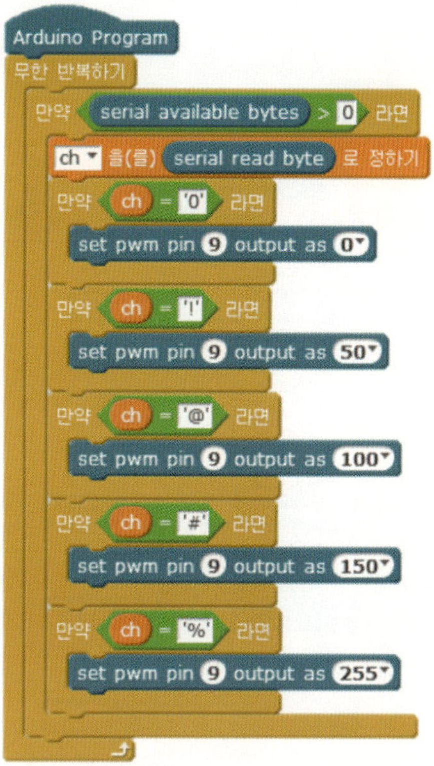

```
Arduino Program
무한 반복하기
    만약 < serial available bytes > 0 > 라면
        ch ▼ 을(를) serial read byte 로 정하기
        만약 < ch = '0' > 라면
            set pwm pin 9 output as 0 ▼
        만약 < ch = '1' > 라면
            set pwm pin 9 output as 50 ▼
        만약 < ch = '@' > 라면
            set pwm pin 9 output as 100 ▼
        만약 < ch = '#' > 라면
            set pwm pin 9 output as 150 ▼
        만약 < ch = '%' > 라면
            set pwm pin 9 output as 255 ▼
```

Tips

`ch = '@'` 블록처럼 특수 문자를 사용하는 이유는?

아두이노와 스마트폰이 블루투스로 통신할 때 통신 환경에 따라 잡음이 생길 수 있습니다. 그 잡음이 0, 1, 2, … 등의 숫자로 인식될 수 있어 이러한 잡음을 막기 위해 확률적으로 발생 가능성이 낮은 특수 문자를 사용합니다. 일반적으로 신뢰 있는 통신을 위해서는 1개의 숫자를 사용하는 경우는 거의 없고 몇 개의 숫자나 문자의 집합을 사용합니다.

❹ [제어]에서 `1초 기다리기` 블록을 가지고 와 시간을 0.2초로 바꿉니다. [Arduino]에서 `serial write text`, `read analog pin (A) 0` 블록을 가지고 와서 두 블록을 결합하여 `serial write text read analog pin (A) 0` 블록을 만듭니다. 이 블록을 앞에서 만

든 블록과 결합하여 `0.2 초 기다리기` `serial write text read analog pin (A) 0` 블록을 만들어 ❷에서 만든 블록에 넣어 아래 그림처럼 만듭니다.

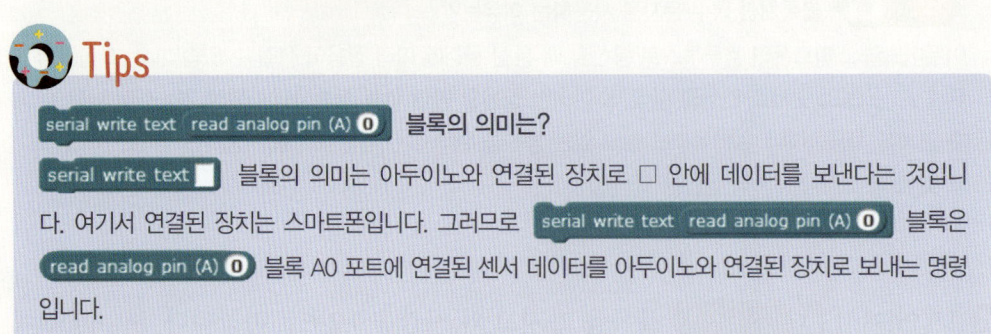

Tips

`serial write text read analog pin (A) 0` 블록의 의미는?

`serial write text ▢` 블록의 의미는 아두이노와 연결된 장치로 ▢ 안에 데이터를 보낸다는 것입니다. 여기서 연결된 장치는 스마트폰입니다. 그러므로 `serial write text read analog pin (A) 0` 블록은 `read analog pin (A) 0` 블록 A0 포트에 연결된 센서 데이터를 아두이노와 연결된 장치로 보내는 명령입니다.

👉 아두이노에 업로드하기

사전 준비 컴퓨터와 아두이노를 USB선으로 연결합니다. 아두이노와 USB를 이용해 프로그래밍된 결과를 업로드해야 하므로 슬라이드 단추를 USB 쪽으로 옮겨야 합니다.

❶ 아두이노에 업로드하기 위해 [Upload to Arduino] 단추를 클릭합니다. 단추를 클릭하면 컴파일과 업로드가 진행됩니다. 업로드하기 전에 반드시 USB 포트로 연결되어야 합니다.

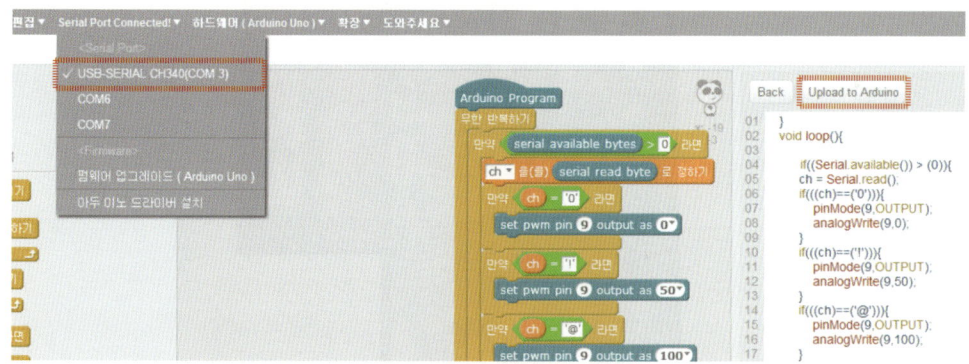

❷ 업로드가 완료되면 'Upload Finish ... 100%' 메시지가 나옵니다. 숫자가 0%에서 변하지 않으면 잘못된 포트로 연결된 것입니다.

스마트폰 앱으로 LED 밝기 제어하기

❶ 아두이노에 외부 전원을 연결하고 통신 모드를 'BT'로 정합니다.

BT 쪽으로 슬라이드 단추를 옮겼는지 확인

❷ BT Simple Terminal을 실행합니다. 실행 후에 등록된 기기 중에서 아두이노 블루투스 확장 보드인 'Digi_0002'를 선택합니다. 제대로 연결되었다면 빛 센서 값이 아래 그림처럼 스마트폰으로 전송됩니다.

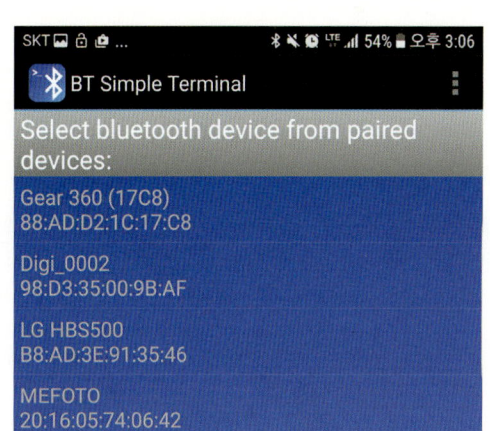
등록된 기기

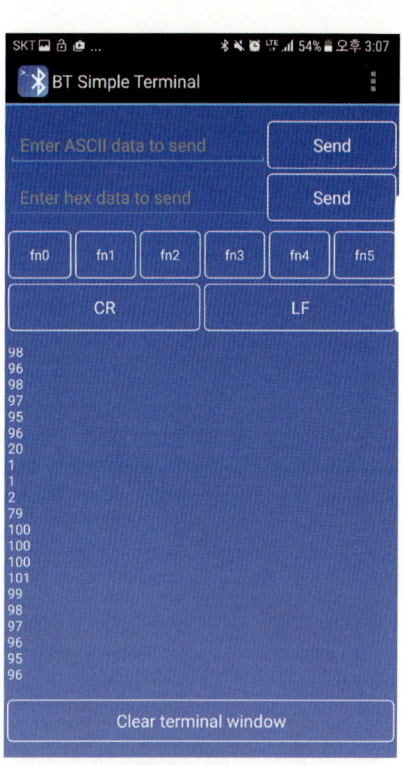
아두이노와 연결된 후 스마트폰으로
전송된 빛 센서 값

센서 값 스마트폰으로 확인하고 LED 불빛 조정하기

(   )학교 (   )학년 (   )반 이름(   )

1 친구와 함께 빛 센서 값을 실험해 보세요. 한 명은 아두이노로, 한 명은 스마트폰으로 확인해 봅니다.

구분	스마트폰으로 확인한 센서 값
현재 아두이노가 있는 곳	
빛 센서를 손으로 가렸을 때	
빛 센서를 플래시로 비추었을 때	

2 다음 신호를 보냈을 때 LED의 밝기 변화를 써 보세요.

스마트폰 입력	LED 밝기

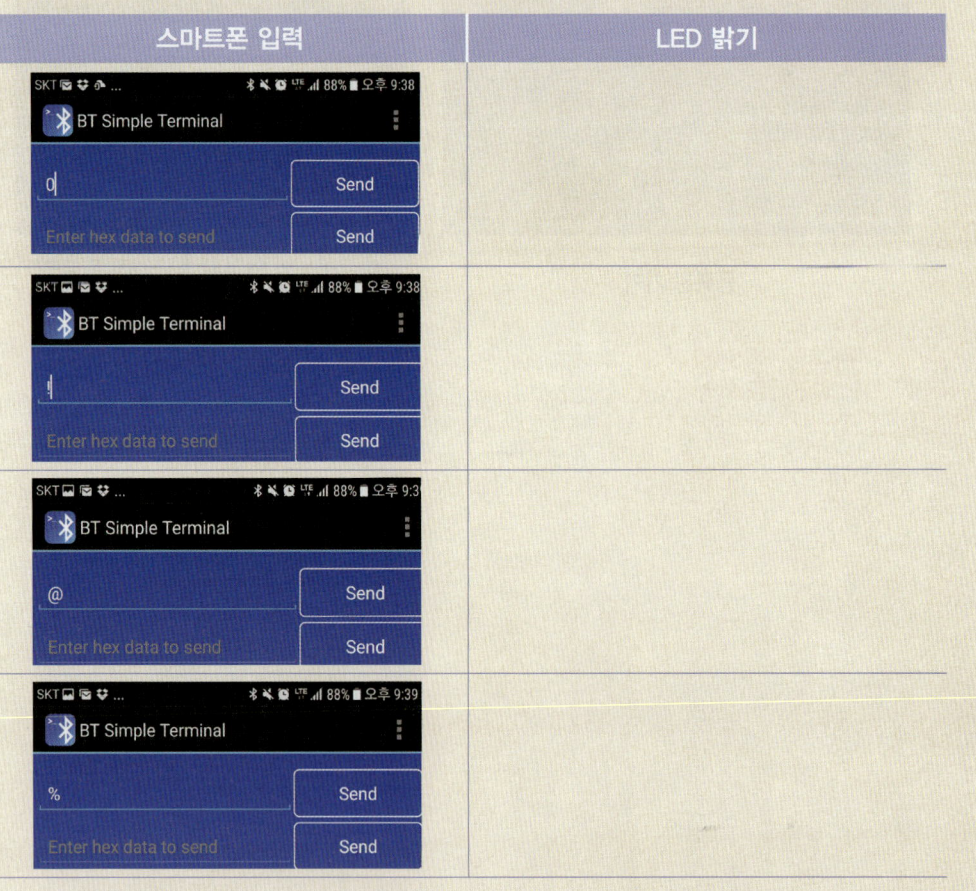

❸ 빛 센서의 값에 따라 밝기를 어떻게 하는 것이 좋을지 계획을 세워 보세요.

빛 센서 값의 범위	아두이노에 보낼 문자	아두노 센서 밝기 값

❹ 이런 장치를 사용할 수 있는 곳이 어디 있을지 생각해 보세요.

지은이 소개

김석희 선생님은 서울교육대학교, 고려대학교에서 컴퓨터교육으로 이학박사 학위를 받았습니다. 2009년부터 정보과학 영재 학급에서 영재 학생들을 지도하고 있으며, 방과 후 정보과학 특성화 교육을 통해 60여 명의 정보올림피아드 입상자를 지도하였습니다. 2015년 개정교육과정 실과 교과 연구위원으로 참여하여 실과 교과의 소프트웨어 단원의 성취 기준을 작성하는 데 기여하였습니다. 2015년부터 한국과학창의재단에서 주관하는 'Let's Make SW 교육' 연수, 교육부 강사 요원 연수 등 다양한 소프트웨어 교육 관련 연수에 강사로 참여하고 있습니다.

강지성 선생님은 2016년부터 분당경영고등학교에서 근무하고 있습니다. 전주대학교에서 수학교육(전자계산) 학사, 한국교원대학교에서 컴퓨터교육 석사를 받았습니다. 고등학교에서 22년간 교사로 재직하였고, 영재교육원과 정보교사 연수에서 강사로 활동하고 있으며, 삼성 주니어 소프트웨어 아카데미 교재와 다수의 정보 교과 교과서를 집필하였습니다.

이민희 선생님은 춘천교육대학교를 졸업하고 2014년부터 호암초등학교에서 근무하고 있습니다. 한국과학창의재단의 과학이 좋아지는 스팀 교재를 공동 집필하였고, 융합인재교육(STEAM) 프로그램을 연구하며 2016년에 고려대학교 주관의 소프트웨어 기반 스팀 프로그램 연구에 공동 연구원으로 참가하여 학생용 스팀 교육 교재를 발간하였습니다. 2016년부터는 호암초등학교 소프트웨어·정보과학 영재 학급에서 학생들을 지도하고 있습니다.

이지영 선생님은 춘천교육대학교를 졸업하고 현재 호암초등학교에서 근무하고 있습니다. 2016년부터 호암초등학교 정보과학 영재 학급에서 학생들을 지도하고 있으며, 재미있는 소프트웨어 교수-학습 콘텐츠를 개발하는 데 연구를 집중하고 있습니다. 2016년에 고려대학교 주관의 소프트웨어 기반 스팀 프로그램 연구에 공동 연구원으로 참가하여 학생용 스팀 교육 교재를 발간하였습니다.